加藤公夫　現代語訳

明治三十一年調査　明治三十四年発行

北海道殖民状況報文　十勝国之部

北海道庁殖民部拓殖課

北海道出版企画センター

はじめに

「北海道殖民状況報文　十勝国」は、今から一二六年前の明治三四（一九〇一）年に発行されました。

明治二〇年代（一八八七～一八九六）後半になると、北海道は、各府県からの移民が増加してきました。このため、北海道庁殖民部拓殖課は、北海道内陸の開拓推進の基礎資料とするため、その地域の概況や沿革を調査しました。

明治二九（一八九六）年～明治三一（一八九八）年にかけて、「根室国、北見国、日高国、釧路国、十勝国」の順で調査が行われました。その結果は、明治三一（一八九八）年～明治三四（一九〇一）年にかけて、「北海道殖民状況報文」として、「根室国、北見国、日高国、釧路国、十勝国」の順で五冊にまとめられ、北海道庁殖民部拓殖課から発刊されました。

その後、昭和五〇（一九七五）年、北海道出版企画センターから、「北海道殖民状況報文」（『河野常吉著作集　別巻Ⅱ』）が復刻され、私も拝見する機会を得ました。

「北海道殖民状況報文」が調査されていた頃、私の曾祖父母、祖母が、愛知団体の一員として、十勝に開拓入植した頃であり、私は、その頃の十勝の様子を知りたいと思いました。

「北海道殖民状況報文　十勝国」は、十勝国の七郡、五一村、全体の地理、郡、村別の概況、地理、気候、動植物、沿革、運輸・交通、大規模農場、小作人、団体移民、単独移民、戸数・人口、郡村・官庁、漁業、

農業、牧畜、製造、山林、鉱業、商業、アイヌの保護地、風俗・人情、村の経済、教育、衛生、社寺などが調査され、記載されています。

「北海道殖民状況報文」は、当時の文体、文語体、旧漢字であり、表現も難解なので、誰にでも読みやすいようにと考えました。

私が、現在の普通の文章にすることで、結果的に、私自身が精読することになると思い、北海道出版企画センターの野澤緯三男様の協力を得ながら、現代訳に挑戦しました。

令和六（二〇二四）年一月

加藤公夫　記

例　言

一、当報文は、本庁事業手、河野常吉、一色藤之助が担当した。明治三一（一八九八）年八月初旬から九月初旬に至る間、実地に赴いて調査した。明治二九（一八九六）年に、本庁嘱託員、成田軍平の調査、及び、官庁の公文旧記などを参照して編纂《へんさん》した。

一、当報文は、総説、郡村の二編とした。総説の部は、一国に関する概略を説明、郡村の部は、郡村各別に概況を記した。

一、国、郡の境界、山岳の高さ、河川の長さは、本庁実測地形図による。ただし、地形図の従来から境界不明のところは、将来のことを考え、仮に、境界を設定したところがある。ただ、河西、中川両郡の境は、旧来の境界を考えて、地図には点線を施して示した。

一、各村の境界は不明である。やむを得ず、概ね、数村合併し、仮に、区域を定めて利用しやすいように記載した。

一、戸数、人口、産業などに関する統計は、概ね、明治三一（一八九八）年の官庁の統計と、その前後の調査を交えている。その統計は、正確といえないところもあるが、大体を知るのに差し支えない限りで、これを採用した。

一、文中の「現今」、「目下のところ」と称するのは、明治三一（一八九八）年の実地調査の当時を指す。

一、地図中の道路、官庁、市街地は、明治三二（一八九九）年一〇月の現状による。

明治三三（一九〇〇）年三月

北海道庁殖民部

北海道殖民状況報文　十勝国之部　目次

後編　郡・村

広尾郡

茂寄《モヨロ》村（広尾）

当縁《タウブチ》郡

歴舟《ペルフネ》村（大樹）・大樹《タイキ》村（大樹）

十勝郡

中川郡

河西郡

河東郡

上川郡

人舞《ニトマプ》村（清水）・屈足《クッタラシ》村（新得）

挿入地図　目次

北海道殖民状況報文
十勝国之部

前編　総説

地理

境域

十勝国は、西に日高山脈があり、日高、石狩の二国と接し、北は千島火山帯を境に石狩、北見の二国と接している。東はトマム川、利別川、イナウウシュナイ川、ウコタキヌプリ山脈、及び、直別川で釧路国に接し、東南は海である。

十勝国の西にトッタベツ岳（東経、約一四二度四〇分余）、東に直別川口（東経、約一四三度五一分余）、南にピタタヌンケプ川口（北緯、約四二度九分弱）、北は石狩、北見国境（北緯、四三度三六分）である。

東西、二四里二六町（約九七・一キロメートル）、南北、四一里一二町（約一六二・三キロメートル）、面積、約六三六方里（約九、八〇八平方キロメートル）。十勝国の大部分は高原であり、広く眺めが良い。多くの河川がある。河川に沿って、所々、細長い低原がある。西の境と北の境には高山峻峰が連続。十勝国の東部、及び、当縁郡の北東部に低い山嶺がある。

十勝国は、七郡である。広尾、当縁、十勝の三郡は海に接し、中川、河西、河東、上川の四郡は、内陸に位置している。

山岳

日高山脈は、北海道の有名な大山脈である。南北に連山し、日高国境は高く険しい。石狩国境は山々が低くなり、十勝岳は千島火山帯に接続する。南から有名な山岳を左に列挙する。

・ピロロヌプリ（四、六六〇尺・約一、四一二メートル）
・オムシャヌプリ（四、六六六尺・約一、四一四メートル）
・ポロシリ（四、三八九尺・約一、三三〇メートル）
・カムイヌプリ（四、九四〇尺・約一、四九七メートル）
・ポロシリ（六、四三五尺・約一、九五〇メートル）
・トッタベツ岳（六、〇六九尺・約一、八三九メートル）
・ピパイロ岳（六、六五六尺・約二、〇一七メートル）、山岳の中で、ピパイロ岳が最も高く険しい。
・メムオロ岳（五、八六一尺・約一、七七六メートル）
・ペンケシットクヌプリ（二、九九三尺・約九〇七メートル）
・サオロ岳（三、七七二尺・約一、一四三メートル）
・パナクシホロカメトッヌプリ（五、一〇八尺・約一、五四八メートル）
・ペナクシホロカメトクヌプリ（六、三七九尺・約一、九三三メートル）である。

日高山脈の東側にある山岳は、左の通りである。

・サツナイ岳（六、三四九尺・約一、九二四メートル）
・エエンネエンヌプリ（四、一〇二尺・約一、二四三メートル）
・キウサン山（四、一六三尺・約一、二六一メートル）などは、日高山脈に属している。

十勝アイヌは、昔から、石狩に行くとき、サオロ川の支流パンケシットク川を遡り、石狩国空知川の上流に出た。そのようなことから、今日、石狩、十勝の間の道路を開削し、鉄道予定線路も、また、その付近の低いところを超える計画である。

千島火山帯は、くねくねと長く続き、北方にそびえる。石狩国境にある山岳は、左の通り。

・十勝岳（五、九八〇尺・約一、八一二メートル）
・オブタテシケ（六、三三六尺・約一、九二〇メートル）
・トムラウシ（六、四九一尺・約一、九六七メートル）
・石狩岳（六、七一六尺・約二、〇三五メートル）などの高峰がある。

北見国の境に至るとだんだんと低くなる。この山脈は、火山性である。オブタテシケ、その他、数個の休火山を含む。石狩岳から南方の支脈は、河東郡の北部にあり、左の山岳である。

・ニペソツ山（六、八一二尺・約二、〇六四メートル）
・ウペペサンケヌプリ（五、七六二尺・約一、七四六メートル）
・東ヌプカウシヌプリ（三、七六九尺・約一、一四二メートル）
・西ヌフカウシヌプリ（三、八三八尺・約一、一六三メートル）がある。

その内、ニペソツ山付近に、泥土を噴出するところがある。ニペソツ川は、従来、白濁を帯びている。明治三一（一八九八）年一二月、一大噴出して東西に流出した。このため、十勝川、音更川の水は、白色になった。

また、中川郡の北部には、左の山岳がある。

・クマネシリ（五、一二二尺・約一、五五二メートル）
・キトウシ山（四、七七八尺・約一、四四八メートル）などがある。共に、千島火山帯に属する。

釧路国の境には、次の山岳がある。

・ウコタキヌプリ（二、七八五尺・約八四四メートル）の山脈がある。その他、東部には多数の低い山がある。また、十勝川の西、当縁の水源に至る間、一帯に低山がある。これらは山岳というよりも高丘というのが適当である。

河川

・十勝川（四九里二三町・約一九五キロメートル）は、十勝岳を源として、南流する。

・サホロ川（一一里二九町・約四六キロメートル）　・芽室川（九里四町・約三六キロメートル）

・ピパイロ川（一一里二〇町・約四五キロメートル）　・然別川（二〇里一三町・約八〇キロメートル）

・音更川（二七里三〇町・約一〇九キロメートル）　・帯広川（一六里二〇町・約六五キロメートル）

・札内川（二二里一三町・約八八キロメートル）　・士幌川（一六里三一町・約六六キロメートル）

・猿別川（一八里二九町・約七四キロメートル）　・利別川（四一里一一町・約一六二キロメートル）

右記の支流などを集め、十勝川は南東に曲がる。

・ウシシュベツ川（八里一六町・約三三キロメートル）、浦幌川を併せ、十勝川は、下流で二つに分かれる。一つは大津川となり大津村に至り、もう一つは、十勝川で十勝村に至る。その間に三角州があり、海に注ぐ。十勝川の長さは、四九里二三町（約一九五キロメートル）である。六郡の水を集め、勢い良く流れる。全道、第三の大河である。

利別川（四一里一一町・約一六二キロメートル）は、釧路国の足寄郡を源とする。

・トマム川（八里二六町・約三四キロメートル）　・足寄川（一八里一二町・約七二キロメートル）

・ビリベツ川（二二里二三町・約八九キロメートル）　・オルベ川（一一里九町・約四四キロメートル）

右記の支流などを集め、利別川は、南南西に流れ凋寒村に至り、十勝川に注ぐ。

・歴舟川（一八里二六町・約七四キロメートル）は、ヒカタ川ともいう。当縁郡にあり、源は日高山脈である。ヌビナイ川を併せ、歴舟川は、南東に流れ、歴舟村に至る。その下流は、支流に分かれ、再び合わせて海に注ぐ。

・歴舟川から南に、次の河川がある。

・紋別川　・トヨイベツ川（一四里一一町・約五六キロメートル）

・ヌプカベツ川　・ラッコベツ川　・ピロロ川

全部、日高国境の山脈から流れ、東方に流れて海に注ぐ。その河川の状態は、歴舟川に似ている。歴舟川と十勝川との間には、次の河川がある。

・当縁川（一一里二六町・約四六キロメートル）　・オイカマナイ川　・湧洞川　・チオブシ川

全部、当縁郡北東の山丘から流れ、南流して海に注ぐ。

また、十勝川から東には、次の河川がある。

・アプナイ川　・直別川

その他、数ヵ所に小流がある。全部、十勝郡の南東部の丘陵から流れ、南流して海に注ぐ。

十勝国の南西の境から流れる各河川は、南西風(俗に「ヒカタ風」という)の時に、概ね、水源に暴雨を降らし、たちまち、河川は水かさを増す。下流の地域で降雨がなくても、河川が氾濫することがある。特に、歴舟川はこの現象の最たる川で、ヒカタ川の俗称がある。

・十勝川
水量が多く、流れは緩やかなので、多くの船便がある。五〇石（五トン・和船の一〇石は一トン）積みの船は、大津から帯広に遡り、丸木舟は、その上流、屈足《クッタルシ》村に至る。
・利別川
下流の勢いが緩やかで、二五石（二・五トン）積みの船が運航し、丸木舟は釧路国の陸別まで遡る。また、浦幌川は数里（数キロメートル）の間、舟を通す。

この三つの川の外は、すべて、水深が浅く、あるいは、急流で舟の航行ができない。わずかに、木材などを流下するだけである。

湖沼

当縁郡に四ヵ所の海岸湖がある。
・ホロカヤントウー（周囲約一里・約三・九二七キロメートル）
・オイカマナイトー（周囲三里三〇町・約一五キロメートル・面積三二〇町歩・ヘクタール）
・湧洞沼（周囲四里二四町・約一八キロメートル・面積四四三町歩・ヘクタール）
・チオブシ沼（周囲二里七町・約八・六キロメートル・面積二七五町歩・ヘクタール）である。
全部、湖沼と同名の川口にあり、一帯の砂堤で海と隔てている。生成の原因は、風浪のため砂堤を作り、川水を貯留しているためである。
・然別沼（周囲二里二町・約八キロメートル・面積三八一町歩・ヘクタール）は、河東郡の東ヌプカウシヌプリ岳の北にある。四方、山に囲まれ、水深があり、一つの火山湖といえる。その水は然別川に続く。

右の外、十勝川沿岸の内、利別太以南に、ところどころ、小沼がある。その生成の原因は、全部、昔、川であったところの一部に、水が貯留した沼である。

原　野

十勝国の原野の広大なことは、実に、石狩国の原野に匹敵する。茂寄《モヨロ》（広尾）港から新道を経て、東北の帯広に行くには、その距離、約一九里（約七五キロメートル）ある。全部、平原を通過して、一つの丘陵も超えることがない。

帯広に至り四方を眺めると、さらに、広く、西、北、東の三方向は、特に、広く、遙か遠くまで緑で霞んで見える。帯広から十勝川に沿って下れば、その沿岸、約一〇里（約三九・三キロメートル）の間、一帯は平野である。その間の支流、利別川の沿岸は、原野が遠くまで続き、釧路国の足寄郡に達する。浦幌川、猿別川などの沿岸にも、原野がある。

十勝国は原野が広大であるが、残念ながら大部分は地味が劣等で、肥沃な土地は、ただ、河川沿岸の低野のみである。十勝国の原野は、河岸段丘の発達が顕著なところである。その段丘は、三、四段に重なっているところもある。河岸の低地が最も土地が肥えている。上段に上がるにしたがって痩せ地となっている。

明治二一（一八八八）年。殖民地として選定した面積は、合計、約八九二、九三〇、三六六坪（約二九七、六四三ヘクタール）である。これを類別して、次に左に示す（北海道殖民地撰定報文・十勝国原野総叙の部を参考にすること）。

区分	面積	備考
平野	一五五、九七三、一九二坪（約五一、九九一㌶）	すぐに開墾できる土地
湿地	六九、五三七、七一〇坪（約二三、一七九㌶）	排水、または、大改良を行った後、開墾に適する
高原	六六七、四一九、四六四坪（約二二二、四七三㌶）	土地大部分は牧畜に適し、小部分は農耕に適する
計	八九二、九三〇、三六六坪（約二九七、六四三㌶）	

右の内、明治二五（一八九二）年以来、区画を測量したところは左の通り。

郡	原野	区画測量（年） 区画地貸付（年）	総面積 総面積の内、貸付する土地
広尾	茂寄	明治二九年	一、六八六、七九六坪（約五六二㌶）
		明治三〇年以後	一、五五二、六一六坪（約五一八㌶）
	野塚	明治二九年	一三、六八一、九四八坪（約四、五六一㌶）
		明治三〇年以後	一〇、四七七、五六七坪（約三、四九三㌶）
	紋別	明治二九年	八、四三二、八九一坪（約二、八一一㌶）
		明治三〇年以後	五、九三六、四〇五坪（約一、九七九㌶）
	計	総面積	二三、八〇一、六三五坪（約七、九三四㌶）
		総面積の内貸付地	一七、九六六、五八八坪（約五、九八九㌶）
	下歴舟	明治二九年	二六、四四二、一五〇坪（約八、八一四㌶）
		明治三〇年以後	一八、〇七七、〇三三坪（約六、〇二六㌶）
	上歴舟	明治二九年	一二、三二六、〇九二坪（約四、一〇九㌶）
		明治三〇年以後	七、八四二、九〇一坪（約二、六一四㌶）

当縁	モイワ（萠和）	明治二九年	三、一五三、九八四坪（約一、〇五一ヘクタール）
		明治三〇年以後	二、七八二、七〇四坪（約九二八ヘクタール）
	下当縁	明治二九年	一二、八四八、九〇五坪（約四、二八三ヘクタール）
		明治三〇年以後	一〇、一八七、五〇一坪（約三、三九六ヘクタール）
	上当縁	明治二九年	一七、〇三二、四九二坪（約五、六七七ヘクタール）
		明治三〇年以後	一五、一六六、九一八坪（約五、〇五六ヘクタール）
	オイカマナイ（生花苗）	明治二九年	五、三七三、三二六坪（約一、七九一ヘクタール）
		明治三〇年以後	三、四七六、三〇三坪（約一、一五九ヘクタール）
	湧洞	明治二九年	二、二〇七、五七九坪（約七三六ヘクタール）
		明治三〇年以後	一、四六四、二〇〇坪（約四八八ヘクタール）
	チオブシ（長節）	明治二九年	一、七二六、三三六坪（約五七五ヘクタール）
		明治三〇年以後	一、一九二、五二五坪（約三九八ヘクタール）
	計	総面積	八一、一一〇、八六四坪（約二七、〇三七ヘクタール）
		総面積の内貸付地	六〇、一九〇、七八五坪（約二〇、〇六四ヘクタール）
十勝	長臼	明治二五年	不明
		明治二九年以後	七〇三、七八五坪（約二三五ヘクタール）
	下浦幌	明治二九年	二二、五八九、二八二坪（約七、五三〇ヘクタール）
		明治三〇年以後	一四、九四七、二四九坪（約四、九八二ヘクタール）
	中浦幌	明治二九年	二、五五三、六五一坪（約八五一ヘクタール）
		明治三〇年以後	一、六八九、七三〇坪（約五六三ヘクタール）

上浦幌	明治二九年	六、三六四、五二一坪（約二、一二二ヘクタール）
	明治三〇年以後	四、六六三、八八五坪（約一、五五五ヘクタール）
直別	明治三〇年	一、三五八、〇四二坪（約四五三ヘクタール）
	明治三一年以後	一、二二八、四八二坪（約四〇九ヘクタール）
計	総面積	不明
	総面積の内貸付地	二三、二三三、一三一坪（約七、七四四ヘクタール）
旅来	明治二五年	不明
	明治二九年以後	一、八二〇、五七〇坪（約六〇七ヘクタール）
ウシシュベツ（牛首別）	明治二五年	不明
	明治二九年以後	七八二、三六一坪（約二六一ヘクタール）
	明治二九年	二〇、六四九、三〇七坪（約六、八八三ヘクタール）
	明治三〇年以後	九、一一四、七八六坪（約三、〇三八ヘクタール）
ノヤウシ（農野牛）	明治二五年	不明
	明治二九年以後	一、七九五、六一六坪（約五九九ヘクタール）
	明治二九年	三、三六九、一一一坪（約一、一二三ヘクタール）
	明治三〇年以後	二、七七四、二〇七坪（約九二五ヘクタール）
トウナイ（統内）	明治二五年	不明
	明治二九年以後	二、一九二、五一〇坪（約七三一ヘクタール）
豊頃	明治二九年	六、九九四、四八一坪（約二、三三一ヘクタール）
	明治三〇年以後	四、八九五、三九三坪（約一、六三二ヘクタール）

中川

地名	年	面積
十弗	明治二九年	一、二五六、五七〇坪（約四一九㌶）
	明治三〇年以後	八七三、四〇〇坪（約二九一㌶）
利別太	明治二五年	不明
	明治二九年以後	六、六五八、五七五坪（約二、二二〇㌶）
下利別	明治二九年	五、七七一、〇七二坪（約一、九二四㌶）
	明治三〇年以後	三、五一三、九四〇坪（約一、一七一㌶）
蓋派	明治二九年	一四、一七六、三八三坪（約四、七二五㌶）
	明治三〇年以後	九、〇〇七、七九七坪（約三、〇〇三㌶）
ビリベツ（美里別）	明治三〇年	一六、四四四、二五〇坪（約五、四八一㌶）
	明治三一年以後	一五、七二〇、九三五坪（約五、二四〇㌶）
本別	明治二九年	三、七〇七、九四三坪（約一、二三六㌶）
	明治三〇年以後	二、六四三、一六一坪（約八八一㌶）
足寄太	明治二九年	四、一七六、一八三坪（約一、三九二㌶）
	明治三〇年以後	二、七〇三、七二〇坪（約九〇一㌶）
	明治三〇年	二、四五八、六六七坪（約八二〇㌶）
	明治三一年以後	一、四四八、八六五坪（約四八三㌶）
上利別	明治三〇年	一、七五一、五一一坪（約五八四㌶）
	明治三一年以後	一、二三三、六二五坪（約四一一㌶）
止若	明治二五年	不明
	明治二九年以後	四、九五一、六九六坪（約一、六五一㌶）

咾別	明治二五年	不明
	明治二九年以後	二、七九一、一四九坪（約九三〇ヘクタル）
白人	明治二五年	不明
	明治二九年以後	一、八五三、二五一坪（約六一八ヘクタル）
猿別	明治二九年	五、一一〇、六五四坪（約一、七〇四ヘクタル）
	明治三〇年以後	四、〇六一、五六六坪（約一、三五四ヘクタル）
ヌカナイ（糠内）	明治二九年	三、三六〇、二九四坪（約一、一二〇ヘクタル）
	明治三〇年以後	二、四四一、二九八坪（約八一四ヘクタル）
上ヌカナイ（上糠内）	明治三〇年	九三八、六九一坪（約三一三ヘクタル）
	明治三一年以後	六四五、八九一坪（約二一五ヘクタル）
トベツ（途別）	明治二九年	九八九、二六三坪（約三三〇ヘクタル）
	明治三〇年以後	九三七、二四四坪（約三一二ヘクタル）
下イタラタラキ	明治三〇年	二四、〇九六、三三四坪（約八、〇三二ヘクタル）
	明治三一年以後	二〇、三四二、九九八坪（約六、七八一ヘクタル）
計	総面積	不明
	総面積の内貸付地	一〇五、二〇四、五五四坪（約三五、〇六八ヘクタル）
札内	明治二五年	不明
	明治二九年以降	一、九二〇、七五九坪（約六四〇ヘクタル）
	明治二九年	二四、九八六、六〇一坪（約八、三二九ヘクタル）
	明治三〇年以降	二一、一三四、六七六坪（約七、〇四五ヘクタル）

河西

地名	年	面積
帯広	明治二五年	不明
	明治二九年以降	一〇、一〇五、一七二坪（約三、三六八ヘクタール）
	明治二五年	一、六二七、四九四坪（約五四二ヘクタール）
	明治二九年以降	九二七、五三七坪（約三〇九ヘクタール）
売買	明治二九年	五、五三四、五六七坪（約一、八四五ヘクタール）
	明治三〇年以降	四、三三六、五九九坪（約一、四四二ヘクタール）
上売買	明治三〇年	一〇、六〇一、四八一坪（約三、五三四ヘクタール）
	明治三一年以降	三、六四八、八六五坪（約一、二一六ヘクタール）
上帯広	明治三〇年	四、四一七、八九一坪（約一、四七三ヘクタール）
	明治三一年以降	三、二二六、八六五坪（約一、〇七六ヘクタール）
伏古別	明治二五年	不明
	明治二九年以降	七、五五二、九九三坪（約二、五一八ヘクタール）
	明治二九年	一、四五六、六七四坪（約四八六ヘクタール）
	明治三〇年以降	一、二八八、〇七九坪（約四二九ヘクタール）
上伏古別	明治三〇年	一、七四九、二一九坪（約五八三ヘクタール）
	明治三一年以降	八九四、二二〇坪（約二九八ヘクタール）
芽室	明治二五年	不明
	明治二九年以降	四、二一八、五三〇坪（約一、四〇六ヘクタール）
美生	明治三〇年	五、五〇三、二九五坪（約一、八三四ヘクタール）
	明治三一年以降	四、〇一四、八七四坪（約一、三三八ヘクタール）

地区	地名	年	面積
	上芽室	明治三一年	一八、三一九、六一六坪（約六、一〇七ヘクタル）
	上芽室	明治三二年以降	一三、五〇一、三九四坪（約四、五〇〇ヘクタル）
	計	総面積	不明
	計	総面積の内貸付地	七六、七六〇、五六三坪（約二五、五八七ヘクタル）
河東	下士幌	明治二五年	不明
	下士幌	明治二九年以降	八二〇、三八五坪（約二七三ヘクタル）
	下士幌	明治三〇年	一六、〇三一、二〇八坪（約五、三四四ヘクタル）
	下士幌	明治三一年以降	一三、三三一、三一〇坪（約四、四四四ヘクタル）
	中士幌	明治三〇年	一九、八八五、〇四〇坪（約六、六二八ヘクタル）
	中士幌	明治三一年以降	一六、〇九三、四九六坪（約五、三六四ヘクタル）
	下音更	明治二五年	不明
	下音更	明治二九年以降	一、九三〇、三三〇坪（約六四三ヘクタル）
	下音更	明治三〇年	一三、五五一、四〇一坪（約四、五一七ヘクタル）
	下音更	明治三一年以降	一〇、四〇五、五〇〇坪（約三、四六九ヘクタル）
	中音更	明治二九年	七、五八六、八五四坪（約二、五二九ヘクタル）
	中音更	明治三〇年以降	六、二四四、〇七四坪（約二、〇八一ヘクタル）
	中音更	明治三〇年	七、八三六、〇二九坪（約二、六一二ヘクタル）
	中音更	明治三一年以降	七、二三〇、二七四坪（約二、四一〇ヘクタル）
	下然別	明治二五年	不明
	下然別	明治二九年以降	一、五二〇、三三〇坪（約五〇七ヘクタル）

	明治二九年	二、七五九、五六七坪（約九二〇ヘクタール）
	明治三〇年以降	二、〇一八、一二三坪（約六七三ヘクタール）
上然別	明治三〇年	三、五一九、四〇三坪（約一、一七三ヘクタール）
	明治三一年以降	二、四五三、九六二坪（約八一八ヘクタール）
	明治三一年	九九五、一八二坪（約三三二ヘクタール）
	明治三二年以降	七五一、三二〇坪（約二五〇ヘクタール）
ペンケチン（音更町）	明治三〇年	二、九六七、四七七坪（約九八九ヘクタール）
	明治三一年以降	二、二七二、〇九〇坪（約七五七ヘクタール）
クテクウシ	明治三一年	二、五九七、二四九坪（約八六六ヘクタール）
	明治三二年以降	二、〇九六、八七〇坪（約六九九ヘクタール）
芽室太	明治二五年	不明
	明治二九年以降	二、四四六、三一九坪（約八一五ヘクタール）
ケネ（毛根）	明治二五年	不明
	明治二九年以降	二、二七〇、二九九坪（約七五七ヘクタール）
計	総面積	不明
	総面積の内貸付地	七一、八八四、六八二坪（約二三、九六二ヘクタール）
下サホロ（下佐幌）	明治三一年	八、四四五、七〇四坪（約二、八一五ヘクタール）
	明治三二年以後	四、九四三、〇五三坪（約一、六四八ヘクタール）
上サホロ（上佐幌）	明治三一年	一〇、三五九、七九八坪（約三、四五三ヘクタール）
	明治三二年以後	七、五四四、九五七坪（約二、五一五ヘクタール）

上川	ペケンベツ	明治三一年	一一、八三八、三四一坪（約三、九四六ヘクタール）
		明治三二年以後	九、五七六、六一六坪（約三、一九二ヘクタール）
	シントク（新得）	明治三一年	一一、六三九、五八四坪（約三、八八〇ヘクタール）
		明治三二年以後	一〇、四〇六、五五〇坪（約三、四六九ヘクタール）
	計	総面積	四二、二八三、四二七坪（約一四、〇九四ヘクタール）
		総面積の内貸付地	三二、四七一、一七六坪（約一〇、八二四ヘクタール）
総計		総面積	―
		総面積の内貸付地	三八七、七一一、四七九坪（約一二九、二三七ヘクタール）

備考・各原野の面積は、総面積を示すが、境域の変更などにより、多少の移動がある。そのため、貸付する面積は、多少の移動があるが、右に示す表は、大体を知るのには差し支えない。

・区画地は、貸付を一般人民に許可する年を示している。その前に一部分の貸付は、この外である。直別原野は、釧路国にまたがる。

海岸

十勝国の海岸線は、二四里九町（約九五キロメートル）に渡る。平坦で屈曲出入りするところは極めて少ない。日高国の国境、ビタタヌンケプから茂寄（広尾）港までの数里（数キロメートル）の間は、海岸に山道がせまり、絶壁があり、壁下に石礫、あるいは、砂浜の狭いところがある。険しい山がところどころ突き出し、海中には岩礁が多く、昆布が生育する。

茂寄《モヨロ》港（広尾）から十勝川河口までの約一四里（約五五キロメートル）の間は、河口の土地を除く外は、高さ数尺（数メートル）の海岸段丘が連続している。その下には、幅が狭い砂浜がある。

十勝川河口には、三角州があり、低い砂丘となっている。十勝川河口から釧路国の境、直別川までの数里（数キロメートル）の間には、丘陵のふもとに海岸段丘がある。その下に砂浜が続く。その間、昆布刈石《こぶかりいし》に岩礁が突き出て、砂浜を遮断している。

十勝国の海岸は、屈曲が少なく、一つの良港もない。ただ、茂寄（広尾）港は、南方に岩礁が突出して、少しは風、波をさえぎるので、小汽船の停泊には便利である。また、茂寄《モヨロ》（広尾）港の南、約二里（約七・九キロメートル）、モイケシは、水深があり、南風をしのぐ地形である。近海通行の汽船は、時々ここに避難することがある。その海岸は、断崖を削ったような場所なので、貨物を集散できる場所ではない。

近海の潮流は、親潮に属し、東北から来る。十勝国の岸を通り南西に流れる。潮汐干満《ちょうせきかんまん》（海面の昇降現象）の差は、茂寄港では四尺（約一・二メートル）余りであるという。

地　質

十勝国の大部分は第三紀層に属し、第四紀層、古生層、及び、古火成岩、新火成岩がこれに次ぐ。その概略を説明すると、日高山脈は日高国と同じように、その地層の構造が整然としている。すなわち、古火成岩の一種、花崗岩が主流をなしている。次に、古生層接合岩があり、次に、古生層がある。いずれも南北に延長して、古生層は、特に延び、音更川、石狩川の背後に達している。

千島火山帯の上部は、新火成岩である輝石安山岩から成る。その下部は、古生層第三紀層などから成る。

輝石安山岩は、音更川中流から然別川にまたぐ山地をおおい、数ヵ所に露出している。右の外、高原、丘陵は、ことごとく第三紀層から成り、釧路国に連続して、これを構成するのは、灰色緻密な凝灰岩、及び、白色粗質な岩浮石凝灰岩が多い。

第四紀層は、河川の沿岸に発達する。また、海岸の海岸段丘をおおう。そのうち、特に重要なことは、沖積期に属する土地は、河川、沿岸の低地を成している。

地力

河岸の低原は、地味が最も肥えている。泥炭地を除く外は、草樹の生育が良い。その肥沃な土地は、十勝川本流の沿岸を第一とし、利別川の沿岸を第二とする。その他、諸川の沿岸はこれらに次ぐ。ただ、十勝国の広大な割合には、肥沃な土地が少なく残念なことである。高原は、地味が大変劣る。たいがい表層、二～三寸（六～九センチ）を黒色土壌がおおい、その下に薄い層の火山灰がある。土壌が薄く軽く乾燥し過ぎ、植物の栽培には地力が乏しい。河岸に近いところの旧沖積土のやや厚い土地は、肥沃で農耕を営むことができる。

海面からかなり高い位置にある比較的起伏が少ない高原の埴土の中で、現在、湿地のところは、比較的土地が肥えており、排水改良を行えば耕地とすることが難しくない。また、水を引いて灌漑すると、どこの高原も、全部、改良して有益な土地となることが疑いない。

気　象

概　況

十勝国の海岸は、寒潮の洗うところで、夏期は海霧があり、冷湿である。内陸に入るにしたがい、夏期の温度は高く、農作物の生育の状態は、釧路国、根室国よりも、はるかに勝る。冬期は、寒さが厳しい。西北の連山は、西北風の湿潤をさえぎり、降雪が少ないので、馬、牛を飼養することは容易である。

今、十勝測候所の観測に基づき気象の大要を左に概説する。ただし、十勝測候所は、海岸から一〇里（約三九・三キロメートル）ほどある内陸の帯広にあり、明治二五（一八九二）年の創立である。その気象は、内陸の原野を代表するものである。

温　度

帯広の全年平均温度は、摂氏四度八分（四・八度）である。札幌より二度二分（二・二度）低い。上川（石狩国）、標茶（釧路国）と、ほとんど似ている。夏期三ヶ月の平均温度は、一七度二分（一七・二度）である。札幌より一度二分（一・二度）低い。上川より九分（〇・九度）低いが、標茶より一度二分（一・二度）高い。根室より三度二分（三・二度）高い。

特に、最高温度は、累年平均、三四度余りに上がり、本道一〇ヵ所の測候所中、第一位である。そのため、農作物の生育が良い。

これに反して、冬期三ヶ月平均温度は、氷点下八度四分（八・四度）で、最低温度は、累年平均氷点下三二度（三二度）余りに下がり、寒気が強く、石狩国、上川に勝る。

冬夏の寒暖の差が著しく、春秋の温度の昇降は急であり、時々、霜害がある。農作物の栽培するうえで、欠点となっている。

海岸の土地は、内陸に比べれば、夏期の温度が低く、冬期の温度は高い。これは変化の少ない海上気象の影響を受けるためである。

帯広の累年各月の平均温度は、左のとおり。全年平均は、四・八度。

一月	二月	三月	四月	五月	六月
零下一〇・六度	零下八・八度	零下四・二度	四・二度	九・〇度	一四・三度
七月	八月	九月	一〇月	一一月	一二月
一七・八度	一九・六度	一四・八度	七・五度	一・〇度	零下六・五度

風

例年、一月から三月までは、北西風が多く、四月は北西風、南東風、東風が同じぐらい吹く。五月、六月、七月の三ヶ月は東風が多い。八月、九月は南東風が多い。一〇月以降、再び、北西風となる。風の勢いは冬期に強く、夏期は風が弱く風害をこうむることは少ない。

湿　度

帯広の全年平均湿度は、七四パーセントである。全道一〇ヵ所の測候所の中で、最も湿度が少ない。各月の最高は、八月の八六パーセント、最低は、一月の六五パーセントである。

北風は、乾燥し、南風は湿潤である。北風は多くの山岳を超え、水蒸気が減少する。南風は海上から来るので、多くの水蒸気を含む。したがって、北風が吹く冬期は、乾燥し、南風の吹く夏期は、湿潤である。

海岸の土地は、空気中の水蒸気の量が内陸よりも多い。特に、海霧が多いときは湿潤となる。

雲　量

満天に雲が覆う時を一〇とする。その割合を示すと、帯広の全年平均雲量は、六・四である。冬期は晴天が多く、夏期は曇天が多い。

左に各月の雲量、および、雲量によって区分する天気日数を示す。

種　目	一月	二月	三月	四月	五月	六月
雲量	四・五	四・九	五・九	六・九	七・四	八・二
快晴日数（日）	七	六	四	二	一	—
晴天日数（日）	一九	一五	一七	一六	一四	一一
曇天日数（日）	五	七	一〇	一二	一六	一九

種目	七月	八月	九月	一〇月	一一月	一二月	全年
雲量	八・二	八・二	七・七	五・四	五・二	四・三	六・四
快晴日数（日）	—	—	一	六	五	九	四一
晴天日数（日）	一一	一一	一一	一七	一八	一七	一七七
曇天日数（日）	二〇	二〇	一八	八	七	五	一四七

（注）ただし、雲量二以下を快晴とし、八以上を曇天とした。その中間を晴天とした。

雨・雪

雨は、七月から一〇月までの四ヶ月間に多い。洪水の害もこの期間である。十勝測候所の観測によれば、明治二九（一八九六）年九月九日の洪水は、九〇粍（センチ）の降雨で起こり、次いで二日を隔てて七二粍（センチ）余の降雨があり、一三日に洪水が発生した。

月別、雨・雪日数は左のとおり。

種目	一月	二月	三月	四月	五月	六月	七月	八月	九月	一〇月	一一月	一二月	全年
降水量（センチ）	二六	四二	五四	八五	九〇	八一	一二七	一一九	一一九	一〇二	九〇	四〇	九七五
雨日数（日）	—	一	一	九	一三	一六	一五	一七	一六	一三	八	二	一一一
雪日数（日）	一二	一二	一五	五	一	—	—	—	—	—	七	一三	六五

明治三一（一八九八）年九月九日の洪水は、数日間、多少の降雨の後、四八時間に一〇七糎（センチ）の大雨があり発生した。

雪は、帯広では平年一一月上旬に降り始め、一二月上旬になって根雪となる。翌年、初旬になってから融け始め、五月初旬に降雪が止む。

最も多い積雪量は、明治二九（一八九六）年に三尺六寸（約一〇九センチ）に達した。明治二六（一八九三）年は、わずか六寸（約一八センチ）余りだった。平年は二尺二寸（約六七センチ）である。

冬期の北西風は、多くの山岳を越えて十勝国原野に来る。そのため、乾燥しているので大雪を降らすことはない。降雪日数もわずで、全年を通して六五日である。全道、一〇ヵ所の測候所の中で、最も少ない。帯広の全年の降水量は、九七五糎（センチ）余である。

霜

初霜は、九月下旬。まれに、九月上旬に降りることがある。終霜は、五月下旬。まれに、六月にも降りることがある。札幌と比較すると、初、終とも、約一〇日内外の差がある。作物に害を及ぼすことがある。

霧

海岸の地域は、夏期に濃霧が海上から来る。空気が冷湿になり、農作物などに被害がある。根室、釧路のように甚だしくはない。

内陸に入るにしたがい濃霧は消失する。内陸の地域は、夏、秋の頃、夜間に地面が冷却して霧が発生する。

その日数は、帯広で五月から九月までの間、四八日におよぶ。概ね、晴れた日の夜に発生し、朝になると消失するので農作物の被害はない。

流氷

毎年、三月、四月、数個の氷塊が、東方から流れて海上に漂い、十勝国の沖を通過する。風向きによって海岸に来ることもある。その量は、根室、釧路の二国よりも少ない。そのため、著しい損害はない。

動植物

動物

獣類は、熊《くま》、鹿《しか》、狐《きつね》、狢《むじな》、貂《てん》、鼬《いたち》、川獺《かわうそ》、兎《うさぎ》、栗鼠《りす》、野鼠《のねずみ》がいる。熊は、現在、十勝国の南西部の山地に多い。川獺《かわうそ》は、以前から利別川に多い。

鳥類は、鷲《わし》、鷹《たか》、鳶《とび》、鵜《う》、雁《がん》、鴨《かも》、鷸《しぎ》、水鶏《くいな》、鳧《けり》、白鳥《はくちょう》、翡翠《かわせみ》、鴛《おしどり》(雄)、鴦《おしどり》(雌)、カケス、アオジ、ヒワ、ツグミ、ホホジロ、四十雀《しじゅうから》、ウソ、ヤマガラシ、マシコ、鶉《うずら》、雲雀《ひばり》、鶯《うぐいす》、郭公《かっこう》、山鳩《やまばと》、鶺鴒《せきれい》、鷦鷯《みそさざい》、(スズメに似ている)、啄木鳥《きつつき》などがいる。

は虫類は、数種の蛇《へび》がいる。その内、蝮蛇《まむしへび》は、利別川の支流、美里別、本別に多い。

昆虫類は、蛍《ほたる》、蝉《せみ》、虻《あぶ》、蝿《はえ》、飛蝗《ばった》、地蠶《かいこ》、髄蟲《ずいむし》(ニカメイガなどの幼虫)など、種々ある。

魚類は、鰮《いわし》（鰯《いわし》）、鮭《さけ》、鱒《ます》、鱈《たら》、鰤《ぶり》、鯖《さば》、鰈《かれい》、イトウ、シシャモ、カジカ、鱥《かいらぎ》（鮫の皮）、鮒《ふな》、鰻《うなぎ》などがいる。

貝類は、蜆《しじみ》、鳥貝《とりがい》（北海道を除く日本各地に生息・ホッキ貝の間違いか）などがいる。

右の内、鹿は十勝国の一大産物であり、飛蝗《ばった》は、被害を及ぼすことがある。そのため、左に略記する。

鹿

夏は、主に、札内川、猿別川、歴舟川などの上流、その他、ところどころに生息している。冬は、主に、利別川付近に集まる。これは、その地域の雪が少ないからである。

アイヌは、昔から肉を食料、皮を衣服とし、残った皮を運上屋に出して産物とした。寛政（一七八九年～一八〇〇年）、文化（一八〇四年～一八一七年）の頃は、一時期、減少した。その後、繁殖して回復し、一大産物となる。

明治一三（一八八〇）年。十勝組合が解散すると、他方から容易に十勝国に入ることができるようになった。和人や沙流、勇払方面などのアイヌが、多数、来るようになり、十勝国のアイヌと共に盛んに鹿を獲った。

明治一五（一八八二）年。この頃までは、年々、鹿皮を約一〇万枚を輸出した。その価格は、大津では一枚につき大皮五〇〇匁（一・八七五キログラム）以上、約一円。中皮三〇〇匁（一・一二五キログラム）～五〇〇匁（一・八七五キログラム）は、大皮より三割安く、小皮三〇〇匁（一・一二五キログラム）以下は、中皮より三割～五割安い。生角は、一〇〇斤（六〇キログラム）につき二二円～三〇円。落角は、生角の三割り安い。拾い角は、一〇〇斤（六〇キログラム）につき四、五円であるという。

明治一五（一八八二）年。春、大雪があり、狩猟で捕獲したり、斃死《へいし》したので著しく減少した。この頃、他の諸国は、乱猟してほとんど絶えた。そのため、全道に鹿猟を禁止した。

明治二一（一八八八）年。この頃までは、ただ、落ち角を拾うだけであった。再び、繁殖して、現在は、山地に鹿を見るようになり、鳴き声を聞くようになった。特に、利別川上流の地域に多いという。

飛蝗《ばった》

明治一三（一八八〇）年。夏、蝗虫《ばった》（トノサマバッタ）が大発生。十勝国中川郡、河西郡などでおびただしく発生し、ついに飛翔《ひしょう》（空高く飛ぶ）して、山を超え川を超えて日高国に移り、ついで胆振、石狩の二国に蔓延した。

当時の老アイヌの語るところによれば、『この蟲《むし》（虫）は、十勝川上流の原野で、毎年、多少発生していた。今から数一〇年前、蔓延し、各地域の原野の青草を食害し、アイヌは恐怖におののき、神罰である』と云う。

明治一三（一八八〇）年。蝗虫《ばった》の発生の時は、アイヌはこれを「カタタ」と呼んだ。その後、数年の間、毎年、発生して、本道諸国に多くの被害を与えた。

孵化は、例年、五月中旬から七月下旬までの間で七、八週間の後、十分に成長して、穀類、豆類、野草を貪欲に食べ尽くす。天をおおい群飛して、その下の青草をことごとく食べた後、交尾して乾燥した土地を選び産卵してから死ぬ。

このように、飛蝗《ばった》の害は恐ろしいことで、官庁は駆除に全力をつくして、各地の飛蝗《ばった》の卵を掘り起こし、または、成虫を獲殺した。

明治一七（一八八四）年。降雨のため、おびただしく斃死した。また、鳥獣に捕食され、その後、再び、被害がなくなった。

植物

殻斗科《かくとか》（ブナ科の古い呼び名）に属する槲《かしわ》、楢《なら》は、十勝国原野の最大の区域を占める。高原の土地は、いたるところ、ほとんど、これらを生じない。特に、槲は、概して純林であり、他の樹を交えない。最も乾燥、軽鬆《けいしょう》（軽くさらさらとしている）の土地を好む。高原の草は、茅《かや》、蕨《わらび》、笹《ささ》、萩《はぎ》、女郎花《おみなえし》（オミナエシ科の多年草、秋の七草のひとつ）、唐松草《からまつそう》（キンポウゲ科の多年草）などである。

河川の沿岸には、楡《にれ》、樒《しきみ》（モクレン科の常緑低木・枝葉を仏前にそなえる）、槭《しゅく》（モミジ、カエデなど）、胡桃《くるみ》、桑《くわ》、桂《かつら》、白楊《ぽぷら》（ポプラの一種、ドロノキなど）、槐《えんじゅ》、赤楊《あかやなぎ》（ハンノキ）、柳《やなぎ》などを混生し、その下草は、劉寄奴《りゅうきど》（キク科の多年草）、夜衾草《よぶすまそう》、款冬《かんとう》（蕗《ふき》）、木賊《とくさ》などである。

湿地は、蘆《あし》、菅《すげ》の類が多い。また、赤楊《あかやなぎ》（ハンノキ）もある。

椴松《とどまつ》、蝦夷松《えぞまつ》などの針葉樹は、原野にはなく、十勝国の西部、北部の山嶺で見ることができる。その他、当縁郡北東部の山丘、及び、十勝郡の浦幌川上流の山地に自生している。このため、全国的に見れば十勝国は、針葉樹が少ないといえる。なお、後の章の林業の部を参考にすること。

海岸の地方と内陸の原野とでは、植物の成長時期など同じではない。春季、草木が発芽のときは、約、一〇日以上の遅速がある。

夏季には、内陸の原野は気候が暖かく、植物の生育が著しい。比較的、短期間に開花、結実する。

十勝国の植物季節は、左の通りである。

項目	広尾（茂寄）	帯広
野草の萌芽期	四月上旬	四月中旬
広葉樹の萌芽期	五月中旬	五月下旬
野桑の萌芽期	五月中旬	六月上旬
山林原野の緑色となる時期	五月下旬	六月上旬
野草が最盛に成長する時期	七月中旬	六月下旬
楓《かえで》の紅葉となる時期	九月下旬	九月中旬
広葉樹の落葉する時期	一一月中旬	一〇月中旬

沿革

十勝国の概況

十勝国は、初め十勝場所と称した。松前藩士、蠣崎蔵人《かきざきくろうど》の給与地で、運上屋を茂寄（広尾）に置いた。

寛政一〇（一七九八）年。幕吏、近藤重蔵が、ビタタヌンケプから三里（約一一・八キロメートル）の新道を開削。

寛政一一（一七九九）年。十勝場所は、幕府の直轄となる。

享和元（一八〇一）年。蝦夷地御用掛、松平忠明（信濃守）、石川忠房（左近将監）、外、二名が幕府に次のように報告した。

十勝川の上流は、地味が良く、小山がところどころにある。開いて作物の栽培する所として良い土地である。数一〇里（一里は、三・九二七キロメートル）の間、草木が繁茂している。夏は蚊《か》や虻《あぶ》が多い。開墾を行えば、自然に田畑の形ができるようになり、人も住み、村ができるようになる。

文化五（一八〇八）年の調査による。

地名	概況
ビタタヌンケ	幌泉場所の境、橋がある。海岸に難所がある。今は、新道を通行している。
タンネソー	海蘿《ふのり》（布海苔）の取り揚げ場所。
モイケシ	昆布の取り揚げ場所。年々、鮫の漁がある。
オシラベツ	昼休所、番屋、草小屋がある。昆布《こんぶ》の取り揚げ場所。
オナオベツ	番屋がある。昆布の取り揚げ場所である。ビタタヌンケからの山道は、この地から。
広尾（茂寄）	会所、旅宿所二、仕入物蔵三、産物蔵三、物置蔵二、細工小屋一、厩《うまや》一がある。明神社を祭る支配人一名、見習二名、番人一〇人、備馬八頭、会所の後の山手に畑を設けている。蘿蔔《らふく》（大根）、その他、蔬菜《そさい》（野菜）を作る。また、そのところに、非常のときの要害として柵の土手、長さ九七間半（約一七六メートル）、高さ四尺（約一・二メートル）に築く。五寸（約一五センチ）、通りに礫石を揚げ置く。
オモニタツ	ここの山中に、「ウバユリ」、「キトピロ」を採るところがある。

ヤムワッカオイ	ここから山を越すと、一五里（約五九キロメートル）で十勝川上流サツナイに出る道がある。
アエボシマ	昼休所
当縁	番屋、旅宿所、板庫、草小屋がある。
湧洞	昼休所、烽火台がある。沼でアイヌが食料の漁をする。
大津	番屋、旅宿所、物置蔵、仕入物蔵、草小屋、厩がある。備馬七頭、畑を耕し、蔬菜を作る。川上に夷人《いじん》（アイヌ）の集落が多い。鮭《さけ》、鱒《ます》などを捕って食料としている。
昆布刈石	烽火台がある。
オウコッペ	昼休所がある。
ココイ	草小屋がある。夷人《いじん》などが「ウバユリ」、「キトピロ」を採るところ。
直別	釧路場所との境界である。

広尾場所の産物は、海蘿《ふのり》（布海苔《ふのり》）、昆布《こんぶ》、鰤《ぶり》、鱈《たら》、鰈《かれい》、鮫皮《さめがわ》、アッシ（織物）である。また、幌泉場所の庶野へ出稼ぎして海蘿《ふのり》、昆布《こんぶ》を取る。

文化五（一八〇八）年。アイヌは、四〇ヵ所に住み、総戸数は二五四戸、一、〇三四人である。その職業は、男は春に鱈《たら》を釣り、海蘿《ふのり》（布海苔《ふのり》）を採り、夏は昆布《こんぶ》を採る。秋は、鰤《ぶり》漁を行い、冬は、故郷に帰り越年する。鹿は減少して今は食料にするだけである。

女は、アッシを織り、産物（販売）とする。また、広尾場所で使用する「キナ（ござ・敷物）」、「スダレ」を編む。また、十勝川筋にて、昔から粟《あわ》、稗《ひえ》を作り、貯えておき、冬期の食糧にした。

アイヌの戸数・人口・安政五（一八五八）年

地名	戸数（戸）	男（人）	女（人）	人口計（人）
ピロウ	五〇	一一一	一一七	二二八
ペルフネ	五	八	八	一六
タイキ	三	一四	八	二二
オホツナイ	六	一三	一〇	二三
オサウス	一三	二七	二八	五五
ハラチカ	六	一三	一三	二六
トカチ	一七	五一	五一	一〇二
タンネオタ	六	一八	一九	三七
セオイ	七	一六	一七	三三
トヒヨカ	一	三	二	五
テレケプ	一	一	一	二
トープト	一	三	二	五
トシペップト	四	一〇	九	一九
トシペツ	二七	六五	七六	一四一

チヨウタ	九	二〇	二六	四六
ヤムワッカ	五	一六	二〇	三六
イカンペツ	九	二二	二七	四九
チロット	七	一四	一八	三二
サツナイ	一〇	二四	一八	四二
トッタペツ	二	三	六	九
ベッチャロ	一	二	四	六
オベレペレフ	一八	三八	五〇	八八
オトフケ	一三	三五	三九	七四
シカリベツプト	五	一〇	一四	二四
シカリペツ	一一	三一	二四	五五
ビバウシ	四	八	一〇	一八
ピパイロ	三	一一	四	一五
メムロ	六	二一	二一	三三
サオロ	四	八	九	一七
ニトマップ	四	一五	七	二三
クッタラウシ	八	二六	一六	四二
計	二六六	六五七	六六四	一、三二一

文化一〇（一八一三）年。上田三郎次が当場所の請負人になるとき、庶野の漁業につき幌泉場所請負人と

紛議を生じ、文化一一（一八一四）年、和談した。その要旨は、庶野を十勝場所に借受け、その報として幌泉場所の猿留番屋を引き受け、かつ、アイヌを幌泉に貸すことである。

文政二（一八一九）年。大坂屋宇助が代わって請負人なり、文政八（一八二五）年、福島屋嘉七が再び代って請負人となり、その後変更無く、開拓使の時に至った。

文政四（一八二一）年。松前藩に復し、安政二（一八五五）年、再び、幕府の支配となる。当時、アイヌは三一ヵ所に住み、戸数二六六戸、人口一、三二一人である。

春、夏の二回、広尾会所の通詞《つうじ》（通訳）は、内陸のアイヌ集落を巡回調査して、アイヌを海岸に送り、漁業に従事させる。その人員は、春、約一五〇～一六〇人。その内、一〇〇人ぐらいがメノコ（婦女）、セカチ（成童・一五歳以上の少年）であるという。秋鮭の漁が終わると、各集落に帰り、冬期は鹿猟を行う。

安政五（一八五八）年。春、幕吏、松浦武四郎、飯田豊之助が、石狩国上川から山を越え、十勝国に来て十勝川を下った。

安政五（一八五八）年。夏、歴舟川からタイキ、ビバイロを経て十勝川を下る。その時、音更の高台で四方広大な原野を眺め、松浦武四郎は、次の歌を詠んだ。

『このあたり　馬の車の　みつきもの　御蔵をたてて　積まほしけれ』

安政六（一八五九）年一一月。幕府は、十勝場所を仙台藩に支配させ、会所を茂寄（広尾）の北、円山のふもとに陣屋を建てた。横目付（諸士の行動を監察する役職）、代官、医師などが在勤した。

明治二（一八六九）年。開拓使となり、国郡を定めた。同年九月、十勝、中川、河東、川上の四郡を静岡藩に、広尾、当縁、河西の三郡を鹿児島藩が支配する。

明治三（一八七〇）年。一月、鹿児島領の一部を一橋従二位、田安従二位が支配し、同年一〇月、鹿児島藩の支配から、その地を一橋家、田安家に分与した。静岡藩は大津に、田安家は茂寄（広尾）に、一橋家はオシラベツ（音調津）に役宅を設け、官吏を派遣して支配した。

明治四（一八七一）年。五月、各藩の支配を罷免《ひめん》（職務を辞めさせる）し、明治五（一八七二）年九月、浦河支庁の所管となる。

明治七（一八七四）年。五月、浦河支庁を廃止、札幌本庁の直轄となる。また、漁業は開拓使の初請負人を廃止して、ついで旧請負人の福島屋嘉七を十勝国の漁場持ちとした。

明治八（一八七五）年。福島屋嘉七は漁場を返還した。雇人の若松忠次郎などが、アイヌと共同して十勝組合と称する団体を組織した。五年間、漁業に従事した。

明治一二（一八七九）年。十勝国各郡役所を日高国浦河に設けた。

明治一二（一八七九）年。この年、数名の移住者が十勝組合に反対して、その不法を訴えたことにより、十勝組合が解散することになった。鹿猟の最盛期であり、商人、猟師などが各地から来て、内陸の原野にいたるところ和人が分け入った。大津は、たちまち、一〇〇戸の市街地を形成した。

明治一三（一八八〇）年。六月、十勝組合を解く。これから先、漁場持ち、並びに、十勝組合が十勝国の漁猟《ぎょりょう》の利益を独占し、他人の移住を妨げないようにした。

明治一三（一八八〇）年。この年以来、本道で蝗虫《ばった》の害があり、その発生地は、十勝原野と認定。

明治一五（一八八二）年。鹿が減少したので、狩猟者は離散した。わずかに留まり、商業、農業などに従事する者がある。同年、晩成社は帯広に土地を出願して開墾に着手（晩成社の幹事、鈴木銃太郎）した。

明治一六（一八八三）年、一七（一八八四）年。十勝川上流において鮭漁を禁止。このため、アイヌは食料に困り、餓死する者、六人。

明治一七（一八八四）年。霖雨《りんう》（何日も降り続く雨）のため、蝗虫は産卵できず斃死。その後、再び、蝗虫の害なし。

明治一八（一八八五）年。アイヌ救済のため、官吏の農事教師を派遣する。その後、三年間、アイヌに開墾、耕種の方法を教えた。その間に、アイヌは各コタンから耕作地に移住した。

明治二〇（一八八七）年。六月、十勝国各郡役所を釧路国釧路に置く。

明治二一（一八八八）年。十勝国の原野を概測選定して殖民地とする。

明治二五（一八九二）年。富山県、徳島県、香川県の農民が移住して、伏古、咾別《イカンベツ》、蝶多《テフタ》の三ヵ所に入る。その後、年々、移住者があり、概ね無願開墾を行った。同年、囚徒を投入して大津～芽室の間の道路を開削《かいさく》（切り開く）し、明治二六（一八九三）年に竣工《しゅんこう》（工事が完成）した。

明治二七（一八九四）年。帯広市街地の貸付があり、十勝分監の新築工事があり、帯広の地はますます繁栄する。

明治二九（一八九六）年。原野の区画地を貸付し、次いで年々、区画を延長して貸付を行う。移民が来住して開墾を行う。内陸の開墾が盛んになると、帯広、大津、茂寄（広尾）の三市街も、ますます繁栄した。

明治三〇（一八九七）年。七月、帯広に郡役所を設け、一一月、河西支庁となる。

明治三一（一八九八）年。九月、大洪水があり、多くの被害をもたらした。

運輸・交通

来歴

十勝の西部は山嶺が海に迫り、トモチクシ、ヒナイは絶壁となっている。アイヌの話では、ここで死んだ者があったという。

寛政一〇（一七九八）年。幕吏、近藤守重蔵が択捉島からの帰り、広尾に至り、風雨のため数日留まった。通訳の孫七やアイヌ六八人と相談して資財を出し、シルベシュペからビタタヌンケプに至る三里（約一一・八キロメートル）弱の山道を開削した。これは十勝国の道路開削の始まりであるのみでなく、蝦夷地の道路開削の始まりである。

寛政一一（一七九九）年。幕府は日高の難所に新道を開き、馬を日高に送り、往来に利用した。幕史、小林卯十郎は、茂寄（広尾）以東の高台に道路を開いた。海岸の砂地の不便を避け、十勝川以東は、クマネヒラ、コンブカルシ、ヲウコツベノツの三ヵ所に道を作り、風雨の日でも行き来できるようにした。

海運は、以前からの茂寄港を碇泊所《ていはくしょ》（イカリをおろして停まるところ）として、貨物の移出入を船舶で行った。

享和元（一八〇一）年。大津川を塞《ふさ》ぎ、十勝川の水量を増し、船舶をその川口に入れる計画があったが、果たせなかったので、記録することがない。

明治八（一八七五）年。一月、茂寄、大津の二ヵ所に郵便局を設ける。

明治一七（一八八四）年。茂寄、大津に電信局を設ける。

明治二一（一八八八）年。内陸の原野には道路がなく、大津から中川郡（豊頃、池田方面）に至る九里（三五・三キロメートル）ほど仮道を開き、僅かに馬を通した。

明治二十五（一八九二）年。約二三、〇〇〇円を投じ、大津から帯広を経て、芽室に至る一四里（約五五キロメートル）を開削し、明治二十六（一八九三）年に完成する。

明治二十八（一八九五）年。工費約一四、〇〇〇円で、大津から釧路の白糠まで、二二ヵ所の河川に橋を架け、道路の一部を修築する。

明治三〇（一八九七）年。大津から帯広の間の道路から利別太、及び、止若《ヤムワツオ》に至る二ヵ所の新道を開く。この年、函館の服部某に補助費二、〇〇〇円を与え、広尾から大津に定期航海を開始させた。

明治三一（一八九八）年。広尾から帯広に至る一九里二〇町（約七六・八キロメートル）、及び、札内から利別太を経て、本別に至る道路の外、数ヵ所の新道を開削し、また、芽室から石狩国旭川に達する新道の開削に着手し、明治三二（一八九九）年に竣工する。

海運の現況

十勝国の貨物は、すべて船舶で出入りし、その船舶は、定期船と不定期船の二種類である。函館を起点としている。

次の表は、一般的な価格表である。商人の貨物の価格は、多少割引して安くしている。

自函館至広尾、大津			
名称	個	広尾まで	大津まで
一等品三才以上	一才	一三銭	一四銭
二等品三才以上	同	一二銭	一三銭
三等品三才以上	同	一一銭	一二銭
等外品三才以上	同	九銭	一〇銭
一等品一才以下	一個	二〇銭	二四銭
二等品一才以下	同	一九銭	二二銭
三等品一才以下	同	一八銭	二〇銭
等外品	同		
米穀雑穀（四斗入）	同	一九銭	二二銭
食塩（二斗入）	同	一四銭	一七銭
大阪酒菰《こも》巻《まき》	一個	四三銭	四八銭
大山酒	同	二二銭	二四銭
樽味噌	同	二八銭	三〇銭
船客	一人	二円五〇銭	三円〇〇銭

自広尾、大津至函館			
名称	個	広尾より	大津より
長切昆布	百石	六〇円〇〇銭	―
雑穀	同	五〇円〇〇銭	五五円〇〇銭
搾《しぼり》粕《かす》	同	七〇円〇〇銭	八〇円〇〇銭
散鮭	同	九〇円〇〇銭	一一〇円〇〇銭
燐寸《まっち》軸木（七才五分）	一個	三〇銭	三三銭
同（一〇才）	同	三五銭	三八銭
魚油（四斗入）	同	四五銭	五〇銭
生魚、魚油、石油缶入	同	二五銭	三〇銭
鮭筋子大山樽入	同	三〇銭	三五銭
銀《ぎん》杏《なん》草《そう》（約二五貫）	同	三五銭	―
日本枕木	一本	一三銭	一五銭
木材	百石	七〇円〇〇銭	八〇円〇〇銭
船客	一人	二円五〇銭	三円〇〇銭

（注）「才」とは、尺貫法の容積の単位。和船の積石数。現在でも船やトラックの荷台の容積を表す。物流業界特有の単位として使用。

・「一才」は、一立方尺。すなわち、〇・三〇三メートル×〇・三〇三メートル×〇・三〇三メートル＝〇・〇二七八立方メートル＝二七・八リットル。但し、一尺は、〇・三〇三メートル、一立方メートル＝一、〇〇〇リットルとする。

・約四〇センチ×三〇センチ×二五センチのミカン箱一ケースに相当する。
・トラック別の才数の目安。軽トラックは、一〇〇〜一六〇才。二トン、トラックは五〇〇才。四トン、トラックは、八〇〇〜一、〇〇〇才ほど積むことができる。

明治三一（一八九八）年。大津に入港した蒸気船は、一七二隻、二〇、六四〇トン。風帆船一隻、八四トン。茂寄（広尾）に入港した蒸気船は、三五三隻、五一、〇一三トン。

定期船は、函館の渡辺熊四郎の所有する末広丸である。道庁から一年間に三、〇〇〇円を補助。函館から広尾を経て大津に至り、大津から広尾を経て函館に帰る。航海数は四月から一〇月まで毎月四回、一一月から翌年三月まで毎月三回。

明治三二（一八九九）年。この年度の航海数は、四月から九月まで毎月五回。一〇月、一一月は毎月四回、一二月から翌年三月まで毎月三回。割引券のある移住民、携帯する貨物は、普通賃金の五割（五〇パーセント）減である。

港は、大津、広尾の二ヵ所で、広尾から函館までは一四二浬《かいり》（約二六三キロメートル・海里《かいり》・一浬《かいり》は一、八五二メートル）。大津から函館までは一八五浬《かいり》（約三四三キロメートル）である。大津は、十勝原野の喉《のど》もとに位置し、重要な土地であるが、港湾の形を備えていないので、いったん強風になると碇泊することができなくなる。特に、大津川の河口は波が高く、平時でも短艇の出入りは不便で、短艇の料金は非常に高い。米一俵（六〇キログラム）につき八銭、鮭百石（一五トン）につき三〇円、人一名につき三〇銭である。いつの日か、汽車が十勝太を通過し、市場となれば、大津の繁華は、十勝太に移るかもしれないが、ここもまた良港ではない。

広尾港は、南に岩礁があり、多少波風をさえぎり、小船の碇泊ができても、安全な港湾とはいえない。広尾港から南に約二里（約七・九キロメートル）のところのモイケシは、風波が少なく、時々、船舶が避難するが、陸上の状況が港に適さない。最近、歴舟では燐寸軸木の産出が多く、船舶が時々停泊するが不安全で、大津と同じ状況である。

陸路の現況

国道は、海岸を通過している。日高の国境から釧路の国境まで二五里（約九八・二キロメートル）である。日高の庶野から十勝の広尾までの海岸の多くは、絶壁で風波が荒々しく、通行できなくなることがある。広尾から釧路の国境までの間は、高台、海岸の砂地を通行して、危険なところはないが、道路の多くは粗悪である。ところどころ渡船場がある。洪水の時は、往来することができなくなる。

この国道に沿って駅逓がある。駅逓は、広尾、歴舟、湧洞、大津、昆布刈石である。大津から札幌までは八五里七町（約三三四・六キロメートル）。釧路までは一九里二四町（約七七・二キロメートル）である。

国道から内陸に入る路線は、大津から帯広を経て、石狩国(上川・空知方面)に行く路線が、最も重要である。大津から帯広に至る一二里三五町（約五〇・九キロメートル）は、平坦な道である。

明治三一（一八九八）年。この年以来、馬車の往来がある。帯広以北もまた平坦であるが、パンケシントクから国境の山嶺を越えて、空知川沿岸の峡谷は、仮道路であり、不良である。

駅逓は、大津、藻岩、帯広、ペケレベツ、パンケシントクの五ヵ所にあり、ここから石狩国ルーオマンソラチの駅逓に接続する。大津から帯広まで一二里三五町（約五〇・九キロメートル）、帯広から国境までは一二里

（四七・一キロメートル）弱、国境から旭川まで三三里（約一二九・六キロメートル）余りである。

広尾から帯広までの新道もまた重要であり、道路は平坦である。距離は一九里二〇町（約七六・八キロメートル）あり、駅逓は、広尾、上モンベツ、イタラタラキ、幸震、帯広にある。

大津から帯広の間の道路に、三の小屋、猿別、札内の四ヵ所から別れて、利別太に至る道路がある。利別太から利別川の沿岸を経て、本別に至る新道も開削され、沿道の移民に利便を与えている。その他、原野の数ヵ所に新道を設けている。広大な原野に比べれば、道路は不十分で、移民は困難を伴うことも少なくない。今後、年を経て、年々、道路を増設し、十勝国内の交通を便利にしなければならない。

十勝川舟運

十勝川は水量が多く、流れが遅い。内陸の原野に運搬することが便利である。大津から利別太までは、七〇石（七トン・和船の一〇石は一トン）積みの船を通し、利別太から帯広までは五〇石（五トン）積みの船が航行している。現在、輸送に従事する船は、三〇余隻ある。

利別川は、利別太から数里の上流まで、二五石（二・五トン）積みの船を通し、猿別川は下流二里（約七・九キロメートル）の間に二五石（二・五トン）積みの船を通している。今後、十分に流木を除去し、多少河川を改良すれば一層便利になる。帯広から上流もまた便利になることは疑いない。

明治三二（一八九九）年。大津から各地への一般的な船賃を示すと、次の通りである。

品目	数量	至藻岩		至利別太		至止若	
		普通	移民	普通	移民	普通	移民
米穀	四斗入一俵	七銭〇厘	五銭五厘	一四銭〇厘	一一銭〇厘	一六銭〇厘	一三銭〇厘
味噌	一二貫匁一樽	同	同	同	同	同	同
食塩	三斗入一俵二才五分	六銭〇厘	四銭八厘	一三銭〇厘	一〇銭〇厘	一五銭〇厘	一二銭〇厘
莚《むしろ》叺《かます》	二〇枚六才	七銭〇厘	五銭五厘	一四銭〇厘	一一銭〇厘	一六銭〇厘	一三銭〇厘
小荷物	三才以下一個	四銭〇厘	三銭〇厘	七銭〇厘	五銭五厘	八銭〇厘	六銭五厘
船客	一人	—	二〇銭〇厘	—	三五銭〇厘	—	四五銭〇厘

品目	数量	至猿別		至帯広	
		普通	移民	普通	移民
米穀	四斗入一俵	二〇銭〇厘	一六銭〇厘	三三銭〇厘	二六銭五厘
味噌	一二貫匁一樽	同	同	同	同
食塩	三斗入一俵二才五分	一九銭〇厘	一五銭〇厘	三〇銭〇厘	二四銭〇厘
莚《むしろ》叺《かます》	二〇枚六才	二〇銭〇厘	一六銭〇厘	三三銭〇厘	二六銭五厘
小荷物	三才以下一個	一〇銭〇厘	八銭〇厘	一六銭五厘	一三銭〇厘
船客	一人	—	—	—	—

備考・右は、上りの運賃である。下り運賃は、時々、その時に応じて、これを定める。
表中、「普通」とあるのは、普通人物の貨物。「移民」とあるのは、初めて移住する人々の貨物。

鉄道予定線

第一期鉄道は、石狩国の富良野から国境の山脈を横断して、十勝国の平原に降り、帯広を通過して藻岩付近で十勝川を渡り、十勝太を過ぎて釧路国の釧路に連絡する予定である。但し、十勝太付近は浦幌から丘陵を越えて、釧路国の白糠に達する比較線がある。

第二期鉄道は、第一期鉄道から分岐し、利別太に至り、利別川沿岸をさかのぼり、釧路国の足寄地方、及び、北見国の常呂原野を過ぎ、網走に達する予定である。

右の鉄道が竣工すれば、運輸交通が便利となり、拓殖の事業に役立つことが著しい。

戸数・人口

来歴

アイヌは、ところどころに集落を形成している。特に、十勝川やその支流の沿岸に多く住んでいる。

文化六（一八〇九）年。アイヌの戸数は、二五四戸、人口一、〇三四人。

安政五（一八五八）年。アイヌの戸数は、二六六戸、人口一、三二一人。

和人は、開拓使以前、請負人から遣わされた支配人、番人などだけで、一人の永住者もいなかった。静岡藩の支配の時、農民数戸が移住したが、その支配が終わると、全部、退去した。その後、明治一三（一八八〇）年に至るまで、漁場持、及び、十勝組合において他人の移住を嫌い妨げる傾向にあったので、十勝組合員、及び、その使役に供する者の外は、絶えて来住しなかった。

明治一一、一二（一八七八、九）年。この頃、僅かに、石黒某などの移住があっただけである。

明治一三（一八八〇）年。六月、十勝組合が解散すると、鹿猟のために各地から多くの猟師がやって来たが、土着し永住する者はいなかった。

明治一五（一八八二）年。鹿猟が減ったあと、ほとんど退去し残る者は、少数となったが、この時から、大津は集落を形成し、利別太には数戸の移住者があった。その他、ところどころに一二戸の和人が居住した。

明治一六（一八八三）年。晩成社の農民一三戸が帯広に移住した。

明治二五（一八九二）年。香川県民一二戸が、止若村に移住。徳島県民一五戸が咾別村に移住。富山県民一一戸が伏古村に移住。その後、年々、多少の移住者があった。

明治二五（一八九二）年。年末現在の人口は、二、九六〇人。

明治二九（一八九六）年。この年以来、原野区画地を貸付し、移民が大いに増加した。

明治三〇、三一（一八九七、八）年。この両年は、一一、〇〇〇余人増加した。

明治三一（一八九八）年。年末の人口は、一九、五四〇人。全道人口の二・三パーセントに相当する。

郡別の人口

次の表の通り。明治三一（一八九八）年。

郡	現在戸数	本籍人	出寄留人	入寄留人	現住人合計	男（内）	女（内）
広尾	五四七	一、二五一	一九	八五〇	二、〇八二	一、一一三	九六九
当縁	二三八	五七九	一一	一五七	七二五	四〇〇	三二五
十勝	五八六	一、三〇二	二	九三五	二、二三五	一、一三六	一、〇九九
中川	二、二六九	五、七二八	六五	三、八八二	九、五四五	四、九六七	四、五七八
河西	九六七	三、〇六二	八四	六七八	三、六五六	二、〇一〇	一、六四六
河東	二八〇	一、〇七一	二七	一四八	一、一九二	六一三	五七九
上川	二九	—	—	一〇五	一〇五	六三	四二
計	四、九一六	一二、九九三	二〇八	六、七五五	一九、五四〇	一〇、三〇二	九、二三八

人々は、概ね、農民であり、漁民、商人は一〇人中一、二人である。住民の最も多いのは、十勝川本流沿岸の区画地である。次は、利別川沿岸の区画地であり、その他、十勝川の支流である浦幌、ウシシュベツ、士幌、札内、音更、然別の諸川沿岸の区画地、及び、広尾郡、当縁郡の二郡の区画地、広尾郡の海岸である。大きな村はなく、帯広、大津、茂寄の三つの市街地は、何れも二〇〇戸内外である。

右の本籍者の内、アイヌの人口は左の通りである。

郡	戸数	人口合計	男（内）	女（内）
広尾	五一	一六一	八一	八〇
当縁	九	四七	二三	二四

十勝	一五	三九	二一	一八
中川	一七七	七三一	三五四	三七七
河西	一〇二	五〇六	二五一	二五五
河東	三四	一七六	八七	八九
計	三八八	一、六六〇	八一七	八四三

現住民の出身地により区別して、概況を左に記す。

アイヌは、旧来土着の民であり、人口は、右の表の通りである。住居地は、茂寄《モヨロ》、旅来《タプコライ》、蝶多《テフタ》、白人《チロット》、咾別《イカンベツ》、伏古《フシコ》、音更《オトフケ》、芽室太《メムロプト》、信取《ノブトル》、蓋派《ケナシパ》、本別《ポンベツ》、その他数ヵ所である。

富山県人	各府県の移民の中で最も多い。明治二五（一八九二）年以来移住し、伏古別（単独）、音更（然別川沿岸に二団体）、ウシシュベツ（単独）、下浦幌（土田農場）、猿別（五位団体）、野塚などの各原野に移住し、農業を営んでいる。また、広尾村では、鰈漁を行う多くの者は富山県人である。
岐阜県人	下浦幌（単独、及び、岐阜殖民合資会社）、音更（木村農場）、中音更（団体、及び、美濃開墾合資会社）、売買（団体）、伏古別（団体）、ビパイロ（団体）など各原野に移住する。
石川県人	下利別（高嶋農場）、札内（団体）、ケネ（団体）、紋別（団体）の各原野に移住する。
徳島県人	明治二五（一八九二）年以後、咾別原野に入り、近年、蓋派原野（板東農場）、その他、各原野に移住する。
香川県人	明治二五（一八九二）年以来、止若原野に移住し、また、その近くの原野に散在する。

新潟県人	ところどころに散在している。また、大津市街の石黒製軸所に多い。
兵庫県人	明治二八（一八九五）年に、淡路の人々が、日高国から紋別原野に移住した。但馬団体は、明治三〇（一八九七）年以来、伏古別、芽室の二原野に移住した。
三重県人	猿別（南勢開拓社）、豊頃（近藤農場）、の二原野に移住する。
岡山県人	明治三〇（一八九七）年に、二個の団体を組織し、白人原野に移住した。
福島県人	ウシシュベツ原野（興復社）に多い。その他ところどころに散在している。
愛知県人	明治三〇（一八九七）年に、団体移民として、芽室太原野に移住した。
鳥取県人	利別太原野（池田農場）、及び、茂寄付近の原野に移住する。
長野県人	利別太、本別、芽室などの各原野に移住する。
滋賀県人	下当縁原野に移住する。

青森県、秋田県、岩手県、宮城県、山形県の五県からの団体移民はいないが、旧来、各地に移住して漁業、農業、その他雑業に従事している。

郡村・官庁

郡村

明治二（一八六九）年。初めて十勝国が置かれた。十勝国は、広尾郡、当縁郡、十勝郡、中川郡、河西郡、河東郡、上川郡の七郡となり、その村数は五一である。

当時、アイヌの集落があるところを一村とした。その集落の地域を旧来の呼称に従い、村名とした。そのため、二戸、三戸の集落でも村とした。また、その後、アイヌの転住で無人となり、各村の境が往々にして不明となり、移民増加の今日に至って、諸事において不便なこともある。

官庁の管轄

明治五（一八七二）年。九月、十勝国は、日高国の浦河支庁の所管となる。

明治七（一八七四）年。五月、浦河支庁が廃止になり、札幌本庁の直轄となる。これより先、開拓使の時、広尾出張所を茂寄村に置いていた。

明治七（一八七四）年。九月、広尾出張所を廃止、同時に浦河出張所広尾派出所を置く。

明治八（一八七五）年。一一月、出張所を廃止、同時に広尾分署を設ける。

明治九（一八七六）年。九月、大小区画を定める。

明治一〇（一八七七）年。一月、広尾分署を廃止、浦河分署の管轄とする。

明治一二（一八七九）年。七月、大小区画を廃止、郡区町村を編制し、十勝国各郡村を日高国浦河郡役所の管轄に戻す。

明治一三（一八八〇）年。二月、広尾郡、当縁郡の両郡各村の戸長役場を広尾郡茂寄村に、十勝郡、中川郡、河西郡、河東郡、上川郡の五郡各村の戸長役場を十勝郡大津村に置く。

明治二〇（一八八七）年。六月、釧路郡役所の管轄となる。

明治二六（一八九三）年。六月、十勝郡大津村、外、五郡四六ヵ村戸長役場の管轄を分けて河西郡、河東郡、上川郡の三郡各村戸長役場を河西郡下帯広村に置く。

明治三〇（一八九七）年。六月、十勝郡大津村、外、二六ヵ村戸長役場の管轄を分け、中川郡幕別村、外、六ヵ村戸長役場を幕別村に置く。広尾郡茂寄村、外、三ヵ村戸長役場の区域を分け、当縁郡歴舟《ベルフネ》村、外、二ヵ村戸長役場を歴舟村に設ける。

明治三〇（一八九七）年。七月、河西郡下帯広村に河西郡役所を設け、同年一一月、河西支庁となる。

備考・実地調査の時、右のようであったが、明治三二（一八九九）年。五月、十勝郡大津村、外、五ヵ村、中川郡旅来村、外、一四ヵ村戸長役場の管轄を分け、中川郡豊頃村、外、一ヵ村戸長役場を豊頃村に置く。また、十勝郡大津村、外、五ヵ村、中川郡旅来《タブコライ》村、外、一四ヵ村、中川郡幕別村、外、六ヵ村戸長役場の所管分け、中川郡凋寒《セイオロサム》村、外、一二ヵ村戸長役場を置く。すなわち、河西支庁は十勝国一円を管轄し、その下に七ヵ所の戸長役場がある。

戸長役場所在地

郡、管轄村名は、左の通りである。

戸長役場所在地	郡	管轄村名
茂寄村	広尾郡	茂寄《モヨロ》（広尾）村

歴舟村	当縁郡	歴舟《ペルフネ》（大樹）村、当縁《タウブチ》（大樹・豊頃）村、大樹《タイキ》（大樹）村
大津村	十勝郡	大津《オホツ》（豊頃）村、十勝《トカチ》（浦幌）村、愛牛《アイニウシ》（浦幌）村、長臼《ヲサウス》（豊頃）村、生剛《オヘコハシ》（浦幌）村、鼈奴《ベツチャロ》（浦幌）村
	中川郡	旅来《タブコライ》（豊頃）村
豊頃村	中川郡	豊頃《トヒヨコロ》（豊頃）村、安骨《チヤシコチヤ》（豊頃）村
凋寒村	中川郡	凋寒《セイオロサム》（池田）村、十弗《トヲブツ》（池田）村、誓牛《チカフエウシ》（池田）村、蓋派《ケナシバ》（池田）村、押帯《オシオブ》（本別）村、幌蓋《ポロケナシ》（本別）村、嫌侶《キロロ》（本別）村、蝶多《テフタ》（池田）村、様舞《シヤモマイ》（池田）村、信取《ノブトル》（池田）村、居辺《ヲロベ》（池田）村、勇足《イサミダテ》（本別）村、負箙《オフエピラ》（本別）村、本別《ポンベツ》（本別）村

村	郡	村名
幕別村	中川郡	止若《ヤムワッオ》（幕別）村
		咾別《イカンベツ》（幕別）村
		幕別《マクンベツ》（幕別）村
		白人《チロット》（幕別）村
		別奴《ベッチャロ》（幕別）村
下帯広村	河西郡	荊苞《バラトー》（帯広）村
		売買《ウレカリプ》（帯広）村
		迫別《セマリベツ》（帯広・拓成）村
		伏古《フシコ》（帯広・芽室）村
		幸震《サツナイ》（帯広）村
		芽室《メムオロ》（芽室）村
		戸蔦《トツタ》（帯広）村
		美生《ピパイロ》（芽室）村
		鵜抜《ヌエヌンケ》（帯広・愛国）村
		羽帯《ポネオプ》（清水・芽室）村
		上帯広《カミオビルビルプ》（帯広）村
		下帯広《シモオビルビルプ》（帯広）村
	河東郡	音更《オトフケ》（音更）村
		西士狩《ニシシカリ》（芽室）村
		然別《シカリベツ》（音更）村
		美蔓《ビハフシ》（芽室）村
		東士狩《ヒガシシカリ》（音更）村
	上川郡	人舞《ニトマプ》（清水）村
		屈足《クッタラシ》（新得）村

警察署は、下帯広村にある。その下に、茂寄《モヨロ》、大津《オホツ》に二つの分署、凋寒《セイオロサム》、幕別《マクンベツ》、芽室《メムオロ》の三つに巡査駐在所

がある。

明治八（一八七五）年。一月、郵便局が開始。その後、徐々に増加し、現在は茂寄、大津、止若《ヤムワツオ》、帯広の四ヵ所にある。

明治一七（一八八四）年。電信が初めて開通する。その後、茂寄、大津、帯広の三ヵ所で扱っている。

明治二四（一八九一）年。農事試験所が下帯広村に開設した。

明治二五（一八九二）年。一月、十勝測候所（二等測候所）が下帯広村に設置される。

明治二八（一八九五）年。四月、十勝分監が開庁。樺戸集治監に属する。

明治三〇（一八九七）年。四月に森林検査員駐在所、森林監守駐在所を設置。茂寄、大津、下帯広の三ヵ所にある。

明治三二(一八九九)年。一月、従来、止若《ヤムワツオ》にあった郵便局を凋寒《セイオロサム》村に移し、郵便電信局とした。また、同時に、浦幌、藻岩に両郵便局を増設した。

明治三二（一八九九）年。九月、芽室《メムオロ》村に郵便局を置いた。

漁　業

来　歴

十勝国の漁業の開発は、寛永（一六二四～一六四三）以前からであることは明らかである。その産物は、昆布《こんぶ》、鱈《たら》などで、寛政（一七八九～一八〇〇）の頃の運上金は、一〇〇両であった。

寛政一一（一七九九）年。幕府の支配となり、請負人を廃止した。

文化一〇（一八一三）年。再び、請負人を設けた。当時、上田三郎次（近江屋と称す）が、運上金三五〇両で請け負った。幌泉領鹿野浜の昆布は、従来、十勝のアイヌが採取していたので、上田三郎次も、また、これを見込んで、幌泉場所請負人と紛議を生じ、文化一一（一八一四）年、和談が整い、鹿野浜を十勝に借受、漁業をすることになった。幕府もまた運上金の内一五〇両を減免した。

文政二（一八一九）年。大阪屋宇助が請負人となる。その運上金は、一四九両一五〇文。

文政八（一八二五）年。杉浦嘉七（福島屋と称す）が請負人となる。その運上金は二〇〇両である。

安政元（一八五四）年。当場所の水産物は、布海苔《ふのり》六九石（一〇・四トン）、雑魚搾粕《しぼりかす》三一石（四・七トン）、昆布三、六七四石（五五一・一トン）、塩鮭《さけ》四三〇石（六四・五トン）、塩鰤《ぶり》六〇石（九トン）である。

安政年間（一八五四～一八五九）。大津川で初めて鮭《さけ》漁を試み、その後、多量の漁獲があり、運上金二一〇両、及び、仕向金九〇両二分であった。元治元（一八六四）年、一、五〇〇両に増し、慶応三（一八六七）年、また、三〇〇両を増した。

明治二（一八六九）年。場所請負人を廃止した。ところが、場所請負人らの反対があり、当分の間、場所請負人を「漁場持」と名称を変更して存続した。旧請負人の杉浦嘉七を十勝国の「漁場持」とした。その頃から、初めて鱒《ます》を産物として輸出したという。

明治八（一八七五）年。杉浦嘉七は漁場持を辞めた。その雇人である若松忠次郎、堺千代吉などが、アイヌと共同で、十勝組合を設け、その名義は和人六名、アイヌ七名であるが、十勝組合となってから、利益の配当を受ける者は、和人約五〇名、アイヌ約二八〇名である。

この組合は、十勝国の漁場を独占して利益を得、組合解散の時は、アイヌ一戸平均の純益は、一六〇余円であった。

その頃の漁場漁期などは、左の通りである。

鱈《たら》	広尾郡の沿海において、三月上旬から入梅の頃まで釣れる。近年、漁獲が少ない。
海蘿《かいら》（布海苔《ふのり》）	茂寄（広尾）以西の地で、三月中旬から四月中旬まで採取する。
鰮《いわし》（鰯《いわし》）	会所前に漁場がある。四月末から漁労の準備をする。近年、薄漁である。
昆布《こんぶ》	茂寄（広尾）以西の地、及び、幌泉場所のうち、庶野、小越、油駒、猿留を合わせ採取船、約八、九〇隻。六月土用入りから竿おろしを行い、八月中旬に終わる。その後、一〇月までは海岸に打ち寄せられた昆布を拾う。
鮭《さけ》	会所前、オシラベツ、ルベシュベツの三ヵ所に建網場がある。八月、彼岸の五日前から漁場に着手し、九月中に終わる。
柳葉魚《ししゃも》	一〇月中旬、大津川にさかのぼる。この時、番人、アイヌは皆集まり、これを取り冬期の食料にする。

明治一三（一八八〇）年。六月、十勝組合は解散、組合員である和人に昆布場五〇ヵ所、広尾、歴舟のア

イヌに昆布場五六ヵ所、その他、アイヌ、和人に鮭漁場などを分け与えた。

その後、和人が新たに入ってきて、徐々に漁場を増やした。

明治二六、二七（一八九三、四）年。この頃から、鰈《かれい》漁を試みた結果、良好であり、一つの産物を増やした。

現況

明治三一（一八九八）年。十勝国の水産物の価格は、九〇、〇〇〇余円であり、本道の諸国の中で、最も漁利の少ない土地である。十勝国七郡の内、海に接するのは広尾、当縁、十勝の三郡である。広尾郡は、いろいろな魚、藻に富み、その漁獲は、総生産額の半数を占める。十勝郡はこれに続き、当縁郡は最も少ない。

各漁業の概況は左の通りである。

鰊《にしん》（鯡《にしん》）	小鰊、また、バカイワシと称する種類で、十勝郡では建網《たてあみ》、及び、曳網《ひきあみ》で漁獲する。 明治三一（一八九八）年。漁獲は、搾粕《しぼりかす》四一一石（約六一・七トン）である。
鰮《いわし》（鰯《いわし》）	明治三一（一八九八）年。広尾郡では、鰮《いわし》の搾粕一五〇石（約二三トン）を生産する。年によっては一、〇〇〇石（一五〇トン）以上に達することがある。漁具は建網を主として、曳網はこれに次ぐ。
鮭《さけ》	明治三一（一八九八）年。就業網数、建網《たてあみ》一八統、曳網《ひきあみ》一五統（魚を捕獲する網の一セットを一統という）であり、生産高は三、八九三石（約五八四トン）である。 例年、生産高は、十勝郡が一番で、広尾郡がこの次で、当縁郡の順である。

鱒《ます》	十勝郡、広尾郡の二郡で漁を行っている。明治三一（一八九八）年。この年の産出は、塩鱒一〇四石（約一五・六㌧）である。
鰈《かれい》	概ね、広尾郡で産する。明治三一（一八九八）年の搾粕は三、〇〇〇余石（四五〇㌧）である。その漁船は、持符（一〇石未満の小舟）で、一隻に三人乗りが普通である。稀に四、五人乗る。川崎船を使用し数里の沖に出て、手操網で漁獲する。
柳葉魚《ししやも》	例年、一一月下旬から十二月上旬まで、群れを成し、産卵のため十勝川に遡上する。この時、付近の住民総出で、すくい取り捕獲する。その生産は五〇〇～六〇〇石（七五～九〇㌧）に達する。搾粕を生産したこともあるが、今は、乾燥して自家の食料としている。
キウリ	十勝川河口で捕獲し、毎年、搾粕を生産して移出している。
昆布《こんぶ》	明治三一（一八九八）年、昆布の採取船数一〇三隻、十勝郡に二隻あるほか、すべて広尾郡に属している。生産は二、八八七石（四三三㌧）である。通常、一隻に乗る漁夫は、二名から三名である。採取期間は、約二ヶ月間である
海蘿《かいら》（布海苔《ふのり》）	広尾郡で採取する。明治三一（一八九八）年の生産は、一、七〇〇貫目（六、三七五㌔㌘）である。
銀杏草《ぎんなんそう》（海藻の一種）	広尾郡で採取する。明治三一（一八九八）年の生産は、九六〇貫目（三、六〇〇㌔㌘）である。

右の外、鱈《たら》（鰔《たら》）、鮊《しらうお》、鮫《さめ》、鰤《ぶり》、その他の魚類は漁獲量が少なく、十勝国の外に移出することができない。

鰮《いわし》、鰊《にしん》、鮭《さけ》の漁場は漁民、及び、函館人の所有であり、一人の所有が最も多いといえども、僅かに、数ヵ所であり、比較的、漁場が乏しく、その収益も少ない。そのため、十勝国には大漁業家と称す者はいない。昆布の干場は、最も多くの人々に配分されている。その内、半分はアイヌの所有である。また、鰈《かれい》漁は、概ね越中国（富山県）から移住した小漁民が行い、昆布の干場を借りて生産、その他の用に供している。建網、曳網の漁業者は、概ね、夏は鰊《にしん》、鰮《いわし》、鱒《ます》などを漁し、秋には、鮭《さけ》を漁している。鰈《かれい》漁業者は、四月から鰈を捕る。七月以降は昆布を採り、あるいは、他の漁業者の漁夫となり生活している。漁業者は、大抵、資金が十分でなく、建網、曳網の漁業は、多くは函館からの資金を借り、昆布、鰈《かれい》の漁業は、その地方の有力者から仕込みを受け、いずれも、収穫物を有力者に渡して、計算するのが習わしとなっている。

アイヌが所有する昆布の干場は、和人の手に渡り、現在、アイヌ自ら営業する人は、唯一人だけである。鮭漁場も、また、和人に賃貸し、アイヌが営む場所は、唯、一ヵ所だけである。

漁業の前途

従来、十勝国の漁業は、鮭、昆布を主としていた。昆布は、時々、盛衰があるが、長らく広尾地方の重要産物である。

鮭《さけ》	乱獲後の結果、年々減少している。保護増殖を計ることが重要である。最近、十勝川に孵化場を設置する計画があり、鮭の減少を補うまで、その事業を拡張することが必要である。

鰊《にしん》・鰮《いわし》	多量に産せず、年々の収穫、甚だ不定であるが、将来、長く産物として得る。
鰈《かれい》	漁は、近年、乱獲の傾向にあり、将来、多少、後退すると憂慮する人もいるが、その前途は未知である。
雑魚《ざつぎょ》	その外、河、海の雑魚の漁業は、拓殖の進歩、及び、運輸の便により発達すること疑いなし。

農業

来歴

アイヌは、古くから粟《あわ》、稗《ひえ》を栽培していた。運上屋では、蔬菜などを栽培していたが、いずれも小面積である。

明治四（一八七一）年。静岡藩の農民数戸を大津に移住させ、開墾を行った。その後、静岡藩の廃止により、農民も引き揚げた。十勝原野は、六〇〇、〇〇〇、〇〇〇坪（二〇〇、〇〇〇ヘクタール）の大面積であるが、古来、交通が最も不便であり、土地の探査も容易でなかった。

明治一三、一四（一八八〇、一）年。鹿猟のため猟師、商人などが、数多く内陸に入った。その後、蝗虫《ばった》（トノサマバッタ）駆除のため吏員が出張して、地味（地力）、状況など実見《じっけん》（実際にそのものを見ること）し、初めて十勝平野が人の知ることとなった。

明治一五（一八八二）年。鹿が減少すると、坂本八重作、前田友次郎、武田菊平などが利別太に留まり、開墾に着手した。その外、数ヵ所に一二人の和人が留まり、アイヌと交易しながら農業を営む者がある。

明治一五（一八八二）年。伊豆の人、依田佐治平、依田勉三などが晩成社を設立して、移住地を帯広とした。

明治一六（一八八三）年。晩成社は、一三戸、男女三五人を移住させた。当時、運輸の便が非常に悪く、蝗虫の被害もあり、十分な収穫もできず、離散する移民もあった。

明治二一（一八八八）年。晩成社は、僅かに七戸を残すのみとなったが、利別太の農民と共に、十勝原野の開拓の先駆けとなった。

明治一八（一八八五）年。札幌県は、アイヌ救済のため、掛野四方吉など数名派遣して、十勝国のアイヌに農具、種子を与え、農業を指導し、年々、開墾地を増し、明治二十二（一八八九）年には、一戸当たり平均、二町歩（ヘクタル）に達した。

明治二三（一八九〇）年。アイヌの保護を廃止して以来、アイヌは、次第に、その墾地を棄てて、元に戻った。

明治二五（一八九二）年。香川県、徳島県、富山県の三県民、各人々一〇数戸が来て、蝶多村、咾別村、伏古村の三村に入った。その後、毎年、移住者がある。当時は、区画原野の貸付を停止していたので、移民は、土地を得ることができず、適地を選んで無願開墾を行った。

明治二九（一八九六）年。三月の調査によれば、無願開墾の数、三五六戸、一、三六四名、開墾地八〇〇余町歩（ヘクタル）、所有馬数、四四〇余頭に達する。

明治二九（一八九六）年。この年以来、漸次、区画地を解除して一般人に貸し付けている。移民はますます増加し、開拓が進んでいる。

現況

明治三一（一八九八）年。年末の調査によれば、十勝国の既墾地は、合計七、六二二・七町歩（ヘクタール）であるが、実際の既墾地は、これよりも多いことが明らかである。既墾地は、中川郡が最も多く、河西郡、河東郡の二郡がこれに次ぐ。十勝郡、広尾郡、当縁郡の三郡はこれに次ぐ。

明治三一（一八九八）年。上川郡には十勝開墾合資会社が、初めて開墾に着手し、既墾地は二五町歩（ヘクタール）である。

主要な耕作地は、十勝川本流の沿岸で、利別太《トシベツプト》、咾別《イカンベツ》、白人《チロツト》、伏古別《フシコベツ》などの区画地が、農耕が最も盛んである。次は、十勝川の支流、利別、浦幌、ウシシュベツ、猿別、サツナイ、シホロ、音更の各河川沿岸の各原野である。

当縁郡、広尾郡の二郡の各原野も、また、同じで、要するに開拓地は、いずれも河川に沿って肥沃な低地である。高原に着手したのは、広尾郡、その他、僅かであり、高原は低地に比べて地力が劣るので、収穫は概ね二分の一に減少するが、低地は水害の心配がある。そのため、最近は、高原の中で良好な土地を選んで、貸付を出願する者が増加している傾向にある。

農作物

大豆《だいず》	作付反別は二、八八四町歩（ヘクタール）。その過半は黒大豆である。年々、十勝国外に移出し、特に、黒大豆は好評である。

黍《きび》	作付反別は、二、一〇〇余町歩（ヘクタル）。十勝国の農家の最も貴重な食料である。近頃、ところどころに黒穂病の害があり、蔓延する兆候がある。
馬鈴薯《ばれいしょ》	作付反別は、八三〇余町歩（ヘクタル）。農家の重要な食物である。最近は、澱粉を製造する者が増加している。
玉蜀黍《とうもろこし》	作付反別は、五八〇余町歩（ヘクタル）。農家の重要な食料の一つである。
粟《あわ》	作付面積は、四〇〇余町歩（ヘクタル）。農家の重要な食料の一つである。近年、髄蟲《ずいむし》（メイガ類の幼虫）の被害が多いので、作付けを減らす傾向にある。
小豆《あずき》	作付反別は、三三〇余町歩（ヘクタル）。年々、多少、十勝国外に移出している。
裸麦《はだかむぎ》	作付反別は、二五〇余町歩（ヘクタル）。麦類の中で作付けが最も多い。
蕎麦《そば》	作付反別は、二〇〇余町歩（ヘクタル）。農家の食料である。
亜麻《あま》	作付反別は、一一〇余町歩（ヘクタル）。製線所に売却する。
菜豆《さいとう》	作付反別は、九〇町歩（ヘクタル）。年々、十勝国外に移出している。

十勝国の農作物の概況は、右の通り。作付反別の最も多い順から掲載する。その作付反別は、河西支庁の調査、明治三一（一八九八）年の統計による。

右の外、大麦《おおむぎ》、小麦《こむぎ》、燕麦《えんばく》、大麻《たいま》、及び、蔬菜類《そさいるい》などを耕作している。煙草《たばこ》は、ところどころで試作し、良く生育する。藍《あい》は、明治二九、三〇（一八九六、七）年に両年に、耕作した者がいる。杞柳《きりゅう》（こりやなぎ・白楊《はくよう》の一つ・行李《こうり》などを作る）は、近頃、但馬団体が試作し、望みがある。稲は、十勝農事試験所を始め、数ヵ所で試作し、収穫が確実であると認めている。

農事季節

四月上旬は、積雪が融解した後、新墾、再墾に着手する。四月下旬には、苗床を設け、また、大小麦、豌豆、牧草などの播種を行う。五月は、概ね、各作物の播種が終了する。次は、適時、除草を行い収穫に至る。十勝地方の農事季節は、札幌地方に比べて、特別に異なることがない。ただ、秋が早く、晩熟種の作物は霜害に罹りやすいので、農家は注意しなければならない。

現在、帯広付近の農家の播種、収穫時期を左に示すと次のようになる。

品種名	播種	収穫
春蒔小麦《はるまきこむぎ》	四月下旬	八月中旬
春蒔大麦《はるまきおおむぎ》	四月下旬～五月上旬	八月上旬～八月中旬
裸麦《はだかむぎ》	四月下旬～五月上旬	八月上旬～八月中旬
豌豆《えんどう》	四月下旬	八月中旬以降

馬鈴薯《ばれいしよ》	四月下旬～五月下旬	九月中旬以降
亜麻《あま》	五月中旬	八月上旬
粟《あわ》	五月上旬	九月下旬
黍《きび》	五月上旬	九月中旬～九月下旬
玉蜀黍《とうもろこし》	五月上旬～五月下旬	一〇月上旬～一〇月下旬
稲《いね》	五月中旬	一〇月中旬
大豆《だいず》	五月中旬	九月下旬
小豆《あずき》	五月中旬	一〇月上旬
蕎麦《そば》	七月中旬	九月下旬～一〇月上旬
蘿蔔《らふく》（大根）	七月中旬	一〇月中旬～一〇月下旬

開墾耕種

各府県からの移民のため、開墾の方法は同一ではない。樹林地は伐採のあと鍬《くわ》で耕し、その労力は樹木の多少により、概ね、一反歩（一〇アール）に付き六人から一五人が必要である。まれに、一反歩（一〇アール）に付き、二、三〇人の労力を使い、丁寧に開墾することもあるが、これらは例外ともいえる。

草原地はプラオを使い、または、鍬《くわ》で開墾を行い、比較的容易である。高台の萩《はぎ》が多いところ、湿地の谷地坊主が多い土地は、樹林地と同じように労力が必要である。

再墾地の樹木の根がないところは、プラオで馬耕ができ、樹木の根が朽ちている土地は、鍬《くわ》で耕すことができる。概して、石狩原野と異ならないが、開拓の年数が浅いので、馬耕できる土地は少ない。

農民と大農場

無願開墾を行う三〇〇余戸は、全部、自作の農民である。最初から多少の資金があり、良好な土地を選び、開墾の成績は最も良く、農業に奮発勉励して、十勝国の農民の手本となっている。

明治二九（一八九六）年。この年以来、土地の貸付を得て、移住する団体、単独の移民も、その土地を愛し開墾に努力して成績が良い。

大農場は、十勝開墾合資会社の三六、〇〇〇、〇〇〇坪（一二、〇〇〇㌶）をはじめ、復興社は四、〇〇〇、〇〇〇余坪（約一、三三三・三㌶）、高嶋農場、板東農場、土田農場、岐阜殖民合資会社、池田農場、美濃開墾合資会社など、それぞれ三、〇〇〇、〇〇〇坪（一、〇〇〇㌶）内外。村岡農場は二、〇〇〇、〇〇〇坪（約六六六・七㌶）である。

その外、三〇〇、〇〇〇坪（一〇〇㌶）から二、〇〇〇、〇〇〇坪（約六六六・七㌶）までの農場が、数一〇筆ある。その中には、成績の良い農場もあるが、概して、農場主と小作人との間が円滑に行かない場合がある。

小作人の保護は、復興社のように特別の方法によるものの外、概ね、旅費を貸付し、移住後の小屋掛、農具、種子など合計一五円内外を与え、初年の秋の収穫まで、米、味噌を貸付、開墾料一反歩（一〇㌃）に付き一円から二円を与えている。稀に、三円五〇銭を与えるところもあるが、例外である。

農場主の中には、貸与え、あるいは、過酷過ぎ、小作人の不平を招く者がある。また、緩やか過ぎて、小作人は負債を重ね、返済に困る者もある。甚だしいのは、まったく最初の契約に背き、返済しない者もいる。そのため、開墾が遅れたり、小作人が逃亡するので、やむを得ず、小作人の土着心を強めるため、土地を幾分か与える契約をする農場主が少しずつ増えている。

このような状況で、大農場の開墾は、独立した小農民に比べて、概ね、劣等の地位にあり、その成績の観るに足りる大農場は、四、五の大農場があるだけである。

農家経済

明治二八（一八九五）年。この年以前に移住した無願開墾者などは、皆、非常な決心で、まだ、交通の便のない原野に移住したため、粗食に耐え、自家の農作物を食料として、米を食べることがなかった。

明治二九(一八九六)年。この年以来の移民も、以前の移民に習い、主に自家の作物を食料とした。そのため、今日の十勝国の農民の重要な食料は、黍《きび》、裸麦《はだかむぎ》、玉蜀黍《とうもろこし》、馬鈴薯《ばれいしょ》、粟《あわ》などで、米は、一戸に付き一ヶ年平均、僅か、二俵内外に過ぎない。

住居は、藁葺《わらぶき》屋根であり、物置小屋を設け、柾葺《まさぶき》屋根は極めて少ない。衣服は、最初は郷里から持ってきた物を使用、年を経るごとに重要な経費となる。

農耕馬、農具、莚《むしろ》、叺《かます》なども開墾の進捗《しんちょく》によって、多く必要となる。収入は、主に大豆の販売であり、既墾地の半分は大豆を栽培している。

農家一戸の栽培作物と一ヶ年の収入

品種	作付反別	反収	総収量	内自家用	内販売用	販売総収入
大豆《だいず》	二町三反	三・〇俵	六九・〇俵	三・〇俵	六六・〇俵	一六五円〇〇銭
黍《きび》	五反	五・〇俵	二五・〇俵	二〇・〇俵	五・〇俵	九円〇〇銭
小豆《あずき》	四反	二・五俵	一〇・〇俵	二・〇俵	八・〇俵	二一円六〇銭
菜豆《さいとう》	四反	三・〇俵	一二・〇俵	六・〇俵	六・〇俵	一二円〇〇銭
裸麦《はだかむぎ》	三反	二・五俵	七・五俵	七・五俵	―	―
玉蜀黍《とうもろこし》	三反	四・〇俵	一二・〇俵	一二・〇俵	―	―
馬鈴薯《ばれいしょ》	二反	四〇・〇俵	八〇・〇俵	七〇・〇俵	一〇・〇俵	三円〇〇銭
粟《あわ》	一反	二・〇俵	二・〇俵	二・〇俵	―	―
計	四町五反	―	―	―	―	二一〇円六〇銭

備考・作物の良く育つ土地では、平年の収穫はこれよりも多いが、水害の心配がある。平均すると、概ね、右のとおりである。ただし、農家一年の収入は、この他、冬期間、橇《そり》引きなどを行う者があり、雑収入の合計は、一戸当たり平均、一〇円以上になる。

農家一戸の一ヶ年の支出

費用	金額	備考
家屋家具費	一五円〇〇銭	増加の傾向がある
被服費	三五円〇〇銭	家族五人の衣服夜具
農馬費	一〇円〇〇銭	概ね、一頭飼養している。二頭を飼養している者もある
農具、莚《むしろ》、叺《かます》	四五円〇〇銭	農具の購入、修繕、莚《むしろ》、叺《かます》、縄《なわ》の購入
食費	三五円六〇銭	白米二俵、酒一樽、醤油一樽、塩三俵、その他
租税村費	四円〇〇銭	地方税および村費
交際費	九円〇〇銭	一ヶ月平均七五銭
雑費	一八円〇〇銭	その外、諸費用一ヶ月平均、一円五〇銭
計	一七一円六〇銭	

現在、咾別《イカンベツ》（幕別）、利別太《トシベツブト》（池田）などの区画地で、一五、〇〇〇坪（五ヘクタール）を開墾した者の、一ヶ年の収入を示すと、右の通りである。

五町歩（ヘクタール）の開墾を行った農家の収支は、概略、右の通りである。一ヶ年間の平均、数一〇円の余剰がある。農家は、現状の生活に甘んじることなく、更に、家屋、器具を改善し、その他の生活の程度を高めるため、消費するのも止む得ない。農家の一部は資金が乏しく、商人から借受、借金を負い、この返済にあてても、まだ、余裕がある者もいる。

自作の農民は、移住のはじめに、最も節約、勤勉を美徳とした。農場主が募集した小作人の多くは、自作農民のようにはならず、農場主に金品を借りて負債を重ね、あるいは、不平をいい、開墾を怠るなどの弊害がある。

そのため、開墾の成績は自作農民に劣る。なお、米の消費は自作農民よりも多い。したがって、収入が少なく負債の返済に苦しみ、自暴自棄となり勉強をしない。甚だしいのは、農場から逃亡する者がいる。

その原因は、農場主の小作人を募集する時の話と、移住後の状況が異なり、小作人は不平をいだき、加えて小作人が疲れ、土着心に乏しく、自作民よりも劣り、思慮浅薄《しりよせんぱく》で経済に劣るためである。

農業の前途

十勝国の農作物の前途は有望である。十勝国の原野は広大であり、石狩原野に劣らない。ただ、高台が多く、石狩原野に比較すると、肥沃な低地が比較的少ない。

殖民選定地の面積は、八九三、〇〇〇、〇〇〇余坪（約二九七、六六七㌶）で、その内、一五六、〇〇〇、〇〇〇余坪（約五二、〇〇〇㌶）は、肥沃な河岸の沖積土であり、開墾に適している。七〇、〇〇〇、〇〇〇坪（約二三、三三三㌶）弱は、湿地で排水、改良が必要である。残り六六七、〇〇〇、〇〇〇余坪（約二二二、三三三㌶）は高原に属すが、肥沃な土地もあり、農耕を営むことができる。

その他の高原は、乾燥地であり、水を引いて灌漑し、改良すると田として、あるいは畑とすることができる。湿地や高原は、早急に開墾することができないが、改良を行えば、十勝の大平原は、石狩大平原に次ぐ農業地となること疑いない。

十勝は、開拓の日が浅く、まだ、肥料を施用することなく、輪作もせず、相応の収穫がある。今後は遠からず、施肥や輪作が必要になる。農家は、あらかじめ、これに対応する覚悟がある。作物の病害もある。夜盗虫をはじめ、黍《きび》の黒穂病《くろほびょう》、粟の髄虫《ずいむし》（メイガ類の幼虫）など、現在、著しく被害を与えている。早く予防駆除をして、将来、蔓延を防ぐことが必要である。

作物の種類が少ないのは、土地を広く利用しているためであり、適時、輪作を行うためである。将来、栽培が困難になることがあれば、適地作物の種類を選定発見して、栽培しなければならない。その他、高原地の改良、種苗の選定、種子の交換、副業の増加などは、今後、皆、農家が注意して、怠慢にならないことである。

牧　畜

来　歴

寛政一一（一七九九）年。幕府が初めて、馬を十勝国に送った。備馬として茂寄（広尾）、大津の二ヵ所に置いて、通行に使用した。その後、増殖して、安政五（一八五八）年には、総数二一五頭となった。

その飼養方法は、原野に放牧し、冬期間は、雪の浅い笹地に移し、番人のアイヌが管理した。大雪の時は、注意して手当をして、斃死することがないようにした。開拓使の支配の後、移住の和人、アイヌに安く払下げた。このため、人々は馬を所有することができた。

明治一〇（一八七七）年。この年には、馬の総数六五二頭となる。

明治一八、一九（一八八五、六）年。この頃、豚の飼育が始まる。晩成社の社員などが盛んに飼養した。原野に放牧し、一時、非常に繁殖した。

明治一九（一八八六）年。晩成社が、当縁に牧場を開いた。

明治二〇（一八八七）年。晩成社牧場は、徐々に規模が大きくなる。有志者合同で浦幌に十勝産馬改良組合を設けたが、十勝産馬改良組合は挫折して、すでに、個人の経営となった。その頃から、牛馬を飼養する者が次第に増加した。

明治二五、二六（一八九二、三）年。この頃から、豚は減少した。渡辺勝、外、数名は、各自二〇〇頭内外を飼養した。放牧した豚による畑の被害があり、捕殺、または、銃殺したためである。

現況

十勝国は、高原、丘陵が多く、また、道東海岸の一般の例として、冬期は雪少なく、家畜の飼育が容易である。最も牧畜に適しているが、牧畜は、まだ、盛んではない。牧畜者の数が少ないが、その経営を観るに足る牧場は、当縁牧場だけである。

明治三一（一八九八）年。この年の末における十勝国内の馬匹総数は、三、一〇〇頭であり、一〇〇頭以上飼養する者六名、一〇頭から七〇頭を飼養する者二四、五名である。

牛の総頭数は、六〇七頭であり、当縁牧場は約二〇〇頭を飼養している。その外、一〇頭から一〇〇頭飼養している者一〇余名ある。すべて、牛馬とも多数を所有する者は、十勝郡、当縁郡の二郡である。広尾郡は、牛を飼養せず、馬だけで次に多い。また、内陸の各郡は主として、農業に使用し、牧畜を目的とする者はわずか数名に過ぎない。

当縁牧場は、明治一九（一八八六）年以来、晩成社社員、依田勉三の経営する農場で、面積二、二〇〇、〇〇〇余坪（約七三三・三㌶）あり、牛馬は三〇〇余頭を飼育している。創業以来の売却は、牛三五〇頭、馬五〇頭であり、十勝国第一の牧場である。牛は、ハイグレート、アイシヤ（エアシャー）の雑種で、多少、南部種（南部とは、青森県の東部、岩手県、秋田県の一部）が混ざっている。馬は、土産、及び、南部種で、今、なお、改良増殖中である。

飼育の方法は、夏期は牛馬とも牧場の内外に放牧し、冬期、牛は一二月から翌年四月まで舎飼する。馬は雪の少ない笹地を選んで放牧する。

熊谷牧場は、十勝郡にある。十勝産馬改良組合の事業を引き継ぎ、その牛馬の数は、当縁牧場の次であり、熊谷牧場の面積は、三〇〇、〇〇〇余坪（約一〇〇㌶）である。

場内は、開墾して小作地としている。牛馬は、平時、十勝、大津両川の間の三角州に放牧し、冬期、馬は東方の丘陵に放牧する。牛は舎飼にする。

明治三一（一八九八）年。一月、熊谷牧場主外一名は、牧場として浦幌川上流の土地四、三〇〇、〇〇〇余坪（約一、四三三・三㌶）の貸付を得たが、牛馬は、依然、海岸の官有地にいる。その他の牧畜者は、僅かに数万坪から三〇〇、〇〇〇坪（一〇〇㌶）の小面積である。

甚だしいのは、まったく、牧場をもたず、数一〇頭の牛馬を飼う者がいる。大抵、夏期は、その付近の野山に放牧し、冬期は十勝郡東部の海岸の丘陵、及び、当縁郡北部の丘陵に放牧する。その管理、飼育が粗放なのは驚くことである。

牛は、一〇中九は、ハイグレード、アイシヤ（エアシャー）短角の雑種で、南部種に属し、飼育の目的は、大抵、肉用である。馬は、土産馬、及び、南部種であり、雑種は少数である。飼育の目的は、概ね、農業用である。

牛馬の販売は、当縁牧場では、明治二六（一八九三）年～三〇（一八九七）年まで、函館で牛肉販売店を開き、牛を輸送して売った。商業の経験が乏しく、収支が合わなく閉店した。

その後、委託して販売することとなった。その外の牧畜者の牛は、函館に移出し、あるいは、外から来る仲買人に売却した。馬は、主に、十勝国内の農家に売却した。馬の価格は、大抵、一頭に付き、三〇円から四〇円であり、牛は、三歳で、大抵、二〇円から二五円である。豚の飼育者は多くない。鶏はいたるところで、皆が飼育している。

前途

『北海道殖民地撰定報文』によれば、十勝国の高原地は、実に、選定地の三分の二を占め、その面積は、六六七、〇〇〇、〇〇〇余坪（約二二二、三三三・三㌶）である。その内、小部分は農耕に適するが、大部分は牧場に適すると、報文に示している。この他、選定以外、牧畜に適するところが多い。すなわち、十勝川以東にある広大な、山、丘、当縁郡の北部の山、丘、広尾郡の西部の丘陵である。

現に、十勝川河口から釧路国の境に至る海岸線の丘陵地は、十勝国内の牧畜者が、冬期間の好牧場として、馬を放牧している。また、他国から来て、周年（まる一年）、この地で牧畜を営む者がいる。水や草に富み、積雪が浅く、飼育が容易で、釧路国の白糠郡の丘陵に次ぐ。また、利別川沿岸の丘陵の状況は、白糠郡の丘陵と同じく、以前、この地方に、冬期間、鹿が多く集まった。

十勝国の牧畜の適地は広大で、その内から、必要な山林を除いても、なお、数多くの家畜を飼育できる。

十勝国の牧畜の前途は、有望である。

十勝国は、開拓の時期が他国よりも遅れたため、牧畜業は、まだ、発展していない。近年、移民の増加とともに、交通の便や他の業種の発展に伴い、牧畜業も改良進歩する兆候がある。すなわち、当縁牧場の牛は、従来、肉用だけの目的であったが、徐々に改善して、乳用牛をも飼育しようと計画している。

十勝開墾合資会社は、八、〇〇〇、〇〇〇余坪（約二、六六六・七㌶）の牧場地の貸付を得て、乳用牛の飼育に着手しようとしている。ただ、その経営を行う資金もなく、知識もない。官有地に放牧して、容易に牧畜を営もうとすると失敗する。これは、時勢の進捗と共に止む得ない。

製造

来歴

明治二五（一八九二）年。初めて、大津に燐寸《まっち》軸木製造所を設ける。その後、ところどころに設立した。

明治二六（一八九三）年。晩成社が帯広に蒸気機関を備え付け、木材を挽き割りしたが、後に廃止。

明治二八（一八九五）年。これ以前に、馬鈴薯の澱粉を製造する者があった。多量に製造して販売するようになったのは、明治二八（一八九五）年以後である。

明治二九（一八九六）年。晩成社が亜麻の製線を始める。

燐寸《まっち》軸木	明治三一（一八九八）年。製造所の数、九ヵ所。官林、堤防用地にある白楊の払下げを受け、原料としている。同年の製品販売価格の合計は、九六、〇〇〇余円である。全部、神戸に移出し、現在、製造所の主なところは、歴舟の石坂製軸所、大津の石黒製軸所である。
亜麻《あま》繊維	帯広の晩成社で製造する。明治三一（一八九八）年。大塚某が凋寒《セイオロサム》村（池田町）に製線所を建築したが農家は、まだ、亜麻の栽培に慣れていないので、良好な原料に乏しく、製線業の今後は、未知数である。
澱粉《でんぷん》製造	水車、または、手回し器機で馬鈴薯をすり潰し、澱粉を製造する者が、一一ヵ所ある。明治三一（一八九八）年。水害のため半ば休業。ただ、当縁郡、広尾郡の二郡で澱粉製造に従事する者が、五戸ある。製造高は四九、三五〇斤（二九、六一〇キログラム）、価格は二、四六七円だけである。
酒の製造	醸造を業とする者、帯広に二戸、大津、利別太、茂寄にそれぞれ一戸。明治三一（一八九八）年の醸造高は、清酒五一三石（九二、三四〇リットル）、濁酒《どぶろく》四四石（七、九二〇リットル）、焼酎四石（七二〇リットル）である。

現況

十勝国の製造業は、幼稚で観るに足るものがない。大略は右のとおり。

山林

来歴

開拓使以前、幕府の支配の頃は、海岸の樹木を伐採することは禁じていた。また、合船《あわせふね》（船を造ること）、並びに、運上屋、会所の営繕（修理）に用いる木材を必要とするときは、調役《しらべやく》へ願い出て、許可を受けるなど、蝦夷地の一般に関する正規の外は、別に記することはない。

明治二二(一八八九)年〜二四(一八九一)年。この期間までの間、十勝川、利別川の沿岸にある胡桃《くるみ》を伐採し、銃台、四〇、〇〇〇余丁を出した。

明治二五（一八九二）年。この年以来、燐寸軸木製造の工場が操業し、白楊樹《はくようじゅ》（ポプラの一種、ドロノキ）が伐採される。その外、移民の増加に従い、開墾のため原野の樹木を伐採した。また、建築用材の払下げが増え、多少、鉄道用枕木などを移出した。その外、特に顕著なことはない。

現況

現在、十勝国における樹木の需要供給の概略は、次のとおりである。

建築材	針葉樹は帯広では、音更川上流、大津では、浦幌川上流、及び、ウシシュベツ川上流の土地で払下げを受け、茂寄では、付近の焼損木などの払下げ受けて利用している。
広葉樹 針葉樹	広葉樹の多くは、貸付地から出し、梻《しきみ》、楡《にれ》、桂《かつら》、黄蘗《きはだ》（シコロ）、槲《かしわ》、赤楊《あかやなぎ》（ハンノキ）などが主である。針葉樹は、概ね、遠隔不便な土地から搬出するので、その価格が高い。多くは、広葉樹を使用している。明治三一（一八九八）年。八月の調査によれば、概ね、松材一〇〇石（二七立方メートル・一石＝一尺・三〇センチ×一尺・三〇センチ×一〇尺・三メートル＝〇・二七立方メートル）の価格は、大津で一七〇円、帯広で一八〇円、茂寄で一四〇円である。広葉樹材はその種類により、椴松《とどまつ》材と比較すると、十分の四から十分六の価格である。
薪《まき》	主に、貸付地から供給する。官有林から払下げを受けることは少ない。一敷《いっしき》（約六〇センチの丸太を径一八センチぐらいに割り、幅約一八〇センチ、高さ一五〇センチぐらいに積んだ薪をいう）の価格は、大津で一円五〇銭、帯広で一円二五銭、茂寄で一円二〇銭である。
炭《すみ》	多くは貸付地で開墾のとき、焼いて炭を作り、市街地に供給する。大津では、主に、長臼村の官有林内にある炭焼き業者から、供給されている。
白楊樹《はくようじゅ》	燐寸軸木の原料。主として官有林から払下げを受け、製軸所は燐寸軸を製造する。原料の白楊樹《はくようじゅ》（ポプラ、ドロノキなど）が乏しくなると、工場を移転して、再び、生産する。

明治三〇（一八九七）年。現在の十勝国の官有林の面積は、五八七、九三四町歩（ヘクタール）である。但し、この

中には、将来、解除して農耕、牧畜にあてる面積を含む。実際に、永久に維持する山林の面積は、これよりも少ない。

十勝国の広大な面積を占める高原の土地は、槲《かしわ》と楢《なら》が多い。特に、槲《かしわ》の多くは純林を形成している。河川の沿岸は、樒《しきみ》、楡《にれ》、槭《しゅく》（モミジ、カエデなど）、桂《かつら》などが生えている。開墾の進捗に従い、すでに、伐採し尽くしたところもある。

針葉樹は十勝国の西部、日高山脈、北部の千島火山帯に属する各山地、十勝郡の浦幌川水源以南、釧路国境付近一帯の山地、及び、当縁郡の北東部の山丘に自生している。

日高山脈の北部、すなわち、十勝、石狩両国の間の新道付近の石狩国に属するところには、針葉樹の美林がある。十勝国に属するところは、針葉樹が少ない。広葉樹が多い。

前途

十勝国の山林は、現在、広いが、将来、解除するところは少ない。概して、林相が良くないため、今後、大いに愛養する必要がある。

広漠たる原野が変じて田畑となり、牧場となる後には、原野の人々は、どのようにして日用の木材、薪炭《しんたん》を得るのか、注意して計画することが必要である。

茂寄（広尾）は、山に近く、椴松《とどまつ》、五葉松《ごようまつ》などに富んでいても、乱伐と野火により、数里（数キロメートル）の間は、すでに、良材が乏しくなっている。現在、僅かに、ピラウトルで焼き残りの針葉樹の払下げを受けているが、その価格が高いため、多くは赤楊《あかやなぎ》、槲《かしわ》などで家屋を建築している。山林に近い地域でも、すでに、その現象がある。

広漠たる原野でも、森林を愛養することがなければ、その結果、森林が衰退し、地方の荒廃の原因となるので注意が必要である。

鉱業

来歴

寛永一二（一六三五）年。十勝に金山を開いたと旧記にある。その発掘地は、詳しくわからないが、当縁郡アイボシマ付近では、寛政（一七八九～一八〇〇）の頃まで、砂金を掘った跡があったという。その後、十勝国では、鉱業のことは聞いていない。開拓使の時、榎本武揚《えのもとたけあき》が当縁の海岸で、砂金の採取を試みた。明治二四（一八九一）年。渡辺利吉が、この地で砂鉱採取の許可を得て、砂金を採取した。

数年以前から十勝国西部の砂金、東部の石炭、北方の硫黄などが、人の知るところとなった。借区を出願するものが、年々、数が多くなった。

現況

現在、十勝国の有用鉱物として、知られている物は、左の通りである。

砂金	日高山脈を源とする各河川には、多少の砂金が含んでいる。既に、採取の許可を得ている河川は、歴舟川、紋別川、豊似川、サオロ川などの上流、及び、アイボシマ海岸など、二〇余筆である。その内、現に採取しているのは、アイボシマだけであるが、今後、各場所で採取すれば、多量に産出するかもしれない。
砂鉄	当縁郡の海岸で、砂鉄採取の許可を受けた人がいるが、その量が少なく、製錬するまでに至っていない。
石炭	十勝郡内で、発見されている。既に、試掘許可を得た場所が数ヵ所ある。その炭床は、釧路国に連続する炭田の一部であるが、今日に至るまで豊富な炭床が発見されていない。
硫黄	十勝国の北部、千島火山帯に属する旧火山の中に、ところどころ、硫黄砿がある。音更川、ビリベツ川上流など数ヵ所で、試掘の許可を得た者がいる。産出量は不明。
黒曜石	火山が噴出した天然のガラスである。音更川、その他、北部各河川の河床にある。俗に「十勝石」という。時々、拾って磨き、装飾品などにする。

商業

来歴

明治維新前、アイヌとの交易は、全部、場所請負人が独占していた。明治維新後は、漁場持、次は十勝組合で商いを占有《せんゆう》した。

明治一三（一八八〇）年。六月、十勝組合が解散すると、移民は、初めて自由に商業を営むことができた。七月、官命により、十勝国のアイヌが収穫した鹿角、鹿皮は、広業商会に委託販売することとなった。当時、鹿猟は非常に盛んで、数多くの和人が来て商業に従事した。実際に、アイヌが鹿角、鹿皮を広業商会に委託販売するのは、小部分に過ぎなかった。鹿猟が衰えると商業も衰えた。

明治二八、二九（一八九五、六）年。この年以来、農民の移住が増加するにしたがって、商業も増加した。

現況

十勝国の重要な市場は、大津《オホツ》、茂寄《モヨロ》(広尾)、帯広である。大津は、十勝大原野に貨物の出入りする関門であり、中川郡、十勝郡の二郡、及び、当縁群の一部の市場である。

帯広は、十勝大原野の北部、即ち、河西郡、河東郡、上川郡の三郡の市場である。茂寄は、広尾郡、及び、当縁郡の大部分の市場である。利別太は、現在、盛んでないが、将来、商業が盛んになる望みがある。その外、猿別、藻岩などに商人がいるが、記録するに足らない。

大津、茂寄（広尾）、帯広などの商人は、函館と取引をしている。ただ、呉服、反物、小間物類は、東京から直接仕入れている者がある。

明治三一（一八九八）年。大津、茂寄の二港での移出入は、左の通りである。ただし、帯広をはじめ、十勝川流域の貨物は、全部、大津を経由している。

移出入の額は、不均衡である。現在、農民の移住、開拓の時の産物が少なく、需要品が多いことによる。

特に、明治三一（一八九八）年は、大きな水害により収穫が少なく、移出に影響した。

農民、漁民は、資金に乏しく、商人から債務（品物代）を負い、収穫の後、産物を委託販売して、精算する。商人も、また、資金に乏しく、函館の商人などに対して、負債が多い。

金利は、信用ある者は、一ヶ月に付き二分（二㌫）以下であるが、多くは三分（三㌫）内外である。多い人で、五分（五㌫）以上の金利もある。金融機関は、まだ、設立されていない。そのため、金融がうまくいかず、為替なども不便を生じている。

商況は、農産物の収穫後、一〇月から一一月までの間が最も良い。また、新移民が来る四月、五月は最も好景気となる。

広尾は漁業を主とし、鰈《かれい》の収穫から昆布《こんぶ》の収穫後まで、六月から一二月までの間、相当の売れ行きがある。そのため一般的に、一月、二月、三月の三ヶ月間は静かである。

明治三一（一八九八）年の移出表

港湾	原価	重要品
大津	一六五、七五五円	大豆、燐寸《まっち》軸木、塩鮭、鰊搾粕《にしんしぼりかす》、その他、雑穀、干し魚など。
茂寄	六四、一九〇円	塩鮭、鰈搾粕《かれいしぼりかす》、燐寸《まっち》軸木、昆布《こんぶ》、鰮搾粕《いわししぼりかす》など。

明治三一（一八九八）年の移入表

港湾	原価	重要品
大津	五一一、三六七円	米、呉服（絹織物）、太物（綿織物、反物）、大麦、酒、莚《むしろ》、煙草《たばこ》、砂糖、金物類、味噌、塩など。
茂寄	九九、〇九五円	米、呉服、太物（綿織物、反物）、煙草、石油、小間物、縄、莚など。

風俗・人情

来歴

十勝国の住民の大部分は、直接、府県から移住し、移住後、歳月が浅いので、各故郷の習慣のままで調和できない。ただ、無願開墾者、及び、商業、漁業に従事するものは、概ね、少なからず本道の南西部に移住し、さらに、十勝国に移ったので、習慣、言語など北海道風になり、固有の故郷風にこだわることが比較的少ない。概略を述べると、左の通りである。

家屋

十勝国の大部分を占める農民は、掘立小屋である。ただ、旧移民の半数は、普通の家屋に住み、商人、漁民は、全部、普通の家に住んでいる。アイヌは、なお、依然として、茅屋《かやや》（草ぶきの屋根の家）に住み、柾屋《まさや》（極薄い板、柾の屋根の家）は、わずかに、茂寄市街に数戸、大津市街、十勝村に各一戸ある。

衣服

移民は、当初、故郷から携帯した衣服を用い、次第に、当地で新調するが、概して、質素である。アイヌは、皆、和服を用い、アッシ（樹木の繊維を利用した布）を織る者は、極めて少ない。

食物

十勝国の農民は、主として自家で栽培する雑穀、及び、馬鈴薯を食料とし、米は一戸当たり平均、一ヶ年に二俵内外を購入するに過ぎない。本道の農民が、自家の農作物を主な食物とするのは、一般的である。十勝国の農民の主な原因は、運搬が不便なことにもよるが、率先、移住した無願開墾者などの影響もある。商人、漁業者、その他、雑業者は、米を常食としている。

言語

新規の移民の多くは、言葉が様々であり、故郷の方言をそのまま使用し、一般の談話は、明るくのびのびとしている。アイヌは、皆、和語を理解するが、極めて、品のない言葉を使用する。

人情

本道の一般的な例として、誠実で人情の美風に乏しい。明治二八（一八九五）年以前に移住した農民は、自作の農民で、概ね、活発で我慢強い気風があり、比較的、物事を理解する。明治二九（一八九六）年以後の農民は、数戸の団体を除き劣るところがある。

大農場において募集した小作人は、概して、府県の貧民で、知識が浅く、農場主と合わず往々にして、自暴自棄となり、農業に励まない。自作農民と比較すると気力が乏しい。

アイヌは正直で素朴な気風を失い、悪賢くなり、刑に触れる者がある。

村経済

村費

十勝国の各村のうち茂寄《モヨロ》（広尾）、大津《オホツ》の両村は発展し、帯広は河西支庁の所在地で、現在、発展し、教育、衛生などの設備も整っている。その他の村は発達の程度が低く、独立して公共の整備するのは難しい。茂寄（広尾）村の外は、数村、あるいは、一〇数村連合して、多少、公共の事業を営む。

収入の大部分を占めるのは、賦課金である。次は、国庫補助金、雑収入である。基本財産からの収入は、茂寄村だけである。賦課金は、各村、戸別割りにして、等級に分け金額の多少を定めて徴収している。最近の村費予算は左のとおり。

明治三一（一八九八）年度、村費収入予算（単位・円）

郡村名	賦課	財産からの収入	雑収入	前年度繰越金
広尾郡茂寄村	一、八二六	二五五	七三	二
当縁郡歴舟村外二ヵ村	三六五	—	五四	—
十勝郡各村、中川郡旅来外一四ヵ村	一、三六三	—	一、八二〇	三四
中川郡幕別村外六ヵ村	一、六六九	—	二二〇	九〇
河西、河東、上川三郡各村	一、六九三	—	一三八	一〇

郡村名	国庫補助金	寄付金	合計
広尾郡茂寄村	一〇〇	—	二、二五六
当縁郡歴舟村外二ヵ村	七二〇	—	一、一三九
十勝郡各村、中川郡旅来外一四ヵ村	一五〇	一〇〇	三、四六七
中川郡幕別村外六ヵ村	一、六八四	—	三、六六三
河西、河東、上川三郡各村	三二〇	—	二、一六一

支出の大部分を占めるのは、教育費で、病院費、村医の経費がこれに次ぐ。土木費は茂寄村で支出が多い。概して、公共事業が発達していない。

明治三一（一八九八）年度、村費支出予算（単位・円）

郡村名	会議費	土木費	教育費	教育補助費	衛生費	病院費	村医費
広尾郡茂寄村	二二	八三〇	八〇八	―	一三	―	四三〇
当縁郡歴舟村外二ヵ村	二五	―	五八九	―	二八	―	四六二
十勝郡各村、中川郡旅来外一四ヵ村	二五	一五	八八五	―	二六	二、二五九	一八〇
中川郡幕別村外六ヵ村	一二三	二〇	二、九三一	―	三九	―	一八〇
河西、河東、上川三郡各村	一三二	―	一、三一四	六〇	七三	―	三六三

郡村名	警備費	勧業費	村費取扱費造成費	基本財産	雑支出	予備費	合計
広尾郡茂寄村	三三	―	一二〇	―	―	―	二、二五六
当縁郡歴舟村外二ヵ村	―	―	一三	一五	五	―	一、一三七
十勝郡各村、中川郡旅来外一四ヵ村	―	―	七六	―	―	―	三、四六六
中川郡幕別村外六ヵ村	五	五〇	三〇	一〇〇	八〇	九五	三、六五三
河西、河東、上川三郡各村	―	―	一五五	二〇	三四	―	二、一五一

基本財産

次の基本財産の中の土地は多くは宅地である。公債証書は軍事公債である。各村とも財産が乏しい。近年、畑、牧場の目的で、未墾地の貸付を出願する者が多い。その内、数ヵ所は、既に、貸付の許可を得ている。

明治三一（一八九八）年。年末現在の各村、基本財産は、次のとおり。但し、円単位以下、五捨六入。

普通基本財産

郡村名	土地	貸付地	建物	公債証書	預金貸金	現金
広尾郡茂寄村	二反二畝〇八坪	—	六坪	—	—	—
広尾、当縁二郡各村	—	—	—	—	二四六円	二〇一円
十勝郡大津村	三反三畝一〇坪	八、〇五六坪	—	—	—	—
河西郡下帯広村	一町六畝二〇坪	四、六九八坪	五一坪	—	—	—
河西、河東、上川三郡各村	—	—	—	—	九円	—

特別基本財産

郡村名	目的	土地	建物	公債証書	預金貸金	現金
広尾郡公立広尾尋常小学校	教育	四反二六坪	五九坪	—	一、四〇〇円	一六九円
広尾郡元広尾病院	衛生	—	四六坪	—	—	—
広尾当縁二郡各村	備荒	—	—	五五〇円	一五三円	二七円
十勝郡公立大津尋常小学校	教育	一反六畝一二坪	一三〇坪	—	—	三八円
十勝郡公立大津病院	衛生	一反四畝二〇坪	七八坪	—	—	—

河西、河東、上川三郡公立帯広尋常小学校	教育	—	五六坪	—	—	—
十勝、中川、河西、河東、上川五郡各村	備荒	—	—	二、七〇〇円	六一七円	—

教育

明治一四（一八八一）年。広尾郡茂寄、十勝郡大津の両郡に学校を創始し、子弟の教育を行う。その後、明治二九（一八九六）年までは、内陸の各村が発達せず、新たに学校を設けることをしなかった。

明治二九（一八九六）年。帯広に小学校を設け、その後、移民の増加に従い数ヵ所に小学校を設けた。土地が広大なのに比べて、学校の数が少ないので、児童が就学できない。

明治三一（一八九八）年現在の学校、就学児童

所在地	学校名	創立年月	男児童	女児童	男女計	合計
茂寄村	広尾尋常小学校	明治一四（一八八一）年	七六人	五三人	一二九人	四六五人
音調津	広尾音調津分校	明治二九（一八九六）年	二人	一人	三人	
大津村	大津尋常小学校	明治一四（一八八一）年	五八人	五〇人	一〇八人	
凋寒村	利別尋常小学校	明治三一（一八九八）年	三六人	一七人	五三人	

幕別村	猿別尋常小学校	明治三一（一八九八）年	三九人	一〇人	四九人
下帯広村	帯広尋常小学校	明治二九（一八九六）年	五二人	二七人	七九人
伏古村	帯広伏古分校	明治三一（一八九八）年	二九人	一五人	四四人
西士狩村	簡易教育場	明治三一（一八九八）年	—	—	—

備考・広尾、大津、帯広の三校は尋常補習科二学年を置いている。また、西士狩村の簡易教育場に児童の数の記載がないのは、まだ、公然と開始していないためである。

明治三一（一八九八）年。年末の調査によれば、学齢児童に対する就学児童の数は、百分の二二余（二二パーセント）に過ぎない。これを本道の各国の就学児童の割合に比べれば、実に、最低にある。

右のように、公立小学校が少ないのは、開拓が浅いので、移民に学校を設ける余裕がないためである。しかしながら、不完全な教育は、様々な方法で、簡易に行われ、次第に公立小学校になる段階にある。

すなわち、土田、池田、高嶋の三つの農場、及び、藻岩、下利別では、それぞれその土地にある説教場の僧侶にお願いして、子弟に読書、算術、習字を教えている。

咾別村では、私立学校を設けて、村童を教育している。白人《チロット》村では、耶蘇教（キリスト教）派聖公会の慈善学校がある。自らアイヌの子弟を教育している。

アイヌ児童の就学数は、比較的少なくないが、その教育の成績は不良である。その父兄は、ほとんど教育の思想がなく、家庭において児童を教育しないばかりでなく、和人の子弟に排斥されるのを嫌い、登校しなくなり欠席する。また、父兄が、夏や秋に漁場で働くとき、子弟も一緒に行ってしまう者がある。

学業を終える子弟もいるが、学校を卒業すると、学んだことを忘れ去り用をなさない。この弊害は、十勝国のアイヌだけでなく、全道各地でも同じようである。

公立小学校の授業料は、一人、一ヶ月につき、二銭五厘から二〇銭である。聖公会派設立の慈善学校は、授業料を徴収しないばかりでなく、必要な書籍、器具などを全部、児童に貸付を行う。

衛生

明治五(一八七二)年。五月、初めて広尾病院を茂寄(広尾)村に設立する。浦河支庁に属し、明治七(一八七四)年に、浦河支庁が廃止になり、札幌病院の所管となって、広尾出張病院と改称した。

明治九(一八七六)年。四月、札幌病院広尾出張所と改称した。

明治一〇(一八七七)年。一月、札幌病院広尾出張所は、幌泉出張所に合併した。これより、その後、十勝国に官立病院の創設がない。

明治一一(一八七八)年。一二月、公立病院を茂寄(広尾)村に置いた。

明治一五(一八八二)年。公立病院を大津村に設立する。現在、病院は大津村にあり、村医は、茂寄《モヨロ》(広尾)、帯広、豊頃、止若《ヤムワッオ》の四ヵ所にいる。その外、十勝分監に獄医が在勤している。

これは要するに十勝国は、開拓の日が浅く、村状況も発達していないため、これから、移民が増加すると村医も多く必要となる。

明治三二（一八九九）年。歴舟《ペルフネ》村、外、二ヵ村、幕別村、外、四ヵ村に新たに村医を置く。

流行病は、古来、稀であるが、明治二〇（一八八七）年、二五（一八九二）年、本道に痘瘡《とうそう》（天然痘《てんねんとう》）が流行した時は、十勝国には患者が少なかった。これは当時、交通が不便で、伝染がまぬがれた。新移民の農民は、住居が不完全で、衛生に欠けるところが多いが、幸いに病人が少ない。ただ、新開地に多い間歇熱《かんけつねつ》（マラリア、鼠咬症《そこうしょう》など周期的に発熱する病気）が、原野に流行するだけである。

アイヌは、元来、飲食、住居など不衛生で、近年、和人に接することが多くなるに従い、病気が増え、肺《はい》病《びょう》、胃病《いびょう》、あるいは、梅毒《ばいどく》などの患者の割合が多く、また、酒を好むことにより、健康を害する。その身体は疾病に耐える力が弱く、次第に衰え、哀れむ状況にある。

社寺

神社

社祠《しやし》（やしろとほこら・神社と小さな神社）の起源は、運上屋の創立年代と同じ、茂寄（広尾）にある十勝神社が、最も早く設けられたのは疑いない。

文政一三（一八三〇）年、大津村にある稲荷神社は、請負人、杉浦嘉七が創設した。

天保六（一八三五）年。茂寄（広尾）に稲荷神社を設ける。

安政（一八五四～一八五九）の後、仙台藩が、十勝国の警衛の時、茂寄（広尾）に塩釜《しおがま》神社を祀ったという。

明治九（一八七六）年、十勝神社は郷社（神社の格のひとつ）となる。大津村の稲荷神社は、村社となった。近年、内陸の原野に移民が増加して、社祠の建設が少なからずあるが、まだ、社《やしろ》（神社）格（地位・資格）にまで至っていない。

仏寺

寺院の起源は、明治一三（一八八〇）年、大津村に浄土宗の説教所を設けたのに始まる。明治二〇（一八八七）年。寺号を公称して、正福寺という。

現在、寺号を公称しているのは、大津村の正福寺、曹洞宗大林寺、茂寄（広尾）村の曹洞宗禅林寺の三つの寺である。

その外、所々に説教所を設けている。布教に最も尽力しているのは、真宗大谷派である。また、耶蘇教《やそきょう》（キリスト教）会堂は、茂寄（広尾）、帯広にそれぞれ一ヵ所づつある。

北海道殖民状況報文
十勝国之部

後編

郡・村

広尾郡

広尾郡は、全郡が一村である。すなわち、茂寄《モヨロ》（広尾）村があるだけである。そのため、特に郡の概況を述べない。

茂寄《モヨロ》村（広尾）

地　理

茂寄（広尾）村は、広尾郡の全部を包括し、十勝国の南端に位置する。南西は、日高山脈を境に、日高国の幌泉、様似、浦河の三郡に接し、北は、紋別川を境に当縁郡に接している。東は、海に面する。

東西八里四町（約三二・九キロメートル）、南北八里二七町（約三四・四キロメートル）、面積四二方里（六四七・七平方キロ）弱ある。地形は、南が狭く、北が広い。三角形である。

日高山脈は、日高の国境に沿い、南東から北西に連続し、ピロロヌプリ、オムシヤヌプリ、ポロシリの各岳が最も高い。その絶嶺は、四、六〇〇余尺（約一、三九四メートル）である。その山側、東方に向いて降下し、村の南部から北西部にわたり山地である。ただ、村の北東部だけが原野である。

河川は、全部、日高山脈を源としている。茂寄（広尾）村の地形に準じて、南にある河川は短く、北にある河川は、長い。南から河川名を列挙すると、ピタタヌンケプ川、オシラルンペ川、ピポロ川、ピロロ川、ラクコベツ川、ヌプカ川、トヨイベツ川、モンベツ川である。

その内、トヨイベツ川は、長さ一〇里一一町（約四〇・五キロメートル）、ピロロ川以北の各川は、全部、水源から東北東に流れ、屈曲して東南東に流れ、海岸に近づくと、河床が広がり、二、三の分流となって、また、合流して海に注いでいる。以上の各川は、いずれも、全部、急流なので舟は楫《かい》（舟を漕ぎ進める道具）が便利である。

国道にあたるところは、一つも橋がなく、そのため、洪水になると、交通が途絶えることが常である。海岸は、ビタタヌンケプ川から、紋別川河口に至る八里一六町（約三三・二キロメートル）である。茂寄（広尾）港から南四里（約一五・七キロメートル）強は、山麓が急に海に臨み、ところどころ、絶壁となる。波の音が下に響き、崖下には、石の礫が混じる狭い砂浜を通る。

茂寄（広尾）港から北に四里（約一五・七キロメートル）強は、高原の端が崖となり海に臨む。その下に、狭い砂浜があり、そこを通る。海岸線は平らであるが、シュマウシに岩礁が少し出ている。

気候

年内の平均気温は、十勝国内の中では、最も高く、春季、草木の発芽は最も早い。しかしながら、夏期は海上の気象の冷気を受け、海霧の来る時は、湿潤になる。積雪は、十勝国の中で、最も多いほうである。最高積雪量は、原野において、平均三尺余（約九〇・九センチ）であるという。

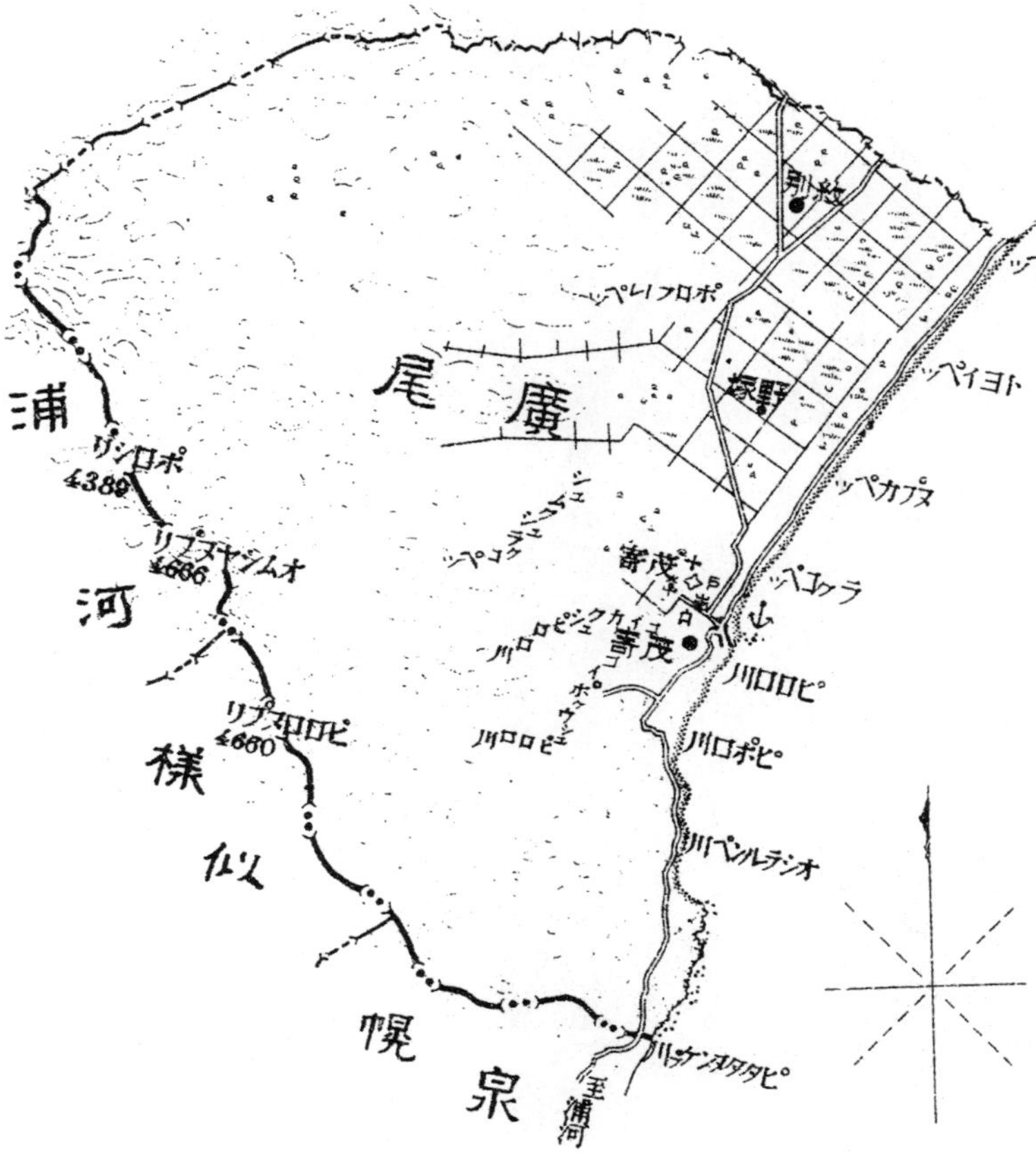

図１　広尾郡

樹木

高原には、槲《かしわ》が最も多く、河畔、及び、山麓には、楡《にれ》、梻《しきみ》、胡桃《くるみ》、白楊《はくよう》（ポプラの一種、ドロノキ）、赤楊《あかやなぎ》（ハンノキ）、柳《やなぎ》などがある。

山地には、楢《なら》、楡《にれ》、樺《かば》、赤楊《あかやなぎ》（ハンノキ）、椴松《とどまつ》、五葉松《ごようまつ》などがある。野火は、年々、海岸から六、七里（約二三・六〜二七・五キロメートル）の奥までに燃え広がり、針葉樹林も延焼して、林相を損傷する被害をもたらしている。

原野

茂寄《モヨロ》（広尾）市街から南は、山地である。平地は少ない。茂寄（広尾）市街から北は、ようやく開け、紋別川沿岸に至り、海岸から三、四里（一一・八〜一五・七キロメートル）の広さになり、当縁郡の原野に続いている。

この原野は、茂寄（広尾）原野、野塚原野、紋別原野の三つの原野に分けられている。

茂寄（広尾）原野は、二つに分かれ、一つは、ビロロ川の南にあり、左右に山を背負い、南は海に臨み、面積七五〇、〇〇〇余坪（約二五〇ヘクタール）、標高が高く、湿気が少なく、地力はあまり良くない。

もう一つは、茂寄（広尾）市街、及び、丸山の北にあり、東は海に面し、南はピロロ川に臨み、北東は、山を背負い、面積九三〇、〇〇〇余坪（約三一〇ヘクタール）、土地の標高が高く湿気が低い。原野の北部は、オビソマナイ川が貫流して、その沿岸は肥沃である。

野塚原野は、ヌプカ川を中央として、南はラクコ川、北はトヨイ川で紋別原野に接し、東は、海となり、西は、山を背負い、南北二里（七・九キロメートル）弱、東西は一里（約三・九キロメートル）から三里（約一一・八キロメートル）である。

原野の中に二つの小流がある。その下流は、原野の中で消えてなくなり、河口はない。地形は平坦、標高が高く湿気が少ない。火山灰が混じり、山麓一帯、及び、各川の沿岸の外は、概ね、槲《かしわ》林で土地は痩せている。

紋別原野は、トヨイ川とモンベツ川との間の総称で、東は海に面し、西は山を背負い、東西三里（一一・八キロメートル）、南北一里半（約五・九キロメートル）である。地形は、平坦、標高が高く湿気が少ない。山麓、及び、エンダタラ、並びに、モンベツ沿岸の外は、槲《かしわ》の樹林地で、土地が痩せ、野塚原野と同じである。

運輸・交通

茂寄(広尾)港は、数個の岩礁が海中に突出する二〇〇間(三六〇メートル)の小湾である。十勝国の重要な港である。南東、特に、南風の高波のときは、一〇〇トン前後の船のほかは、岩陰に入り、高波を避ける。船舶の多くは、水深の深いモイケシに避難する。モイケシは、茂寄（広尾）港の南、約二里余（約九・八キロメートル）に位置し、水深に富み、南風の波を防ぎ、地勢は好避難所である。

茂寄（広尾）港は、函館まで一四二哩《まいる》（約二二八キロメートル・一マイルは約一、六〇九メートル）である。北海道庁の補助航海船、及び、その他、汽船が寄港する。

明治三一(一八九八)年。入港した汽船の数は、三五三隻である。貨物の運賃は、前編に記載した通りである。

陸路は海岸を通る道と、帯広に至る道の二つがある。海岸線の南部は、断崖の下を通り、難所がある。北部は高台地を通り、平坦であるが、河川には、まだ、橋がない。茂寄（広尾）市街から大津に至る一五里（約五八・九キロメートル）余は、馬で一日かかる。

明治三一(一八九八)年。茂寄(広尾)から帯広までの道路が開削した。平坦で、その行程は、一九里二〇町(約七六・八キロメートル)である。この道は茂寄（広尾）港と内部の原野とを接続して、将来、大いに茂寄港の繁栄を助けること疑いない。

沿　革

現在の茂寄（広尾）市街は、昔から十勝場所運上屋のあるところで、その初めは、運上屋を崖下の浜に置いた。その地は狭く、不便だった。

文化年間（一八〇四〜一八一七年）。この頃、崖の上に移転したという。運上屋、通行屋、神社、及び、数多くの板蔵小屋などがある。また、数一〇戸のアイヌの住居があり、集落を形成していた。

漁場は、運上屋元がヲナヲベツ、ルベシベツなどにある。昆布《こんぶ》、海蘿《ふのり》、鮭《さけ》、鱈《たら》を産出する。

安政二（一八五五）年。幕府の支配となり、定役、同心などが在勤した。

安政六（一八五九）年。仙台藩領になると、目付、代官、勘定方が出張し、職工、人夫などを伴って来た。

明治三（一八七〇）年。田安従二位、一橋従二位に分け、田安家は、ピポロ川以北モンベツ川までを領有し、丸山の山麓に陣屋を建てた。穀類と豆類などを試作した。

明治四（一八七一）年。田安、一橋両家の支配を廃止。浦河支庁広尾出張所を置いた。役宅をオシラベツに設けた。

明治七（一八七四）年。九月、浦河支庁広尾派出所となる。

明治八（一八七五）年。一一月、浦河支庁広尾分署を置く。

明治一〇（一八七七）年。一一月、浦河支庁広尾分署を廃止。

明治一三（一八八〇）年。戸長役場を置く。六月。十勝組合が解散し、各自、独立すると、村内の人口が

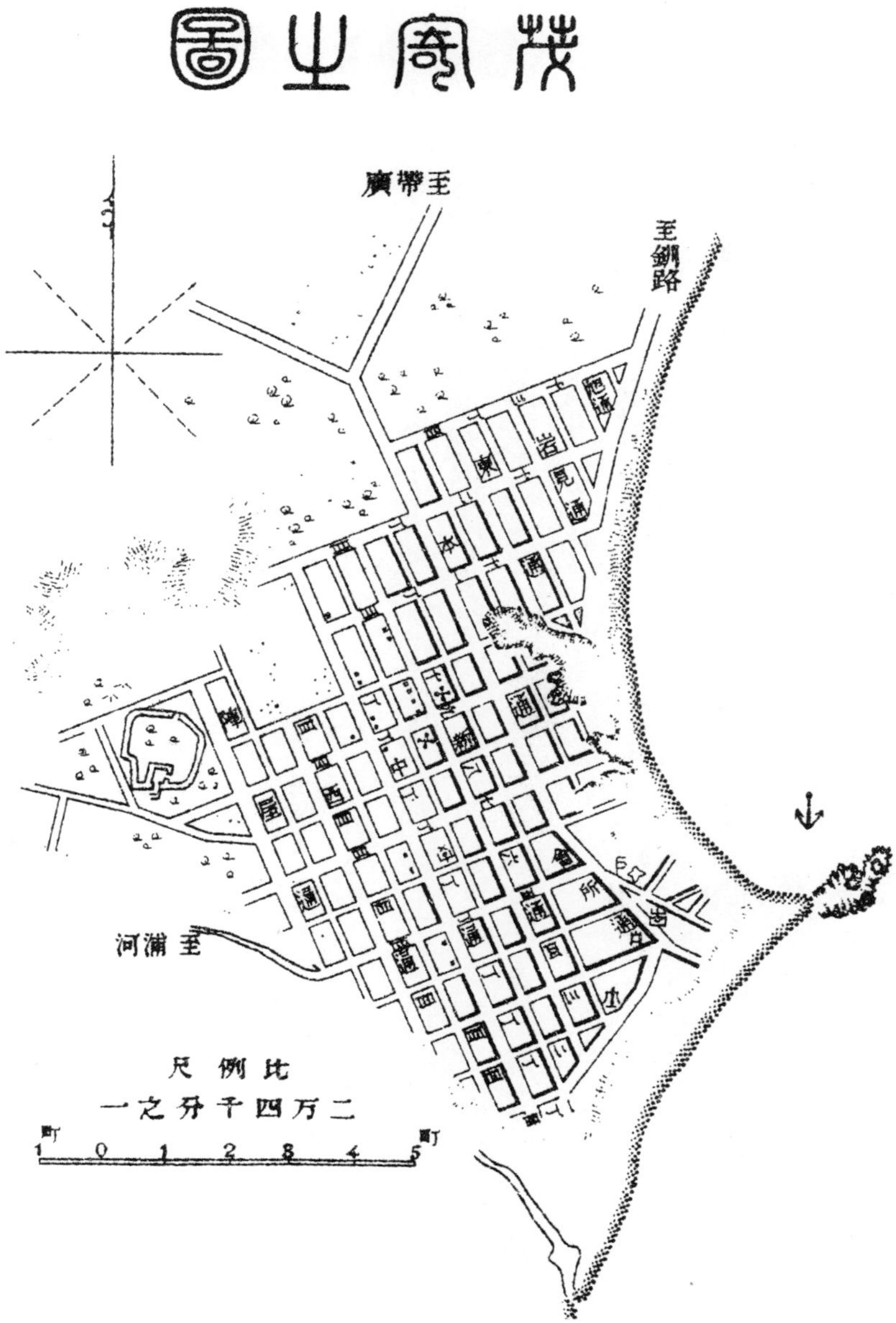

図２　茂寄の図

増加した。

明治二六、二七（一八九三、四）年。この年以降、十勝の原野に移住する農民が多くなり、十勝国もその影響を受け、景気が良くなり、燐寸《まっち》軸木製造業、鰈《かれい》漁業が発達した。茂寄（広尾）村は大いに発展した。

明治二八、二九（一八九五、六）年。茂寄（広尾）市街地を区画した。

明治二九（一八九六）年。原野の貸付により、移民が増加し、僅か、数年で人口が倍増した。

明治三一（一八九八）年。再び、小区画を測量した。

戸数・人口

明治三一（一八九八）年。年末現在、戸数は五四七戸、人口は二、〇八二人である。その内、男、一、一一三人、女、一六九人である。（注・人口の総人口と男女の合計が合わず。女、九六九人か。）

奥羽各県、富山県、鳥取県（因幡）、から来た者が最も多い。石川県、新潟県、香川県の各県人は、これに次ぐ。アイヌは、五二戸、一六一人である。

市街・集落

茂寄（広尾）市街地は、茂寄（広尾）港の高台にあり、北東、及び、南東は海に臨み、南西はピロロ川に面し、北西は丸山を背負い、北は原野に面している。海、河に面するところは、絶壁であり、坂道で登り下りする。

市街地の内、港に近いところは、早く私有地となった。その形状は不定形であるが、その他は、縦、横に街路を通し、小区の数、六〇〇余ある。区画は整然としている。まだ、人家は多くない。

市街地の現在の戸数は二〇〇余戸ある。戸長役場、警察分署、森林検査員、看守、駐在所、郵便電信局、漁業組合事務所、回漕《かいそう》（船で輸送）店、貸座敷などがある。十勝南部の主な村である。

漁民は、茂寄（広尾）市街の以南、ルベシベツまでの海岸に散在している。オシラベツは、約一〇戸の小集落である。分校や旅人宿があり、フンベ、ピポロ、ルベシベツにも、各五戸から一〇戸ある。

農民は、茂寄（広尾）、野塚、紋別の三つの原野に住む。

アイヌは、原野に散在し、市街地にも住んでいる。

漁　業

十勝国の水産物の大半は、茂寄（広尾）村にある。その漁場は、茂寄（広尾）港以南で様々な魚、藻《も》に富む。

漁場の来歴は、前編の漁業の部に記録した通りなので、省略する。

明治三一（一八九八）年。鰮《いわし》の建網《たてあみ》七統（統は、魚を捕獲する網の一セットを一統という）、鰮《いわし》の曳網《ひきあみ》二統、鱒《ます》の建網一統、鮭《さけ》の建網九統、昆布の採取船一〇一隻、鰈《かれい》の漁船八〇余隻が就業する。また、海藻、銀杏草《ぎんなんそう》（海藻の種類）などを採取する。

昆布は、オナヲベツ、オシラベツ、タンネソーに最も多い。一舟に付き、二人または、三人乗り、一期間で平均五〇石（七・五トン）の収穫がある。海産の干し場を借りて営業するとき、その借賃は一舟に付き、通常三〇円から四〇円であるという。

明治二五、六（一八九二、三）年頃。鰈《かれい》漁は、手繰網《てぐりあみ》を使用して以来、発展して一大産物となった。一隻に付き三人から四人乗り、一期間、平均五、六〇石（七・五〜九トン・一石は一五〇キログラム）の収穫がある。

その漁期は、昆布の収穫前で、昆布の干し場を借りて作業を行う。その借賃は、一隻につき一期間、四五円であるという。

通常、漁民は、四月から七月まで鰈《かれい》漁を行い、七月下旬から九月上旬まで、昆布《こんぶ》を採取する。次に、鮭《さけ》漁の雇人を入れ、冬は薪《まき》を準備する。概ね、資本が乏しいので、必要な物を借り受けてから、その漁を行い、収穫物を渡して計算する。

明治一三（一八八〇）年。茂寄（広尾）村、歴舟《ベルフネ》（大樹）村のアイヌは、十勝組合の解散の後、茂寄（広尾）村で、昆布の干し場、五六ヵ所を所有した。その後、和人に貸し渡し、または、横領されて、現在、アイヌが自ら営むのは、ただ一人だけである。

農業

数年前の農業は、僅かに、漁民などの副業に過ぎなかった。

明治二七（一八九四）年。富山県人など数戸、モンベツ川の南岸に入り、開墾に従事した。

明治二八(一八九五)年。ヌプカラクコの二つの原野に、香川県人、その外の県人、約二〇戸移住した。全部、無願開墾である。

明治二九(一八九六)年。原野を解放し、一般の人々に貸付が始まると、移住が増加して開墾が盛んになった。ヌプカ川からモンベツ川に至る間は、土地が痩せ、河岸、山麓の小部分の外は、未だ、移民がいない。

茂寄原野・原野の南部

明治三一（一八九八）年。春頃から入植している。ピロロ川南方の区画地には、富山県の移民など一〇数戸ある。現在、開墾中である。その奥に青森県人、千葉県人の貸付地一六七、〇〇〇余坪（五五・七㌶）がある。まだ、開墾を行っていない。

茂寄原野・原野の北部

ピロロ川の北方にある区画地には、六〇余筆の貸付地があり、全部、入植した。その大部分は、開墾に着手している。自作、小作し、耕作者の大半は原野に住み、少数は、市街地から「通い作」を行っている。土地は、標高があり湿気が少ないが、オピソマナイ川沿岸は肥沃であり、相応の収穫がある。移民は鳥取県（因幡国）から移民した者が多い。概ね、資金が少ないため、農業のかたわら薪《まき》を取り、茂寄（広尾）市街に出荷している。また、燐寸《まっち》製軸所、漁場などへ出稼ぎする者がいる。

野塚原野・原野の南部

ラクコ川、ヌプカ川の間は、すでに、大半が貸付済みである。その主な入植者を左に記す。

富山県人、高橋弘之など一八戸の貸付地は、ラクコ川の下流、茂寄（広尾）から帯広の間の道路側にある。土地は便利であるが、乾燥地で飲用水の確保が困難である。

移民は、移住して間もなく、資金が乏しく、まだ、ほとんど開墾に着手していない。道路工事やその外の雑業により生活している。

明治二八（一八九五）年。オモニタツ川の沿岸から山麓にかけて移住した、無願開墾者をはじめ、現在、約三〇余戸ある。土地が肥えているので成績が良い。就農した山本権兵衛は、三〇町歩（ヘクタール）を耕作、馬鈴薯を作り澱粉を製造している。

明治二八、二九（一八九五、六）年。この頃、入植した移住者は、概ね、三町歩（ヘクタール）から五町歩（ヘクタール）を耕作している。

前項、単独移民の西方、山麓に沿って、石川県民の移住地がある。団体の組織であるが、都合により各自貸し付けを受けて、明治三一（一八九八）年から着手した。戸数は一五戸で、その内、九戸は、平均七、八反（七、八〇アール）を開墾し、その他は出稼中である。

石川県人の移住地の奥に、明治三一（一八九八）年に、貸付を受けた茂寄（広尾）村の基本財産二八七、〇〇〇余坪（九五・七ヘクタール）、茂寄小学校基本財産二四一、〇〇〇余坪（八〇・三ヘクタール）ある。ラクコ川と山麓との間にある細長い土地で、放牧地にする予定である。

富山県の勝興寺の僧、土山澤映、外、一名の貸付地は、ヌプカ川下流の南、及び、その川の北の二ヵ所に分かれ、面積合計八二五、五〇〇坪（二七五・二ヘクタール）ある。海岸の土地は肥沃であるが、その他は、痩せ地である。

この土地は、明治三〇（一八九七）年の貸付で、自ら富山県にある勝興寺の門徒を移住させ、旅費、小屋を支給し、移住の初年、四月から八月までの間、米、味噌を貸して開墾した。

隣の土地に準じて小作料を徴収した。また、実費を支払う者には、一戸に付き五町歩（ヘクタール）内外を譲渡した。収穫物の一〇〇分の三（三%）を勝興寺に収める見込みであるという。現在、勝興寺の事務長某が、大工、木挽《こびき》七名を伴い来て、伐木《ばつぼく》、小屋掛けに取り掛かっている。

原野の北部

ヌプカ川、トヨイ川の間の土地は、出願者が少ない。現在、ただ、茂寄（広尾）から帯広の間の道路の北、キシヤラベツ川沿岸に、数戸の移民があるだけである。

紋別原野

紋別原野の土地は、概ね、痩せ地である。移民は、僅かに紋別川の下流沿岸、及び、西部の山麓にあるだけである。

紋別原野・単独移民

明治二七（一八九四）年。モンベツ川の下流、南岸の中島に単独移民がいる。

富山県民、北森某ほか各県の移民数戸が、十勝原野の肥沃な土地を開墾するため、茂寄（広尾）に上陸し、帯広に行こうとした。この土地を通るとき、土地の肥えているのを見て、意を決して土着して無願開墾を行う。その後、増加して、現在、一三戸となり、各戸、馬耕を行い、一戸当たり三町歩（㌶）を開墾して耕種を行っている。

紋別原野・愛知県人、長谷川寛の貸付地

明治三〇(一八九七)年。貸付を受ける。前記、単独移民地の南に接し、ポンモンベツ川の南に至り、面積、一、二五一、〇〇〇余坪（約四一七㌶）ある。川の付近は、樹木、草原が混じり、肥沃であるが、丘陵は槲《かしわ》の疎林であり、土地が痩せている。

明治三一（一八九八）年。岐阜県、愛知県などの県民一〇戸を函館で募った。移住した小作人との契約は、一戸に付き、未開地五町歩（ヘクタール）を配当し、農具、及び、初年秋の収穫までの米、味噌の貸し付けを行う。鍬下年期《くわしたねんき》を三年とし、全土地を五ヶ年で開墾した小作人には、丘陵地二町五反歩（二・五ヘクタール）を与え、三ヶ年で開墾した小作人には、三町歩（ヘクタール）を与える。他に、開墾料を与えず、与えられた土地は、丘陵の痩せ地で、小作人は失望しているという。

紋別原野・福井県人、小林彦之助の貸付地

明治三〇（一八九七）年。貸付を受ける。原野の西方の山麓に位置する土地、面積一、〇七八、〇〇〇余坪（約三五九・三ヘクタール）、土地は肥沃と痩せ地が混じっている。

明治三一（一八九八）年。小作人七戸を福井県から移住させたが、小作人は管理者に不平を抱き退去した。そのため、一時的に人夫を雇い開墾して、現在、一〇町歩（ヘクタール）を開墾した。

農民は自作農、小作人を問わず、大抵、移住後、日が浅く開墾が進まない。したがって、各戸の作付けが少ないため、主として、自家の食料として黍《きび》、粟《あわ》、麦《むぎ》などを耕作し、販売作物を作る余力が少ない。

概ね、資金が乏しいので、農閑期には燐寸製軸所で働き、また、茂寄（広尾）市街に近いところで薪《まき》を取り、炭《すみ》を焼いて販売し、あるいは、漁場に出稼ぎするなど、様々な副業を営んで生活を補っている。

明治二七、八（一八九四、五）年頃に移住した無願開墾者は、すでに、余力を生じ、馬を飼い、プラオ、ハローを所有して、盛んに耕作するに至っている。

牧畜

明治三一（一八九八）年。年末、茂寄（広尾）村の馬の頭数は、合計四一四頭、その内、牝《めす》は一六〇頭である。高橋鉦太郎は、約九〇頭を所有している。その外、一〇頭から二〇頭を所有する者が一〇名いる。馬は、運搬に使役し、あるいは、農事に使用、繁殖も行う。日常使役する馬の外は、官有原野に放牧しているが、時々、移民の開墾地に入り、作物を食害することがある。熱心に繁殖改良を行う人は、まだ、一人もいない。牧場の貸付を受けている人は、四人である。その面積は、各一〇〇、〇〇〇坪（約三三・三㌶）から二五〇、〇〇〇坪（八三・三㌶）である。いずれも、新しく貸付を受け、牧場としての設備がない。

商業

明治一三（一八八〇）年、十勝組合解散以後、次第に、商店が営まれるようになり、特に、近年、著しく発展している。現在、米穀、荒物、呉服、太物（布地の総称）類の商店、一〇余戸あり、その取引は、広尾郡、当縁郡であり、ほかは函館である。呉服、太物の少数は、東京から直接取り寄せている。そのほか、多少の品物を商う店舗が多数ある。

現在、当地の購買力は、漁民を第一とし、燐寸《まっち》製軸所がこれに次ぐ。農民は最も少ないという。農民の数は最も多いが、移住後、日が浅く資金に乏しいためである。

金融は、二月、三月が最も厳しく、四月以後は鰈《かれい》漁のため、しだいに、景気が良くなり、六月、七月は最も景気が良く、次に、昆布採集期間中が、相応の景気となる。一二月以降は逼迫《ひっぱく》する。

金利は普通一ヶ月に付き、二分五厘（二・五％）であり、まれに五分、六分（五～六％）の高利がある。

鉱　業

モンベツ川、トヨイベツ川などの河床に砂金がある。すでに、採集の許可を得ている人がいる。まだ、砂金の採集に着手していない。

製　造

明治二九、三〇（一八九六、七）年。燐寸《まっち》軸木製造所が操業する。燐寸《まっち》軸木製造所は西広尾、ラクコ、ヌプカ、トヨイの四ヵ所にある。官有林内の白楊樹《はくようじゅ》（ポプラの一種、ドロノキなど）を払い下げて、原料にあてている。

明治三一（一八九八）年。燐寸《まっち》軸木の製造高、一二、一七四俵、その原価三四、一七〇円である。全部、函館を経て神戸に移出している。原料は多くなく、製造業を営む見込みはなく、すでに、ラクコ製軸所は、その機械の半分を当縁郡に送り、新たに燐寸製軸所を設けるに至っている。

明治三一（一八九八）年。澱粉の製造は、野塚原野に一ヵ所ある。山本権兵衛が澱粉を製造、主に、自作の馬鈴薯を原料としている。

木材・薪炭《しんたん》

茂寄（広尾）村は山林が多い。種々の広葉樹、及び、椴松《とどまつ》、五葉松《ごようまつ》などあるが、海岸に近いところは、野火と乱伐により、林相が損なっている。針葉樹は、ピラウトルで焼損した払下げ椴松《とどまつ》角材、一〇〇石（二七・八立方メートル・一石は、〇・二七八立方メートル）の価格は、茂寄市街で一四〇円前後である。そのため、家屋の建築には赤楊《あかやなぎ》、槲《かしわ》などを用いる者が多い。

薪《まき》は、主に、開墾地から出し、一敷《いちしき》（長さ六〇センチの薪を径一八センチに割り、高さ一五〇、幅一八〇センチに積んだ薪の束）の価格は、市街地で一円から二円までの間を上がり下がりしている。炭《すみ》は、ピロロ川の谷間、開墾地から出し、一俵（一五キログラム）の価格、四、五〇銭である。

村の経済

明治三一（一八九八）年。村費予算の合計は二、二五六円である。その費目別は、前編（一〇一〜一〇二ページ）に記した通りで、土木費、教育費は、それぞれ八〇〇余円、次は、村医費、村費取扱費などであり、土木費は茂寄市街の水道修築に係わるものである。村費取扱費の多額なのは、特に月報七円の者を一名を雇っているためである。

収入は、戸別割り一、八二六円余、これを一八等に分け、一戸に付き、最低五六銭四厘、最高二八円二〇銭とする。その他、海産干し場、雑種地貸料七五円、貸金利子一八〇円、小学校授業料七二円、国庫村医補助一〇〇円などである。

教育

茂寄（広尾）市街に広尾尋常小学校があり、音調津に分校を設け、原野の農民の子弟は、その全部、ほとんど、まだ、就学していない。

衛生

土地が乾燥して、衛生に良い。村医一名を置き、年俸四〇〇円である。

社寺

十勝神社は、十勝国の最も古い社祠《しやし》で、大綿津見神を祭る。明治九（一八七六）年。郷社になる。

明治二一（一八八八）年。禅林寺が創立する。曹洞宗に属している。その他、稲荷社、及び、真宗説教所がある。

当縁郡《タウブチ》

地理

南西は、モンベツ川を境に広尾郡に接し、西は、日高山脈で日高国の浦河、静内の両郡に接している。北は、河西郡、中川郡の二郡に接している。東は、低い丘陵で十勝郡に接している。南東一帯は海である。

東西一七里一五町（約六八・四キロメートル）、南北一〇里六町（約三九・九キロメートル）、面積六九方里（約一、〇六四平方キロメートル）余ある。海岸線は八里三〇町（約三四・七キロメートル）である。

日高山脈の高いところは、五、六三〇尺（約一、七〇六メートル）ある。その南部をカムイヌプリ岳という。

河西郡との境には、日高山脈の支脈、東方に延長し中川郡と接する。次第に傾斜して一大高原となり、南は広がり、浜辺に至る。北は中川郡、河西両郡の各原野に連なる。その東に低い山脈が横たわり、中川郡との境になり、支脈の東方に広がり海岸に至る。チホーマイワ山、高さ九七〇余尺（約二九四㍍）は、シロカトープイ川の東に立ち、中部高原以東の最高山である。

歴舟川は、当縁郡内の第一の大河で、源は日高山脈である。ヌビナイ、ルウドルオマプ、ヤオロオマプなどの各川を集め、東流して歴舟駅逓に至り、海に注ぐ。北川一朝、西南風が起こると、下流は雨が降らないのに、水量が増加し、人馬の交通に支障をきたす。これを俗称でヒカタ川という。この川は、川幅広く、ところどころに砂州があり、支流に分かれ、激流である。下流は一つとなり海に注ぐ。

アイボシマ川は、高原を経て、歴舟川の東にある小流である。トープイ川は、源を中川郡の境から発している。シロカカリトープイ、ヲエルイトープイ、サクウシユトープイ、コイカクシユトープイ川などは、東にある。キムウントー川を合わせてオイカマナイトーに注ぐ。

その他、ユウントー川、チオプシ川なども、各北方に発し、南流してオイカマナイトーの沼に注ぐ。

当縁郡は、十勝国の中で、最も海岸、湖に富み、ホロカヤントー、オイカマナイトー、ユウントー、チオブシ沼など西から東に連続し、最大なのはユウントーなどで、皆、河流は海に注ぐが、砂の堤防に隔たれて、沼になっている。各沼には、鯎《うぐい》、アメノウオ、鮒《ふな》、鰡《ぼら》、鰈《かれい》、鰻《うなぎ》、蜆《しじみ》、烏貝《からすがい》などが生息する。特に、ユウントーに多い。

樹木は、西部の日高山脈には、針葉樹、広葉樹ともに繁茂し、中川郡の境の丘陵には、椴松《とどまつ》が疎生している。高台は、一般に槲《かしわ》が多く、楢《なら》、赤楊《あかやなぎ》（ハンノキ）、白楊《はくよう》（ポプラの一種、ドロノキ）などがこれに次ぐ。下草は、萩《はぎ》、萱《かや》、桔梗《ききょう》、女郎花《おみなえし》（オミナエシ科の多年草、秋の七草のひとつ）、欵冬《かんとう》（蕗《ふき》）、蕨《わらび》、笹《ささ》などが交生する。土地は痩せているが、河岸付近の平地は、一部の泥炭地を除く外、土地が肥えている。楡《にれ》、櫁《しきみ》、胡桃《くるみ》、白楊《はくよう》

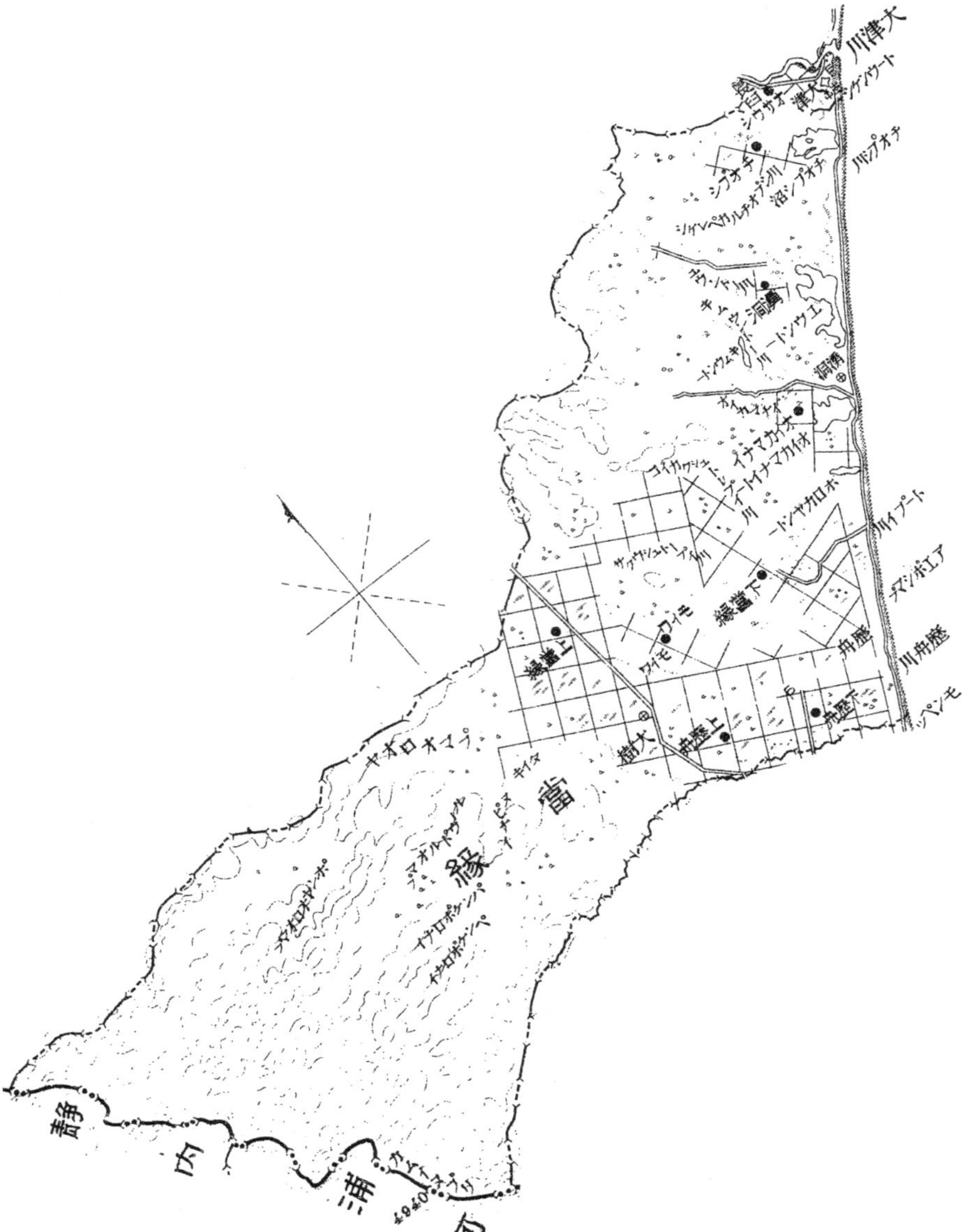

図3　当縁郡

などの大樹が良く成長し、樹下の笹《ささ》、劉寄奴《りゅうきど》（キク科の多年草）、款冬《かんとう》（蕗《ふき》）などが生えている。湿地には、蘆《あし》、菅《すげ》、観音蓮《かんのんはす》（水芭蕉《みずばしょう》）、谷地坊主《やちぼうず》などが生えている。

当縁郡の地形、西部は日高山脈の支脈で、各川の源となっている。中部は一大高原となり、東部は丘陵が連なり、特に、海岸、湖に富み、各川の沿岸のところどころに低地がある。

下歴舟原野の南西は、紋別川を境に、東北歴舟川の両岸にわたる上歴舟原野は、その北西に位置して連なり一大高原をなす。地勢、最も広々としているが、地味の良いところは多くない。

下トープイ原野は、下歴舟原野の北東にある。高原は痩せ地が多く、僅かに当縁川沿岸に肥沃な土地があるだけである。モイワ原野、その西北に位置し、上トープイ原野、また、その北にあり、地力は、共に良好ではない。

オイカマナイ原野は、ホロカヤントーの北東からオイカマナイ川沿岸一帯の原野の総称である。下流は、泥炭性湿地であるが、上流には、肥沃な土地がある。ユートー、チオフシの二つの原野は、共に、同じ沼の上流にある原野で、湿地が多い。

明治二九（一八九六）年。右の各原野の区画割りを行う。

明治三〇（一八九七）年。この年から貸付を許可した。区画地の面積は、合計約六〇、一九〇、〇〇〇余坪（約二〇、〇六三㌶）である。

各河川の沿岸は、河岸段丘が発達し、数段になっている。また、高原の海岸のところは海成段丘となって、その下は砂浜である。

当縁郡の気象は、東部は十勝郡と似ている。西部は広尾郡と似ている。海岸は、夏期に海霧があるが、原野の内部には、その影響が少なく、穀類、豆類、蔬菜は良く登熟《とうじゅく》（成長）する。

霜は、例年九月下旬に始まり、翌年五月下旬に終わる。雪は、一一月中旬から積もり、翌年四月に融解する。積雪の量は、例年、二尺（約六〇センチ）から三尺（約九〇センチ）である。当縁郡の西部に多く、東部に少ない。流氷は、三、四月の南東の風により、時々やって来る。

運輸、交通は、まだ、不便である。国道は、南広尾郡から当縁郡の海岸の高台、あるいは、砂浜を通り、十勝郡に至る。その間、数多くの川の流れがあり、交通が不便である。

明治三一（一八九八）年。広尾郡の茂寄（広尾）港から河西郡の帯広に至る道路が、秋に開削した。当縁郡の西部内陸を貫通したので、沿道の土地は、交通の便が良くなった。

海運は、歴舟河口の沖で軸木を積み込むが、不定期であり、一般住民の利用にはならない。

当縁郡は、歴舟村、大樹村、当縁村の三つの村である。その区域は、明瞭でない。今、地方の呼称に従い、借りに大略の位置を記すれば、歴舟村は、南西にあり、海岸に接し、大樹村は、その北西にあり、内陸に位置する。当縁村は、歴舟、大樹、両村の北東から十勝郡の境に至り、南東一帯に面し最も広い。

沿　革

古来の沿革は、すでに、前編の総説の当縁郡で述べたので、省略する。

明治一一（一八七八）年。歴舟村に初めて駅逓を設ける。

明治一三（一八八〇）年。渡島国の佐藤某、当縁沼の湖畔に移住し旅舎を始める。

明治一九（一八八六）年。晩成社員の依田勉三がオイカマナイで牧場を開く。

明治二七、二八(一八九四、五)年。群馬県、長野県、大阪府、兵庫(淡路国)県、滋賀県など、各県人、数戸が来住して無願開墾をした。

明治二九(一八九六)年。各原野の区画を測量した。土地整理処分があり、当時、無願開墾者が五〇余戸あったという。この年、胆振国有珠郡の石坂善七が、職工、男女数一〇人を率いて、歴舟川の右岸で燐寸《まっち》軸木の製造に着手した。

明治三〇(一八九七)年。各原野の貸付がある。各村、原野に移住する者が多くなり、開墾も進んだ。

明治三一(一八九八)年。年末現在、全郡の戸数二三八戸、人口七二五人。

重要産物

当縁郡は、海岸一帯に砂浜が連なり、漁業に乏しく、原野は、開拓の月日が浅く、まだ、多量の農産物を移出するには至っていない。

明治二十四(一八九一)年。砂金は、年々、少量の産出がある。牛は、当縁牧場で、年々、数一〇頭の販売がある。馬は、当縁牧場、遠藤某牧場、佐藤某などで、毎年、一〇数頭の販売があるという。

明治三〇(一八九七)年。馬鈴薯澱粉は、約三七、〇〇〇斤(二二・二トン)を製造して、函館に輸送した。大豆、小豆も、多少移出しているが、その金額は判然としていない。

明治三一(一八九八)年。水産製品は、塩鮭一、〇〇九石(約一五一・四トン)、鮭筋子二、四〇〇貫(九トン)だった。燐寸軸木は重要な生産物で、一七、一五〇個を製造し、函館を経て神戸に移出した。

概況

歴舟村の歴舟川右岸には、石坂製軸所があり、戸数、約数一〇戸、当縁郡の中で人家が最も多い。歴舟村、外、二ヵ村戸長役場を設ける。二、三の小売商がある。

下歴舟原野の石坂善七、下当縁原野の珠玖清左衛門などは、各自、一、〇〇〇、〇〇〇余坪（約三三三・三ヘクタル）の貸付地を所有し、その他、数名の者が、一〇〇、〇〇〇（三三・三ヘクタル）から三〇〇、〇〇〇余坪（一〇〇ヘクタル）の貸付を受け、全部、小作者を入れて、開墾に着手した。

単独農民は、各原野の土地が肥沃なところを選んで貸付を受け、盛んに開墾を行った。アイヌの給与地は歴舟川の左岸に設け、僅かに、着手しただけである。

農作物は、新移民の常として、自家の食料を主として、僅かに、大豆、小豆類を販売している。当縁郡の中の農耕適地は、既に、大半は貸付が終了し、今後、遠からず開拓が進む。

当縁郡は、一般に、高原性に属し、その面積の広いことに比べて、農耕適地に乏しく、大部分は、牧場とするのが適当である。

馬は、当縁郡で五四一頭。その所有者の主なのは、歴舟《ペルフネ》駅逓、遠藤文治、湧洞駅逓、佐藤嘉兵衛などであり、各一〇〇頭以上を飼養し、その次は、渡部鉄之助が三〇頭以上を飼養している。その他は、皆、少数である。

牛は、当縁郡で一九七頭を飼養している。当縁牧場が一八〇余頭、その他、二〇頭を飼っている者が一名いる。牧場地の貸付があるのは、当縁牧場、佐藤嘉兵衛である。その設備の見るべきは、当縁牧場だけである。

最近、農民の移住が増加するにしたがい、以前のように放牧することができなくなり、牧場地の出願する者が多くなった。

当縁郡の大部分は、農業によって生活し、次は、燐寸軸木製造に従事し、小部分は、牧畜を主とする。漁業はただ一人である。その他は、すべて移住者である。

戸長役場は、歴舟村にある。村医もこの地に設けている。各村の発達の程度は低く、まだ、一つも公共事業がない。

歴舟村《ペルフネ》（大樹）・大樹村《タイキ》（大樹）

地　理

歴舟村、大樹村の二つの村は、共に、歴舟川にまたがり、南西は、紋別川で広尾郡茂寄《モヨロ》（広尾）村を境とし、西は山岳が重なり、北は中川郡に接している。北東は、当縁村に連なり、東南一帯は、海に面している。

歴舟村は、歴舟川の下流に位置し、大樹村は、上流に位置している。海岸は、海成段丘が連なり、その下に砂浜が続く。土地の状況は、一般に高原性に属し、中部以北は、北方にだんだん開け、西は日高山脈の支脈が重なり、各川の源である。

ヤオロマプ、ルーウトルオマプ、ヌビナイの各川は、源を日高山脈の東方に発し、各渓流を合わせ、東流して歴舟川となる。歴舟川は、当縁郡内の第一の大河である。その流れは急で、暴風雨があると、川の水は溢れ、交通が途絶える。両岸の河成段丘は高く連なり、肥沃な低地が少ない。

紋別川の左岸ソーカ川上流は、沖積土に富み肥沃な土地が多く、河岸には、楡《にれ》、梻《しきみ》、柳《やなぎ》、赤楊《あかやなぎ》、白楊《はくよう》、胡桃《くるみ》などがある。原野には槲《かしわ》が多く、白楊《はくよう》（ポプラの一種、ドロノキ）、赤楊《あかやなぎ》（ハンノキ）がこれに次ぐ。

原野

下歴舟、上歴舟の両原野は、共に、歴舟川にまたがり、南は、紋別川で、北は下トープイ、モイワ、上トープイの各原野に連なっている。東南は海に面している。

明治二九（一八九六）年。区画を測量した。その区画面積の合計は、二五、九一〇、〇〇〇余坪（約八、六三七ヘクタール）である。区画線一六号を以て上下の両原野を分け、河岸は、概して、土地が肥沃である。原野の大部分は、黒色、腐植土の下、二、三寸（六～九センチ）の火山灰が混じり乾燥し、土地は痩せている。

運輸・交通

国道は、海岸を通り、歴舟《ベルフネ》に駅逓を設け人馬を通す。

明治三一（一八九八）年。茂寄（広尾）から帯広の間の道路を開削する。村の北西部を通過する。また、歴舟駅から、この道路に通ずる経路がある。

歴舟駅から広尾港へ五里五町（約二〇・二キロメートル）。大津港へ八里二五町（約三四・一キロメートル）。帯広市街へ、約一五里（約五八・九キロメートル）、また、汽船は、石坂製軸所の軸木を積み込むため、歴舟河口の南西に、時々、停泊し、貨物が出入りすることがある。

沿革

旧来、歴舟《ベルフネ》のメム、ニオロマム、大樹などには、アイヌの小集落がある。

明治一一（一八七八）年。一〇月、歴舟川口に駅逓を設けた。

明治二八（一八九五）年。大阪府人、馬野熊吉、兵庫県人、来海宇平など三〇余戸の移民があり、無願開墾を行う。

明治二九（一八九六）年。石坂製軸所が創業する。

明治三〇（一八九七）年。区画地の貸付を許可する。戸長役場を設ける。数一〇戸の移民があった。大地積貸付者は、それぞれ多少の小作人を募集して、開墾に着手し、今や農業が盛んになっている。

戸数・人口

明治三一（一八九八）年。年末《ねんまつ》現在、歴舟《ベルフネ》村は戸数一五五戸、人口三七八人。香川県人、兵庫県人の両県人が最も多く、鳥取県人、福井県人、群馬県人、岩手県人などの各県人はこれに次ぐ。

アイヌは、七戸ある。大樹村には一戸で三五人が住み、一つの家族とする。

集　落

歴舟には駅逓があり、アイヌの家が数戸ある。歴舟河口の南岸には、和人二戸が住み、その土地から二〇余町（約二・二キロメートル）で、歴舟村、外、二ヵ村戸長役場、石坂軸木製造所、及び、職工、五〇余戸の密集集落がある。小売商、湯屋（浴場）などがある。

紋別川の東北岸には、約六〇余戸の単独農民がいる。その南は、石坂農場であり、二三戸の小作人がいる。その他、歴舟川沿岸に散在している。

農業

明治二八（一八九五）年。農民三〇余戸、兵庫県、及び、胆振国、日高国の二国から転住し、紋別川の左岸に入り、開墾に従事する。

明治二九（一八九六）年。原野の区画割りを行い、次いで、貸付を許可したことにより、農民がにわかに増加し、開墾が盛んに行われた。

紋別川、歴舟川の中央部は、高原性の痩せ地で地力が劣る。移民は、皆、河岸の肥沃の地を選んで、開墾を行っている。

下歴舟原野・単独農民

紋別川の右岸、肥沃な土地を選び、鳥取県、福井県、富山県などの各県から移住した、単独農民一〇余戸がある。大抵、一戸当たり一五、〇〇〇坪（五ヘクタール）から三〇、〇〇〇坪（一〇ヘクタール）の貸付を受け、開墾を行っている。

歴舟川の右岸の製軸所の付近に、数戸の農民がいる。製軸所の職工などが転じて、農民となる者があり、一戸に付き五、六反歩（五、六〇アール）から一町余歩（ヘクタール）の土地を開墾し、雑穀、豆類、蔬菜などを播種し、製軸所の需要に応じている。

明治三一（一八九八）年。数戸の農民が移住して、すでに、土地の貸付を受けたが、資金が乏しいため、一時的に小作をしながら、貸付地の開墾に着手している。

下歴舟原野・石坂農場

明治三〇（一八九七）年。胆振国西紋鼈《モンベツ》村の石坂善七は、面積一、一二〇、〇〇〇余坪（約三七三・三㌶《ヘクタール》）の貸付を受けた。その土地は、紋別川に沿って南東から北西に延長し、その小部分は上歴舟原野にまたがる。ソーカト川と称する小流があり、貸付地内を貫通して、紋別川に注ぐ。草原地、樹林地が半々である。土地の過半は肥沃である。

明治三一（一八九八）年。石川県から二三戸の小作人を募り、旅費を貸付して移住させた。その小作契約は、農具、種子は初年に限る。及び、初年目に収穫するまでの米、味噌を貸付し、一戸一五、〇〇〇坪（五㌶《ヘクタール》）の土地を配当し、五ヶ年間で開墾する。開墾料は支給しない。

全土地を開墾すると、農場主に対する義務が終わり、開墾した二分の一（五〇％）が支給される。小作人の中で資金がある者はなく、皆、農場主の保護を受け、現在、一戸当たり平均、一町歩（㌶《ヘクタール》）内外の開墾を行い、雑穀、豆類、蔬菜を耕作している。

下歴舟原野・阿部惣平治の貸付地

明治三〇（一八九七）年。新潟県人、阿部惣平治は、下歴舟原野のメム川沿岸で、三二四、〇〇〇余坪（一〇八㌶《ヘクタール》）の貸付を受けた。その地は、メム川に沿い、南北に延長し、川岸をへだて、約二里（七・九㌖《キロメートル》）。蘆葦《ろい》（アシの別称）の湿地と槲《かしわ》の疎生する乾燥地が交わる。湿地の土地は、地力が中程度である。

小作人は、現在、四戸、皆、阿部惣平治の郷里である越後国(新潟県)南浦原郡から募集した者で、一戸に付き、渡航費、農具費、家具費、米、味噌費を一年限り、合計実費、予定金額八〇円までを貸付し、二ヶ年間は月利一分五厘（一・五パーセント）、三ヶ年目からは、普通の利子とした。

一戸に付き五町歩（ヘクタール）を配当し、五ヶ年間で開墾が成功した後、慰労として宅地、畑地、五反歩（五〇アール）、薪炭《しんたん》用地五反分（五〇アール）、合計一町歩（ヘクタール）を支給する。残りの四町歩（ヘクタール）は、一反歩（一〇アール）に付き、平均一円五〇銭の開墾料を与え、翌年から、畑一反歩（一〇アール）に付き一円、田一反歩に付き米五斗（七五キログラム）の小作料とした。

小作人は、皆、資金がなく、渡航費までも貸付を受け、現在、四戸の借金は、約三〇〇〇円であるという。食物は、米と麦が半々である。阿部惣平治の子、寅一が来て管理を行っている。

下歴舟原野・アイヌの保護地

歴舟川の左岸において、二ヵ所を設け、その地は面積合計一二五、六八〇坪（約四一・九ヘクタール）あり、共に歴舟川の沿岸の沖積土にして、土地は肥沃である。

明治三一（一八九八）年。五戸のアイヌが移住して、開墾に着手した。各戸平均五、六反歩（五、六〇アール）を耕している。

上歴舟原野・単独農民

紋別川沿岸の土地は、肥沃であり、単独農民が約六〇余戸ある。

明治二八（一八九五）年。兵庫県人の来海宇平、大阪府人の馬野熊吉など、三〇余戸の移民と共に、率先して入植し、自ら開墾に従事する。

明治二九（一八九六）年。土地整理処分に際し、馬野熊吉など数戸は、中川郡ウシシュベツ、利別太《トシベツブト》地方に転居したという。以来、兵庫県人、徳島県人、岩手県人、その他、各県人が来て、土地の貸付を受け、盛んに開墾を行う。現在、先着の移住民は、五町歩（ヘクタル）内外の土地を開墾し、穀類、豆類、蔬菜を栽培している。

草原地が多いところは、大抵、各自、馬を所有し、プラオ、ハローを用いて耕作している。農作物は、大豆を主として、馬鈴薯の澱粉の製造をする者が二戸ある。そのため、馬鈴薯を作る者が多い。馬鈴薯四斗入り一俵（馬鈴薯は一俵五〇キログラム）の価格は、平均二二銭である。一時的に、小作する者が数戸ある。

上歴舟原野・川口トメの貸付地

明治三〇（一八九七）年。広尾郡茂寄（広尾）村、川口トメ牧場が、面積一〇五、〇〇〇余坪（三五ヘクタル）の貸付を受けた。その土地は、フレベツ川の両岸にまたがり、草原地が多く、高台地が少ない。

同年、牧柵を六〇〇間（約一・一キロメートル）建設したが、野火のため、二〇〇余間（約三六〇メートル）を焼失した。

当時、牧場内に、馬匹の飼養する小作人三戸を移して、開墾を行った。その小作人は、別に未開地の貸付を得たが、資金が乏しく、皆、一時的に、小作を行った。

小作の方法は、米、味噌を一ヶ年間貸付し、鍬下《くわした》（未開地を開墾して農地にする期間）三ヶ年である。

上歴舟原野・吉村重治郎の貸付地

明治三一（一八九八）年。三月、若狭国遠敷郡の人、吉村重治郎が、面積三九三、八〇〇余坪（約一三一・三ヘクタル）

の貸付を受けた。その土地は、歴舟川の右岸に位置し、草原地が多く、樹林地が少ない。土地は痩せている。小作人一戸を移住させ、穀類、豆類、蔬菜の試作を行った。

以上、記したように、農民は、自作、小作を問わず移住の日が浅く、余裕がある者は少ない。現在、主として、自家用の黍《きび》、馬鈴薯《ばれいしょ》、麦《むぎ》、大豆《だいず》などを耕作し、その内、大豆は多少販売する。また、農閑期《のうかんき》には燐寸製軸所に赴き労働し、あるいは、道路工事に雇われ、その賃金で生活を補っている。

漁　業

鮭《さけ》漁場、数ヵ所あるが、近年、漁獲量が少なく、収支が合わないので、皆、休業している。

馬

明治三一（一八九八）年。年末現在、馬三〇〇余頭。歴舟駅逓の遠藤文治は、土産馬二〇頭を所有している。まだ、牧場の設備がなく、夏期は、アエボシマ川と歴舟川との間の原野に放し、冬期は、ホロカヤントーの奥に放牧している。

遠藤文治は、近年、農民の増加に従い、自由に放牧することができなくなり、牧場地貸付の出願をした。石坂製軸所は、二九頭の馬を飼い、運搬用に使っている。茂寄《モヨロ》（広尾）村の川口トメは、馬二〇頭を飼養し、牧場がある。その設備未完であり、官有林に放牧している。

その他の農家は、一頭から数頭を飼養している者が、五〇余戸ある。

製造業

明治二十九（一八九六）年。燐寸《まっち》軸木製造所は、歴舟川河口から、約二〇町（約二・二キロメートル）の奥にある。石坂善七が着手し、以来、盛んに製軸を行った。現在、六馬力二分の蒸気機関を備え、皮剥機七台、台刻機一四台を備え付けている。

職工は、男四〇人、女八〇人、別に、伐木《ばつぼく》人夫四〇人を使用している。その賃金は、男一日平均六〇銭、女一日平均三〇銭である。

冬期間中は、蒸室を設けて製造する。したがって、これで、原料の白楊樹が凍結することなく、休業することがない。

明治三〇（一八九七）年。この年の操業、馬鈴薯の澱粉製造所が二ヵ所ある。一つは柴田伝兵衛の経営で、もう一つは来海宇平である。特に、柴田伝兵衛は水車を設け、器機二台を備え、一日平均六〇俵（一俵は五〇キログラム、三、〇〇〇キログラム）を砕き、五〇〇〇斤（三〇〇〇キログラム）を製造する装置である。同年、三〇、〇〇〇斤（一八トン）を製造し、これを大阪、新潟に移出した。

来海宇平は、手廻器一台を備え、七、〇〇〇斤（四・二トン）を製造し、函館に移出している。一斤（六〇〇グラム）の価格は、平均五銭六厘であるという。その原料は、付近の農家と特約し、一俵（五〇キログラム）を二二銭で購入するので、馬鈴薯の耕作者が割合多い。

明治三十一（一八九八）年。秋季、歴舟駅逓、遠藤某も、また、馬鈴薯澱粉製造の準備を行った。馬鈴薯の澱粉製造が著しい利益がなくても、現状では、地域の農産物を消流し、将来、益々、発達する傾向にあるからである。

明治三一（一八九八）年。燐寸軸木製造所は、一七、一五〇個を製造し、函館を経由して神戸に移出した。石坂製軸所は、その規模、生産額、ともに、十勝国の同業者の中で秀でているだけでなく、その製品も好評を得て、価格も上位を占めている。原料の白楊樹《はくようじゅ》（ポプラの一種、ドロノキなど）が減少しているので、今後、三年も経過したら、廃業しなければならないという。

商　業

小売商が数戸、石坂軸木製造所の中にある。酒、菓子、その他、多少の雑貨を置くだけで、農家は、大抵、茂寄（広尾）村に行き、日常、必要な物を購入する。

薪《しん》　炭《たん》

薪《まき》は、開墾地の伐木《ばつぼく》で、各自、燃料とするので、売買は行われない。炭竈《すみがま》が二個ある。一俵五貫目（一八・七五キロムグラ）入りの価格、三二銭である。

村の経済

明治三一（一八九八）年。当縁郡の各村連合村費の年度予算は、支出一、一三八円であり、内、教育費がその半分を占め、村医費がこれに次ぐ、その他は、衛生費、基本財産造成費、会議費など、僅かな額を占める。これに対する収入は、国庫補助金七二〇円、村民の賦課額は三六四円、他に雑収入五四円である。学校は、当時、教員を招請中で、開校していない。村医も、招請中である。

風俗・人情

兵庫県人が、最も多数を占めている。各集落の中の一つの勢力を保ち、その郷里の風俗を維持し、隣近所、お互いに親睦を図っている。

その他の農民も、まだ、故郷の風習を保っている。軸木製造所の職工などは、既に、一旦、本道に来て各地に往来した者が多いため、いわゆる、北海道風を帯びている。

生　活

明治二八（一八九五）年。この年より以前に移住した人々は、既に、普通の家屋を建て、あるいは、柾屋《まさや》に住んでいる。その他は大抵、茅屋《かやや》に住む。

食料は、黍《きび》、大麦《おおむぎ》を主として馬鈴薯《ばれいしょ》、玉蜀黍《とうもろこし》がこれに次ぎ、米食をする者は稀である。新しく移民した者の中には、米と麦とを混ぜて食べる者がある。食べるのに困る者もいないが、余裕のある者もいない。

当縁村《タウブチ》（豊頃、大樹）

地　理

南西は、大樹村、歴舟村の二村に交わり、北西の一帯が山、丘、及び、原野で、中川郡に接している。東北は、小丘で十勝郡の大津村、長臼村の両村に接し、南東は、海に面する。

地形は東西に長く、海岸線が七里（約二七・五㌖）以上ある。北方は丘陵が多く、次第に南方に傾斜して高原となる。海岸は湖沼の沿岸を除くと、海成段丘が連なり、その下は砂浜である。

当縁村の北部は、低い山嶺、丘陵が連なり、その西端にチホーマイワ山（高さ八四七尺・約二五六・六メートル）がある。

河川は、全部、北部の山、丘から発し、海に注ぐ。西方から順次掲載すると、アイボシマ川は小流で、河口付近に砂金を産出する。当縁川は、村内第一の大河で、サクウシュトーブイ川、コイカクシュトーブイ川などを合わせ、屈曲し南流して海に入る。その沿岸は湿地が多い。

オイカマナイ川は村の中部にあり、キムウントー川を合わせてオイカマナイトーに注ぐ。ユウントー川は同じくオイカマナイトーの沼に入る。チオブシ川は、シケレベカルチオブシ川と合わせて、チオブシ沼に注ぐ。その他、数多くの小川があり、その付近の川に入り、直接、海に注ぐ。

当縁村は、海岸に湖が多い。西南にあるホロカヤントーから、東に二〇余町（約二・二キロメートル）を隔てて、オイカマナイトーがある。

湧洞《ユウドウ》駅の東に、湧洞沼があり、その面積は四四三町歩（ヘクタール）である。その大きさは、各沼よりも一番大きい。その形は、中部が狭く南北に広く、すこぶる奇状をなしている。

チオブシ沼は、トーウンケシの西麓に位置し、その形は、長方形である。中に三つの小島がある。景色が良い。キムウントー沼は、湧洞駅の北の内部にある。河流は小沼になり、その東は、一つの小沼がある。

樹木は、高原乾燥地に、槲《かしわ》の疎林がある。楢《なら》、樺《かば》がある。下草は、茅《かや》（萱《かや》）、萩《はぎ》、笹《ささ》、草藤《くさふじ》、桔梗《ききょう》、蕨《わらび》、女郎花《おみなえし》（オミナエシ科の多年草、秋の七草のひとつ）、唐松草《からまつそう》（キンポウゲ科の多年草）などが繁茂している。

河岸には楡《にれ》、梻《しきみ》、ドスナラ、胡桃《くるみ》などを混生している。劉寄奴《りゅうきど》（キク科の多年草）、艾《よもぎ》が混じり、湿地には、葦《あし》、菅《すげ》、谷地坊主《やちぼうず》、観音蓮《かんのんはす》（水芭蕉《みずばしょう》）などがある。

原　野

当縁村は、面積が広く、原野が多い。下当縁原野は、村の南西に位置し、西は歴舟原野に接し、南東は海に面している。東はホロカヤントーに至る。北は上当縁原野に連なり、区画面積一二、八四〇、〇〇〇余坪（約四、二八〇㌶）、トーブイ川の下流には、湿地が多いが、肥沃な土地も多少ある。

上当縁原野は、下当縁原野の北西に位置し、面積は、一七、〇〇〇、〇〇〇万余坪（約五、六六六・七㌶）ある。概ね、乾燥した土地で肥沃な土地が少ない。その北西、サクウシュトープイ川の沿岸に、モイワ原野がある。オイカマナイ原野は、オイカマナイ川一帯の土地で、沿岸には泥炭性湿地がある。農耕を営むに足る土地が少ない。面積は三、四七〇、〇〇〇余坪（約一、一五六・七㌶）ある。

湧洞原野、チオブシ原野は共に、オイカマナイ川の河川にまたがり、湿地が多い。その面積は各二、〇〇〇、〇〇〇余坪（約六六六・七㌶）内外である。

当縁村は、概《おおむ》ね、低丘高原が連なり、萩《はぎ》、萱《かや》、笹《ささ》、草藤《くさふじ》、その他の雑草が繁茂し、特に、冬期は積雪の量も多くない。例年、平均二尺（約六〇㌢）内外であるので、牧場地として良い。

運輸・交通

国道は、沿岸の砂浜、高台を通る。オイカマナイ、湧洞、チオブシなどの各沼は、海の波のため、砂提を築き、平時は塞《ふさ》がっている。暴雨になれば沼の水が増え、沼が海に開口する。その時は、舟でなければ渡ることができないので、官渡船を設けて交通の便を図っている。

その他の小川には、まだ、橋がない。湧洞に駅逓を設けてあり、人馬の引継ぎを行っている。駅逓から大津港へ四里一〇町（一六・八キロメートル）、歴舟駅へ四里一五町（一七・三キロメートル）である。

沿革

昔、当縁に止宿所、番家を設け、アイボシマ、オンネナイの両地に、小休所を置いたという。

明治一三（一八八〇）年。渡島国の佐藤嘉兵衛が、日高国の庶野村から転住し、旅舎を始めた。

明治一五（一八八二）年。四月、湧洞郵便局を設けた。

明治一九（一八八六）年。晩成社員の依田勉三が、オイカマナイで牧場を開き、小作人数戸を移住させた。

明治二〇（一八八七）年。郵便局を廃止。次いで駅逓を置く。

明治二四（一八九一）年。山形県人の渡部鉄之助が、砂金採取の目的で移住した。

明治二七（一八九四）年。群馬県人の岡田新三郎が、忠類《チユウルイ》に移住して開墾を始めた。

明治二九（一八九六）年。滋賀県人が一三戸、下当縁原野に移住した。

明治三〇（一八九七）年。今年から、区画地の貸付があり、兵庫県人の池本某《なにがし》、新潟県人の田中某《なにがし》などが、各数一〇〇、〇〇〇坪（三三・三ヘクタール以上）の貸付を受けた。団体移住、単独移住などが開墾に従事し、人や畑が増加している。

戸数・人口

明治三一(一八九八)年。末現在、戸数八二戸、人口三一二人。和歌山県人が最も多く、滋賀県人がこれに次ぐ。その他、千葉県人、群馬県人などの各県人である。アイヌは、二戸だけである。

集　落

当縁原野の珠玖農場に二一戸。その北西の田中清助の貸付地に七戸。その外、軸木製造所、及び、澱粉製造所の建物がある。

モイワ原野には、数戸ある。オイカマナイ原野には、依田勉三の小作人数戸と単独農民一〇余戸が居住している。湧洞原野には、和歌山県人が二五戸、他に数戸ある。チオブシ原野には、現在、六戸の移民がいる。

農　業

明治一九(一八八六)年。当縁村の農業は、晩成社員、依田勉三ほか二戸が移住して、農牧に着手したのに始まる。

明治二七、二八(一八九四、五)年。この頃、群馬県人、岡田新三郎、滋賀県人、森中栄助などが来て開墾を行う。

明治二九(一八九六)年。この年から移民が多くなり、今や原野の各所において開墾が見られる。

下当縁原野・珠玖清左衛門の貸付地

明治二八(一八九五)年。滋賀県人の珠玖清左衛門は、森中某を派遣して、土地を選定させ、原野で穀類、豆類を試作させた。その生育が良好であったことから、郷里の小作人を移住させ、開墾させた。

小作人を甲と乙の二種類に分け、甲は貸費（費用を貸し付ける）とし、乙は給費（費用を与える）とした。貸費の者には、三〇、〇〇〇坪（一〇ヘクタル）、給費の者には、一五、〇〇〇坪（五ヘクタル）を配当した。

五ヶ年間で開墾し、全部、成功した後、二分（二〇パーセント）は道路、排水などの開削費として、珠玖清左衛門の所有とした。二分（二〇パーセント）は、開墾費相当の代価で買い上げ、六分（六〇パーセント）は、小作人の所得とする契約である。

小作人は、各自所有の財産を売却し、一戸平均、二百円のお金を珠玖清左衛門に、年利五分（五パーセント）で預け、米、味噌は二ヶ年間、小作人の請求に応じて、珠玖清左衛門から仕入れするなどの契約を定めた。

明治二九（一八九六）年。五月、一三戸が移住し、草原地を選び、プラオ、ハローで各数町歩（数ヘクタル）を開墾した。珠玖清左衛門は、まだ、土地貸付の手続きをしていなかった。

明治二九（一八九六）年。土地整理処分の時、一三戸の小作人は、無願開墾者として処分された。当時、出張の調査員（支庁）は、その成績、及び、財産などわずかで、特に、小作者とみなさず、普通の移民として取扱い、それなりの面積を貸付ようとした。

小作者は、故郷の珠玖清左衛門の小作人であり、移住に際して契約があり、小作人一同は恩義もあり、調査員（支庁）の勧告を辞退したという。

明治三〇（一八九七）年。更に、八戸の移住があった。この小作人たちも、同じく、また、一戸三〇円から一〇〇円内外を珠玖清左衛門に預けたという。同年、珠玖清左衛門が自ら来て、先の契約を変更して、開墾後は二分の一を給与しようとしたところ、小作人は感情を害し、一時、紛糾《ふんきゅう》した。結局、開墾料を給せず、十分の七を小作人の所得とし、十分の三を珠玖清左衛門の所得としたことにより、事は決着した。当時、小作一戸が退場した。

小作人は大抵、馬を購買し、プラオ、ハローで一戸平均、五町歩（ヘクタール）以上七、八町歩（ヘクタール）を開墾し、その成績は非常に良い。

小作料は、鍬下年期《くわしたねんき》（年貢を免除する期間）二年を与え、分与する反別を控除し、三年目から収穫物の十分の一から十分の三を徴収するはずである。

小作人との契約書によると、地主は道路、排水の開削、橋梁の架設、事務所、共同倉庫、学校、病院、社寺などの建築を行う。小作人は、それぞれその土地で安心して生活し、農業に不便なことがあれば、農場管理の広尾郡茂寄村の須田某に託す。まだ、事務所の建設ができていないので、小作人が協力して柾屋《まさや》を建築し、事務所にした。

排水溝の開削は、最も急務で、すでに、開墾地で開削する土地がなく、小作が請求する小さな工事を施す。小作人が自費で設けた小排水もある。

明治三一（一八九八）年。五月、貸付面積は、一、〇一〇、〇〇〇余坪（約三三六・七ヘクタール）である。その土地は、当縁川の両岸にまたがり、概ね、肥沃であるが、湿地が半分を占め、排水の後でなければ、農耕を営むことは難しい。

珠玖清左衛門は、小作人と共同して、澱粉製造を行うため、水車を設け、製造所の建築に着手した。

下当縁原野・田中清助の貸付地

明治三〇（一八九七）年。新潟県人の田中清助が貸付を受ける。その土地は、珠玖農場の北西に位置し、当縁川にまたがり、土地が肥沃で、樹林地、草原地が混じり、面積は二三〇、〇〇〇余坪（約七六・七㌶）ある。同年、小作人、七戸を新潟県から移住させた。

小作人との契約は、一戸につき、一五、〇〇〇坪（五㌶）を配当し、渡航費、小屋掛料、食費、種子料、農具費として、一戸当たり一一七円五〇銭を支給し、プラオ、ハローは、特に、無賃とし、三ヶ年間、各戸に貸付けた。

開墾が全部成功した後は、十分の三の土地を給与し、小作料は、初年から三年間、収穫物の十分の二分五厘（二五パーセント）を徴収し、四年目から一反歩（一〇㌃）に付き、大豆、稲、黍、大麦のうち、精製品二斗（三〇㌕）を標準として、徴収することに定めた。

現在、小作人は、一戸当たり平均、二町五反余歩（二・五㌶）の開墾地があり、成績が良い。馬は地主が一四頭を飼養して、小作人に貸付している。管理人の鈴木某は、熱心、親切、誠実で、小作人がよく従う。

モイワ原野

明治二七（一八九四）年。四月、岡田新三郎ほか三戸が移住した。シロカカリープイ川、チウルイトープイ川の合流付近で、肥沃な土地を選び、無願開墾を行った。

明治二九（一八九六）年。区画地整理の時、すでに、開墾した土地は六町歩（㌶）、馬を二〇頭飼養していた。現在、貸付区画数一〇余、農民が数戸あり、開墾、耕種に従事している。

オイカマナイ原野・晩成社の農業地

明治一九（一八八六）年。晩成社員の依田勉三が、牧場を開設すると、社員二戸を移し、牧草、穀類、豆類の播種を行った。その後、耕地を増やした。

明治二一（一八八八）年。試しに藍《あい》（タデ科の植物、染め物に使う）作を行い、製藍所を建て、製藍を行った。その結果、思わしくなく廃止した。

明治二四、二五（一八九一、二）年。五戸の小作人がいたが、現在、三戸に減った。付与地が四〇町歩（ヘクタル）あり、その内、自作地二〇余町歩（ヘクタル）は、雇人が牧草を播種し、その外の土地は、小作人に貸している。小作の方法は、特に規定がなく、牧草を播種して、これを相当の価格で買い上げ、小作料とした。

明治三二（一八九九）年。この年以後、小作人が開墾した土地の半分を与え、その他は、協議して小作料を徴収する見込みであるという。

オイカマナイ原野・単独農民

明治三〇（一八九七）年。移住した単独農民が数戸ある。各一五、〇〇〇坪（五ヘクタル）の貸付を受けて、プラオ、ハローで開墾し、その内、四戸が、全土地を開墾して成功している。

明治三一（一八九八）年。約一〇戸の単独農民が、それぞれ開墾に従事している。

オイカマナイ原野・池本国平・境徳三郎の貸付地

明治三〇（一八九七）年。兵庫県人の池本国平、堺徳三郎の二人が共同して、土地五一〇、〇〇〇坪（一七〇

㌶）の貸付を受けた。その土地は、前記の単独農民の貸付地に接し、草原地、樹林地が混じる。

明治三一（一八九八）年。小作二戸を移し、また、付近の単独農民に開墾させた。その小作方法は、全土地の開墾が成功した後、土地の半分を与え、その外は、一切、保護がない。資金を投入したが、小作人の不足により、事業の見るものがない。

湧洞《ユウドウ》原野・単独農民

明治三〇（一八九七）年。和歌山県人の山本繁次郎が主唱者となり、同県人、二〇余戸と共に移住し、開墾に着手した。この年は、農業の状況が悪く、特に、資金のない者が多く、越年に際して非常な困難に陥った。このため、大津村の石黒林太郎の原野、官有林の白楊樹を払下げてもらい、伐採を請負い、その難境《なんきょう》をしのいだ。

当時、自ら開墾中の土地は、各戸平均、一町歩（㌶）以上である。その他、宮城県、福島県などの単独移民が数戸あり、プラオ、ハローを持っている者は、一戸だけである。

チオブシ原野・千葉県人の団体

明治三〇（一八九七）年。一月、千葉県人の津田禎二郎ほか三八名は、団体移民の目的で、土地の貸付を出願した。同年五月、面積六五〇、〇〇〇余坪（約二一六・七㌶）の予定存置を受けた。

その土地は、チオブシ川の両岸をまたぎ、沿岸は肥沃で直ちに農耕を営むことができた。その外は、草原、湿地が多く、排水を行う必要がある。

同年、秋季、一〇戸の移住があった。資金に余裕がなく、直ちに開墾を行うことができなかったので、他に出て、伐木業を行い、あるいは、雇われ、ほとんどが離散した。

明治三一（一八九八）年。千葉県から六戸の移住がある。各一町歩（ヘクタル）内外を開墾した。同年末、臨検調査が行われ、団体移民と認められず、移住戸数も少ないので、先の指令を取消し、個人の貸付となった。

以上、各原野における移民は、今なお開墾中で、自家の食料となる、黍、麦、馬鈴薯などを耕作し、まだ、販売用の作物を栽培するに至っていない。

珠玖清左衛門の貸付地の者は、澱粉製造のため馬鈴薯を栽培している。当縁牧場内の小作人、及び、その付近の単独農民は、牧草の播種を主として行う状況で、多少、その趣を異にする。

また、秋季は秣《まぐさ》（牛馬のエサ、イネ科の食物）株を刈り、これを当縁牧場、佐藤嘉兵衛に販売し、冬期は出て、伐木《ばつぼく》に雇われ生計を補っている。

牧畜

当縁村は、いたるところ高原地に富み、笹、雑草が良く繁茂し、また、水流の便が良い。大津、茂寄などの馬を自由に官有林、原野に放牧している。今なお、多少、放牧をしているのを見る。

明治一九(一八八六)年。晩成社員の依田勉三が牧場を始めた。以来、熱心にその経営に従事して一〇余年、発展、進歩して、その家畜は十勝国の中で最も多い。

明治三一（一八九八）年。湧洞《ユウドウ》駅逓の佐藤嘉兵衛、大津村の堺千代吉など、各牧場地の貸付を受けて、その経営に着手した。

その概況を左に記す。

当縁牧場

明治一九（一八八六）年。晩成社は、湧洞に牧場地を出願し、その社員の依田勉三、二戸の農民と共に移住して、牧畜を計画した。これが当縁牧場の始まりである。この年の八月、牡《おす》牛四頭、牝《めす》牛一〇頭を陸奥国（青森県、岩手県、宮城県、福島県）から購入した。

当時、この地方では、まだ、牧牛を試みた者がなく、その結果が心配されたが、幸いに、その経過は良かった。

明治二一（一八八八）年。九月、陸奥国から、牝《めす》牛四〇頭と土産馬五頭を購入した。また、官から種牛一頭を借りて繁殖を図った。

明治二二（一八八九）年。四月、牝《めす》牛、母子二〇余頭が斃《へい》死《し》する。この原因は、飼養の不熟練と、新たに購入した牛が、寒さに慣れなかったためである。

明治二三（一八九〇）年。土産馬一一頭を購入し、牧場地五〇〇、〇〇〇余坪（約一六六・七㌶）、畑地一〇〇、〇〇〇余坪（約三三・三㌶）の貸付を受けた。同年五月、住宅、畜舎、倉庫、小屋など合わせて、七棟が火災にあった。

明治二四（一八九一）年。八月、官有の貸付種牛、ハイグレート一頭が病死した。この年、牛馬が繁殖して、放牧地が狭くなったため、同年一一月、ホクカヤニで、二、〇〇〇、〇〇〇坪（約六六六・七㌶）の貸付を出願する。

明治二六（一八九三）年。四月、耕地四〇余町歩（㌶）の払下げを受け、また、官有の種牛一頭を借りる。牛は大いに繁殖し、三三〇頭に増加した。冬期、日高国の幌泉に送り、放牧したところ、積雪深く、そのために、七〇頭の牛を斃死させた。

明治二八（一八九五）年。一一月、以前、出願していたホクカヤニの土地、一、四〇〇、〇〇〇余坪（約四六六・七ヘクタール）の貸付が許可される。

さらに、オイカマナイ原野を引き続き出願した。現在、放牧地二、〇七〇、〇〇〇余坪（約六九〇ヘクタール）、牧草畑一二八、〇〇〇余坪（約四二・七ヘクタール）、普通畑三〇、〇〇〇余坪（約一〇ヘクタール）、合計二、二二八、〇〇〇余坪（約七四二・七ヘクタール）ある。

土地は、オイカマナイトーの西部から北方に延長し、水草に富み、槲《かしわ》の疎林を交え、牧畜に適する。海岸には、土塁を五〇〇間（九〇〇メートル）築き、北東一、五〇〇間（二、七〇〇メートル）の木柵を設け、牛馬ともに、夏期は牧場の内外に放牧し、冬期は、例年、牛は、一二月から翌年四月まで、舎飼し、牧草、燕麦《えんばく》、玉蜀黍《とうもろこし》などを混ぜて与える。馬は、内部の積雪の少ない土地を選んで、放牧する。時々、番人が見回りをする。

牧草畑二三町歩（ヘクタール）あり、草種は、チモシーを主として、レットトップ、オーチャードグラスである。馬は、現在、繁殖を主として多く販売していない。わずかに、地方の農民の需要に応ずるだけである。牛は、函館に移出して販売するが、商業の経験が乏しく、函館商人の左右するところとなり、収支が報われない。

明治三〇（一八九七）年。この年の末、函館の店を閉店し、以後、委託して販売することにした。従来、平均、一頭の価格は三〇円内外という。同年に、販売した牛の頭数は、一三〇頭で、一頭平均二二円、合計金額二、八六〇円である。支出金額は、一、五〇〇円で、収支差引一、三六〇円の利益である。

当縁牧場が創業以来、投入した資本総額二三、〇〇〇円である。、販売した牛の数は、合計約三五〇頭、価格七、〇〇〇円。馬は、五〇頭を販売し、その価格は一、二〇〇円である。

明治三一（一八九八）年。九月現在、牛は、二六七頭。その種類は、ハイグレート、アイシャ、雑種である。南部種の混じる馬は、一三一頭である。土産、及び、南部種である。

当縁牧場は、失敗を重ねながらも、今や、基礎が強固で独立経営により、利益を得るに至り、将来に向かって着々と改良、繁殖を図りつつある。

佐藤嘉兵衛の貸付地

明治三一（一八九八）年。湧洞駅逓、佐藤嘉兵衛は、牧場の目的で、五六〇、〇〇〇坪（約一八六・七㌶）の貸付を受けた。その土地は、湧洞沼の西に位置し、丘陵にまたがり、槲《かしわ》の疎林、雑草が繁茂し、牧場として利用できる。

同年、牧舎、牧柵などの建設に着手した。佐藤嘉兵衛は、初め土産馬を飼い、放牧を主とした。次いで駅逓を兼ね官林内に、放牧。放牧中、自由に交尾して繁殖した。明治二五（一八九二）年以降は、年々、二、三〇頭の販売を行った。

明治三一（一八九八）年。八月現在、土産種、南部種合わせて、一四三頭いる。また、牛は、明治一五、一六（一八八二、三）年に、岩手県人が引き連れてきた、幼牛二頭を買い求め、原野に放牧したところ、当縁牧場の牛と交尾《こうび》し、しだいに、繁殖して、現在、アイシャの雑種二〇頭である。

境千代吉の貸付地

明治三〇（一八九七）年。十勝郡大津村、境千代吉は、チオブシ原野の土地、三二〇、〇〇〇坪（約一〇六・七㌶）

の貸付を受けた。その土地は、チオブシ川の上流に位置し、北東は、丘陵に接し湿地が多い。

明治三一（一八九八）年。農民三戸を移し、開墾の傍ら、排水溝の開削に着手した。現在、乗用雑種馬二六頭、農用馬、土産馬、合計六〇余頭を飼っている。貸付地、官林内に放牧している。

製造業

明治三一（一八九八）年。六月、広尾郡茂寄村の富山幸利は、楽古製軸所の分場をトーブイ川の支流、コイカクシュトーブイ川の沿岸に設けた。事務所、工場など数棟を建て、皮剥《かわはぎ》二台を据え、職工男女三八人を使役し、軸木の製造に着手した。

原料は、コイカクシュトーブト川上流の沿岸地、原野にある払下げを受けた白楊樹である。約七ヶ年間、継続の見込みである。

木材は川流しを行い、軸木は、馬の背によって艜舟に搬出する。同年の製造高は四五〇個、函館を経て、神戸に移出している。

馬鈴薯澱粉製造

明治三一（一八九八）年。六月、珠玖清左衛門は、小作人と共同して、澱粉製造所を建築した。

水車を用いて器機の運転を行い、一日一〇〇俵（五トン）の澱粉を製造する計画で、小作人と契約して、三〇町歩（ヘクタール）の馬鈴薯を作付けした。ところが、九月に水害があり、馬鈴薯の多くが腐敗し、十分に製造することができなかった。将来は、発展する見込みがある。

漁業

明治三一（一八九八）年。鮭《さけ》漁業の建網四統（統は、魚を捕獲する網の一セットを一統という）がある。

鉱物

アイボシマ川の沿岸、河口付近の海岸一帯の土地に砂金が含まれ、昔から産出するので、明治五、六（一八七二、三）年に、榎本武揚《えのもとたけあき》（天保七年・一八三六年～明治四一年・一九〇八年・幕臣・海軍中将）が、当地において砂金を採取したという。

明治二四（一八九一）年。山形県人の渡部鉄之助が来て、砂金採取の許可を受けて、アイボシマ川の河口を中心に海岸の砂浜、北東、南西各一、〇〇〇余間（一、八〇〇メートル）、幅二〇間（三六メートル）の土地を借り受けた。毎年、五月以降一一月まで、人夫、六、七人を雇い、砂金採取を行った。毎年、三五〇匁（一、三一二・五グラム）から四〇〇匁（一、五〇〇グラム）を採取したという。

また、渡部鉄之助は、当縁川の海浜砂鉄を含有する鉱区の許可を得たが、まだ、着手していない。

風俗・人情・生活

各原野の農民は、移住の日が浅く、まだ、郷里の風習を脱せず、茅屋《かやや》に住居している。開墾、耕種の余暇があるときは、伐木《ばつぼく》の雇いになり、あるいは、秣《まぐさ》（牛、馬のエサ）を刈り、生計を補っている。

十勝郡

地　理

南西は丘陵、当縁郡に接し、西北一帯は低山脈と浦幌原野、及び、十勝川で中川郡に接する。北東は、直別川、及び、その水源に連なる山脈で、釧路国白糠郡に接する。南東一帯は、海に面している。

地形は、東西に狭く、六里二五町（二六・三キロメートル）。南北に長く、一四里八町（五五・九キロメートル）。面積四九方里余（七五四・六平方キロメートル、一方里は約一五・四平方キロメートル）である。

十勝郡の地勢、北東から南東は、山嶺、丘陵が重なっているが高峻はない。オウコッペ山は、海浜のオウコッペ川の水源であり、その北に、アプナイ山がある。その高さはいずれも、一、〇〇〇尺（三〇三メートル）以下で、北東、白糠郡の堺に接し、その高さを増し、一、〇〇〇尺（三〇三メートル）から二、〇〇〇尺（六〇六メートル）である。また、西方、中川郡の堺の丘陵は、高さ一、〇〇〇尺（三〇三メートル）以上に出るのはわずかで、北西、セタライ川の水源と浦幌川の水源にあるだけである。

十勝川は、中川郡から流れ、鼈奴《ベツチャロ》（浦幌）村で二つに分かれ、一つは大津川となり、南下して大津《オホツ》（豊頃）村に至り、海に注ぐ。もう一つは、十勝川の本流で、東南東に流れ、十勝（浦幌）村に至り海に注ぐ。

シタコロベ川の源は、西部の丘陵の間から流れ、多くの小川を集め南流して浦幌川に入る。浦幌川の源は、北方、中川郡の堺の山脈から流れ、無数の小川を集め、延々と屈曲、南流して十勝川に注ぐ。

カパルフプ川、ニシヨ川、セタライ川、ルシン川、トコムオロ川、シツナイ川など、その支流は益々大き

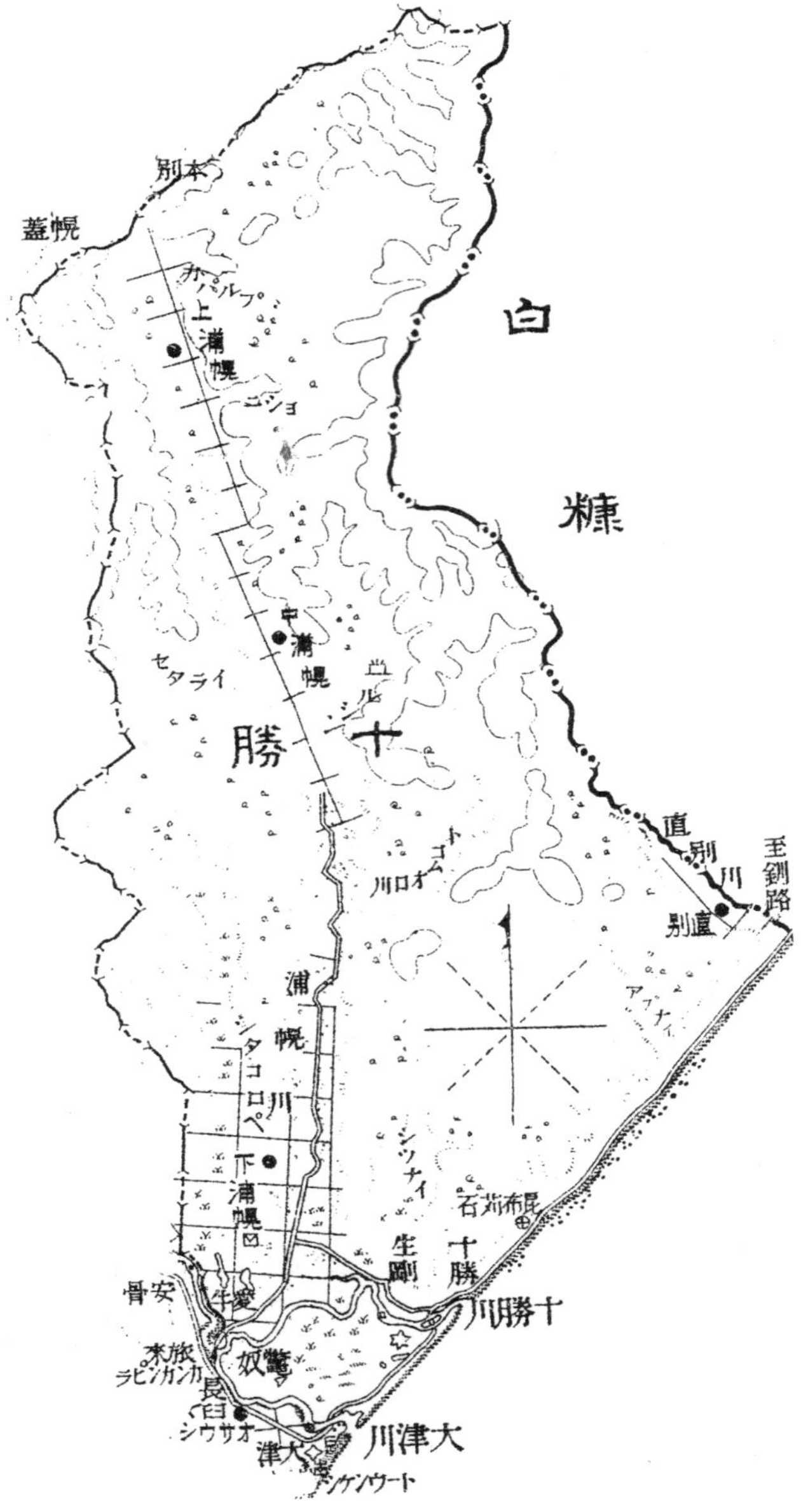

図４　十勝郡

い。その他、東部の海岸には、小川が多い。十勝川、大津川、浦幌川は、水量が多く、穏やかに流れ、舟の交通がある。

十勝川、大津川の両大河の間は、三角州となり、地勢は開け、浦幌川、シタコロベ川の沿岸、また、細長く平地がある。

長臼原野は大津川の西南にあり、下浦幌原野は十勝川の北に位置し、浦幌川、シタコロベ川の下流にまたがり、中川郡の豊頃原野に連なる。面積は最も広い。その北に細長い中浦幌原野がある。上浦幌原野は、その北に位置し、地勢は、わずかに高く、土地は肥沃なところが少ない。

直別原野は、釧路国白糠郡にまたがり、直別川以西は、十勝郡に属する。

以上の各原野は、明治二五（一八九二）年、二九（一八九六）年、三〇（一八九七）年の三ヶ年に、順次、区画割りを行い、貸付を許可した。その区画面積の合計は、約二二、〇〇〇、〇〇〇余坪（約七、三三三・三ヘクタール）である。

海岸線は七里（二七・五キロメートル）にわたり、十勝川の以西は平坦で、狭い砂丘が連続している。十勝川以東の丘陵の端は、河岸段丘をなして連なり、その下は、狭い砂浜である。昆布刈石《こぶかりいし》には岩礁がある。

各原野の湿地には、蘆《あし》が生え赤楊《あかやなぎ》（ハンノキ）の樹林がところどころにある。浦幌川沿岸の土地には、楡《にれ》、梻《しきみ》、柳《やなぎ》の大樹が多い。胡桃《くるみ》、イヌエンジュ、桂《かつら》、槭《しゆく》（モミジ、カエデなど）、ドスナラ、小桃《こもも》（小さなもも）なども交える。

丘には槲《かしわ》が多く、楢《なら》がこれに次ぐ。針葉樹は、白糠郡の堺の山脈に生育繁茂し、地域の用材の供給地となっている。

十勝郡の東南一帯は、海に面している。海岸地方は、海上気象の影響を受け、夏期は海霧の襲来がある。釧路国と比較すると、稀薄であり、内部の原野にまで、その影響を及ぼすことは少ない。特に、下浦幌原野の中部以北は、東と西とに低い山脈が連なり、風害、霧害を避け、気象が温暖で、穀類、豆類がよく成熟する。

初霜は、例年、一〇月上旬で、まれに、九月下旬になることがある。終霜は、例年、五月下旬である。

雪は、一一月中旬に降り始め、二月から三月の積雪量が最も多く、平均二尺（六〇㌢）におよび、時には、三尺（九〇㌢）になることがあるという。

十勝川、大津川の両川は、例年、一二月中旬頃には、全面、結氷し、翌年三月中旬に融解する。人馬と共に、氷上を往来して橇《そり》を曳《ひ》き、結氷は運輸を助ける。南東の暴風は、九月一〇日頃に多く、航海者は、常に、危険を伴う。一一月から翌年一月までは、晴天が多い。したがって、航海は安全である。

流氷は、三月中旬から四月中旬まで、海上に漂流することがある。、陸に近づくことは稀である。

運輸、交通、海上の海運は、最も不便を極める、大津港は港湾の形がない。ただ、一帯の砂浜、南西から北東につらなるだけで、風波を遮《さえぎ》る自然物がない。波静かな日に、大津川河口に船舶を停泊させ、小船で乗客、貨物を運ぶ。そのため、風波の強い日は、錨《いかり》を降ろした船舶も、直ちに広尾港や釧路港に避難するのが常となっている。函館港まで、海路一八五浬《かいり》（約三四三キロメートル・一海里《かいり》は一八五二メートル）である。

明治三〇（一八九七）年。この年以来、道庁は函館、大津間の航海船に三、〇〇〇円の補助金を与えて定期航海の便を図った。特に、移住民の証明がある者には、乗船、貨物の運賃を五割減として取り扱った。従って、同年から移住民、その他、商人、旅客のために便宜を与えた。また、時々、不定期便があり、寄港して乗客、貨物の搭載をする。

陸路は、大津から帯広の間の一三里(五一・一キロメートル)の道があり、馬車を通し、内陸の各村に至る道路である。また、海岸の道路は、西の広尾港に至る。東の釧路港に通じる道路は、国道線路で海岸の砂浜、あるいは、高台の道路で、ほとんど道路の形跡がないといえども人馬を通す。

十勝郡は、大津市街と五ヵ村がある。大津《オホツ》（豊頃）村は、大津川河口の右岸にある。長臼《ヲサウス》（豊頃）村は、その北西に位置する。その北東の大津川を隔て、鼈奴《ベッチャロ》（浦幌）村がある。生剛《オヘコハシ》（浦幌）村は、十勝川の東北に位置し、浦幌、シタコロベの両川の沿岸流域にまたがり、その面積は広い。愛牛《アイニウシ》（浦幌）村は、その西にある一つの小さな村である。十勝村は、十勝川の東岸から釧路国白糠郡に連なり、南は海に面する。

沿革

十勝郡は、以前、十勝場所に属し、大津に番屋を設けた。文化二(一八〇五)年、昆布刈石《こぶかりいし》付近の道路が険しく、新道を開いた。

安政（一八五四〜一八五九）年以後、仙台藩支配の時、十勝川河口の東に道路を開き、往来の便宜を図る。

明治二（一八六九）年。静岡藩の支配となる。役所を大津に設ける。

明治四（一八七一）年。八月、静岡藩の支配を廃止し、開拓使に属する。

明治一三（一八八〇）年。十勝組合の時は、すべての産物の販売を独占し、組合以外の者が来て営業をするのを禁じていた。その十勝組合が解散した。このため、自由に営業ができ、和人、アイヌと共に、漁場を共有することができた。

当時、十勝国は、鹿の繁殖が最も多く、また、大津川、十勝川の鮭漁は、世の中の人々が注目した。このため、狩猟、漁業の目的で往来する者が多い。

明治一三（一八八〇）年。十勝、中川、河西、河東、上川の五郡、各村戸長役場を大津村に設ける。

明治一四（一八八一）年。大津は一躍にして一〇〇余戸となる。

明治一五（一八八二）年。春期、大雪のため、鹿の斃死が非常に多く、狩猟者が少なくなり、大津市街は、前日の景気を失った。

明治一八（一八八五）年。札幌県は官吏員を派遣して、アイヌ民族に農業の指導を行う。

明治二五、二六（一八九二、三）年。大津から芽室の間に、道路の開削工事を始め、内陸の原野と交通の便を図る。

明治二九（一八九六）年。内陸の原野の貸付が始まる。各府県から移住して開墾に従事する。したがって、大津は繁栄し、その他の各村も移民が増加した。

明治三一（一八九八）年。年末現在、戸数五八六戸、人口二、二三五人。

重要産物

明治二五（一八九二）年。燐寸《まっち》軸木の製造を大津村の某が始めたが、その後、石黒林太郎が継承して、年々、多額の産出がある。

十勝川、大津川の鮭は、釧路川の鮭と共に、その形、大きく、昔から有名で、生産額も巨額であるが、近年、川、海とも、その生産額が減少の傾向にある。

明治三一（一八九八）年。水産製品には、塩一、二一六石（約一八二・四トン）、鮭筋子《さけ》六、八四二貫（約二五・七トン）、鯡搾粕《にしんしぼりかす》四一一石（六一・七ｔ）、鱒《ます》八〇石（一二ｔ）、その他、雑魚粕がある。陸の生産物は、各原野が開墾中のため、まだ、多額に生産していないが、大豆は、その生産額の主なもので、将来、大いに移出を増加できる。

明治三一（一八九八）年。燐寸軸木を六、九七七個を製造し、函館を経由して神戸に移出した。同年、更に、製造所を着手しようとしているが、原料の白楊樹《はくようじゅ》（ポプラの一種、ドロノキなど）が、年々、減少しているので、長く操業を持続することができない。

馬鈴薯の澱粉製造は、生剛村に数戸ある。その規模は、いずれも小さく、生産は多くないが、将来は、発展の見込みがある。

概　況

大津市街は、大津川河口の西岸に位置し、内陸の各村落と海運で連絡を行い、要衝となっている。市街地は商家、漁家が連なり、十勝国の重要な地である。十勝全郡、中川郡、一五ヵ村の戸長役場、警察分署、病院、小学校、郵便電信局、漁業組合事務所、社寺など、全部、この地にある。

長臼《ヲサウス》（豊頃）村は、大津市街の北西にあり、泥炭性湿地が多く、農業を営《いとな》める土地も少なく、住民も少ない。生剛《オヘコハシ》（浦幌）村は、十勝川の北東にあり、面積が広く、土地が肥沃である。岐阜殖民合資会社、土田鎌吉、熊谷泰造などの大農場があり、多数の小作人を移住させた。

また、単独移民、約八〇余戸あり、盛んに開墾に従事している。将来、一大農村になることは疑いない。

鼈奴《ベツチヤロ》（浦幌）村は、当時、和人一戸、居住しているだけであるが、すでに、アイヌの給与地を設け、十勝

（浦幌）村、生剛《オヘコハシ》（浦幌）村、愛牛《アイニウシ》（浦幌）村、各村のアイヌを移す計画があり、将来、アイヌの村落となる。また、アイヌは、生剛村に最も多く、愛牛村、十勝村、大津村がこれに次ぐ。

十勝村は、十勝川の北岸から釧路国白糠郡に至る海岸一帯の土地である。平地は少なく、農耕地が乏しい。昆布刈石《こぶかりいし》の付近の丘陵は、笹、その他、雑草の生長が良い。冬期は積雪が浅く、馬牛の放牧が盛んである。全郡の中で、既墾地の最も多いのは、生剛村で、数一〇〇町歩（ヘクタール）に達している。早く移住した単独移民の中には、五町歩（ヘクタール）内外の耕作をする者がいる。

草原地は、大抵、プラオ、ハローを用い、開墾を盛んに行っている。他の各村は、開墾が進んでいない。多いのは、三町歩（ヘクタール）以上の耕作をする者がいるが、普通は、七、八反歩（七、八〇アール）である。主な農作物は、黒大豆《くろだいず》であり、稲黍《いなきび》、蕎麦《そば》、裸麦《はだかむぎ》、玉蜀黍《とうもろこし》、馬鈴薯《ばれいしょ》、菜豆《さいとう》などがこれに次ぐ。漁業家に有力な者が少ない。函館の忠谷某は最も多く漁場を持ち、これに次ぐのは、大津村の熊谷泰造、藤原二男治、堺千代吉などである。各鮭の建網《たてあみ》、曳網《ひきあみ》、各数統、鰊《にしん》の建網数統を持ち、自ら営業し、あるいは、賃貸を行っている。その賃貸は、一漁場一〇〇円から三〇〇円ぐらいの間である。

営業者は皆、資金を函館に仰ぎ、営業する。すでに述べたように、海岸一帯は砂浜で、出入りなく、波は常に高く、漁場に乏しい。好漁場は、大津川と十勝川下流の曳網場である。

明治三一（一八九八）年。十勝郡全郡、鰊の建網五統、曳網一統、鮭の建網八統、曳網一五統、鱒の建網一統、曳網一統、雑漁船一一隻である。

十勝川、大津川の両川は、共に、鮭《さけ》、鱒《ます》の遡上が、近年、著しく減少しているので、漁業者の中には、休業する者が多い。

また、鯡《にしん》は、例年、その漁獲量は多くない。昆布は、昆布刈石の海中に、岩礁が点々と散在しているが、昆布の繁茂する区域が狭く、生産が少ない。その他の雑魚は、海中に溝となる適当な場所がなく、その漁は発展しないという。

十勝郡の馬は、九七一頭。その主な所有者は、大津村の熊谷泰造、堺千代吉、生剛《オヘコハシ》村の西田幸次郎、渡辺某など、七〇頭から一〇〇頭以上を飼養している。その他、一〇頭以上、五、六〇頭を飼養する者が、一〇数名いる。土産馬が最も多く、雑種がこれに次ぐ。

牛は、十勝郡で、三三七頭飼養されている。大津村の熊谷泰造、猪俣由太郎は、それぞれ、八、九〇頭を飼養。その他、一〇頭から四〇頭を飼養している者が数名いる。

馬、牛を多く飼養している者は、大抵、放牧地の貸付があるが、その設備は不完全である。放牧地がなくても、数一〇頭の馬を飼養している者もいる。

熊谷泰造、西田幸次郎、猪俣由太郎などは、常に十勝川、大津川の両川間の三角洲に放牧し、その他の者も放牧する。また、付近の官林原野に放牧している。多数の牛馬が飼養されているが、その牧場（施設）は一つもなく、牛馬の改良をする者もいない。

十勝郡の大部分は、農業により生活を行い、その次は、商業、漁業、軸木製造所の雇人夫などである。鯡、鮭の建網、曳網業は、少数であり、その漁場も、多くないので、漁業だけで生活を営む者は少ない。

商業、漁業、共に函館の商人から必要な物を買い入れ、営業を行う。単独移住の農民は、大津市街の商家から必要な物を買い入れ、営農に従事する者が多い。

大津《オホツ》村（豊頃）

地理

大津村の西は丘陵、当縁郡当縁《タウブチ》（大樹・豊頃）村に接し、北西は長臼《ヲサウス》（豊頃）村に接する。東北は、大津川にまたがり、北は、鼈奴《ベツチャロ》（浦幌）村に接している。北東は、生剛《オヘコハシ》（浦幌）村、十勝（浦幌）村に接している。南東は、海に面している。

大津川は長臼村、鼈奴村の両村の堺を南流し、ウツナイチャロに至る。ウツナイ川を分派し、大津市街の北東を流れ、海に注ぐ。ウツナイ川は、ウツナイチャロから北に曲がり、また、南東に流れ、大津川に合流する。

大津川河口の南西、及び、北東は海岸に注いで、各一〇余町（約一、〇九〇メートル）の旧川道がある。その外部に長い砂州があり、川水の注ぐところ、海波と衝突し、激浪《げきろう》が常に起こり、飛沫《しぶき》四散《しさん》、舟行は、最も危険を伴う。蝦夷語「オホツナイ」は、「枝川」の意味で村名となる。

地形は平坦、北東に向かって開け、遙かに十勝村、生剛《オヘコハシ》村の丘陵を望む。西に二〇余町（約二、一八〇メートル）を隔て、当縁《タウブチ》（大樹・豊頃）村の堺には、低い丘陵がある。

大津村の北西は、長臼原野の一部で、泥炭性湿地が多い。また、大津川の北東は、十勝川の三角洲で、草原、湿地が多い。海浜は、小砂丘の状態で、ハマナスが群生する。

川の両側原野には、小沼が散在し、ヌタベツトー、ピリシトーはやや大きい。その他、無名の小沼が数多くある。その周囲には、蘆《あし》、葦《よし》が密生する。樹木は少ない。大津川沿岸には、わずかに、楡《にれ》、樒《しきみ》、胡桃《くるみ》などが疎生し、原野には、稀に赤楊《あかやなぎ》（ハンノキ）、槲《かしわ》の小木がある。木材、薪炭《しんたん》の供給は、全部、上流の地方から運ぶ。

大津川河口の変遷は、将来、当地の人たちの利害に関することなので、参考のため説明する。昔のことは、口碑がなく、従って、その詳細を知ることができない。

付近の原野の地形を観察すると、原野の中の川の流れの変化による小沼が散在し、今日においても、川の形のまま水が滞留するところがある。古来、幾多の変遷により、現在のようになった。

文久元（一八六一）年の頃は、現在の河口から東北に、約七、八〇〇間（一、二六〇～一、四四〇㍍）のところで海に注いでいた。

文久二（一八六二）年。六月、大洪水があり、三角州、その他、平原一帯、地上が四尺（一・二㍍）余の浸水となり、流れの勢いが直線で砂堤《さてい》を破り海に注いだ。当時、河口には、流木が山のように堆積していた。その河口は、東西の二方に分かれ、東方は、しだいに砂の堆積で塞がり、河口は、西方だけになった。

明治三（一八七〇）年。八月、洪水のため、南西トンケシの東に至り、河口を開き、その後、次第に、東に移り、一〇余町（約一、〇九〇㍍）に及んだ。

明治一六（一八八三）年。再び、旧河口に戻る。

明治一八（一八八五）年。流れは直線になり、海に向かって流れる。

明治二一（一八八八）年。春季の出水では、字釜前の西南に至り、海に注いだ。

明治二三（一八九〇）年。再び直線となり、その後、少しずつ変化し、河口は西に移る。

明治二九（一八九六）年。大水の時、市街地の北方、字土場と称するところは、土地が低く、五尺（約一・

五メートル）以上の浸水に及んだ。ここに居住する住民は、洪水に遭遇した。村民たちは、河口を切り開き、直線にしたので、川の水の通りが良くなった。

明治三一（一八九八）年。九月、大洪水があり、幸いに、前年に開削した河口が直線であり、当時、海波が静かであったため、増加する川の水も流入した。川の中に横たわる築洲《つきす》が増した。

以上、概略を述べた。

大津川河口の変遷は、実に変化があり、漁場も変化した。一漁場で鮭一、〇〇〇石（一五〇トン）の漁獲があるという一番地釜前、その他、これに次ぐ二、三の好漁場も、今は、砂洲が変化したので、廃業するのも止むを得ざるに至った。

運輸・交通

大津村は、港湾を一つも備えていない。航海の船舶は、沖合で乗客や貨物の積荷を乗せたり、降ろしたりする。そのため、往来する短艇は、川水と海水とが衝突するところを通過しなければならない。特に、千島海流（親潮）の沿岸は流れが速い、このため、風が強い日は、時々、転覆することがある。

明治三一（一八九八）年。入港した汽船は、一七二隻、風帆船は一隻。函館からの運賃は、米一〇〇石（一五〇トン）に付き四五円、貨物一才（一才は一立方尺・約三〇センチ四方、すなわち二七・八リットル。およそミカン箱一つの大きさ）に付き八銭から一一銭。大津からの船賃は、穀類四斗（六〇キログラム）入り一俵（六〇キログラム）八銭、樽物一個五銭から一五銭、移住民は、特に、一〇貫目（三七・五キログラム）まで無料とした。

初め、大津村の船営業者は、船行の危険を口実に、船賃が高かったので、旅客、商人たちは困難に直面する者が多かった。

このため、堺千代吉らが率先して、地方の有力者と協力して、一株五円を募集して、頑丈な短艇四隻を新造した。これを改良船と称し、石井某が営業し、船営業者と競争した。その後、艀人夫《はしけにんぷ》などに、博徒《ばくと》の人間が交じり、常に、問題を起こした。

明治三〇（一八九七）年。一〇月、博徒が衝突して負傷者数名を出した。その首領などは、逮捕され処刑された。一時、不穏を極め、右のような有様で、旅客、移住民などの貨物の取扱いは、非常に乱暴になり、評判も悪くなった。

明治三一（一八九八）年。六月、再び、有志者で相談。大津運輸合資会社を組織し、堺千代吉、自ら船人夫の人選をして博徒をなるべく排除し、地方の漁夫などを雇った。大津運輸合資会社所有の船四隻、その他、石黒某の営業する船二隻があり、お互いに乗客、貨物の積載を競争している。

川舟は、三二隻あり、大津を起点として中川郡の藻岩、利別太、止若、猿別、河西郡の帯広に至る。その運賃は、すでに総説の部で述べた。

明治三〇（一八九七）年。十勝川の流木排除の工事を行った。工事の請負人は、川の水が減った時に、水際から僅か下の方の流木を取り除いただけだった。

増水の時、流木があることを知らないで、航行した船舶は、転覆の災難に遇った。その船、二〇余隻に達した。積載の貨物を流失し、損害をこうむる者が多い。右の工事は、流木排除の工事が、不十分な結果に終わり惜しまれる。

明治三一（一八九八）年。釧路川で使用する汽船を購入して、大津、帯広間を航行させようと計画する者がいた。この計画が実行されれば、内陸の各村落に利益を与えることになった。

国道は、海岸を通る。西当縁郡の湧洞駅まで四里一〇町（一六・八キロメートル）、長節、湧洞の二つの沼の河口には渡船がある。東十勝村の昆布刈石《こぶかりいし》駅まで二里二一町（約一〇・一キロメートル）大津川、十勝川の両大河には、各官船を備えて川を渡るのに便利である。また、大津村から内陸の藻岩駅まで五里四町（二〇・一キロメートル）、帯広まで一二里三五町（五〇・九キロメートル）、馬、馬車を通す。

沿革

昔の沿革は、すでに、郡部で述べた。当時、大津川河口の西岸には、番屋、宿泊所、雑庫、馬屋などがあったという。

明治二（一八六九）年。静岡藩の支配となる。大津《オホツ》村に役宅を設け、静岡藩士が来て在勤する。

明治三（一八七〇）年。静岡から永住人として五戸の農民を移住させた。また、長臼《ヲサウス》村まで道路の開削を行う。

明治四（一八七一）年。八月、静岡藩の支配が廃止される。移住民も静岡に帰国した。杉浦嘉七の漁場持ちの時、大津に番人を置く。

明治八（一八七五）年。一月、郵便局を設ける。同年、十勝組合の組織があり、大津の漁業を拡張する。

明治一二（一八七九）年。石黒林太郎が日高国の幌泉から来て、漁業を試みる。これは、十勝組合の他の者で、大津に土着した初めての者である。

明治一三（一八八〇）年。十勝組合が解散したことにより、自由に移住、営業できるようになった。新たに、数ヵ所の漁場を開き、漁業を目的として移住する者が多くなった。同年、十勝郡、中川郡、河西郡、河東郡の四郡の各村戸長役場を設ける。当時、鹿皮、一ヶ年に、約一〇〇、〇〇〇枚、生角二〇、〇〇〇斤（一二トン）、落角《おちつの》数万斤（一斤＝六〇〇グラム）、大津を経て清国（中国）に輸出したという。

明治一四（一八八一）年。大津村の戸数が増加して、約一〇〇戸になる。

明治一五（一八八二）年。豊漁で大いに繁栄する。また、有志者が協力して、道路の修繕を行う。ますます、市街地の体裁が整う。公立病院を設ける。

明治一六（一八八三）年。警察分署を置く。

明治一八（一八八五）年。電信局を設ける。電信を初めて通し、地方、住民の便宜を図る。

明治二五（一八九二）年。この年以降、内陸の原野に、団体移民の移住があり、多少、景気が良くなる。

明治二九（一八九六）年。この年以来、内陸の各原野が解放され、各府県人が移住する。大津は貨物の出入りの要衝となる。商業が大いに発達して、市街地も活気づく。

戸数・人口

明治三一（一八九八）年。年末現在、戸数二八七戸、人口九五三人。新潟県人が最も多く、青森県、秋田県、岩手県など各県人がこれに次ぐ。アイヌは、寄留（旧法令、本籍以外で九〇日以上、仮に住むこと）の二戸があるだけである。

市　街

大津市街は、大津河口の西北に位置し、戸数約二八〇余戸あり、現在の市外は、東西に三条、その他、小路があり、南東は海に面している。第二の道路、及び、大津川に沿う通りは繁栄の区域である。その第二道路は商店が連なり、郵便局、電信局、病院、旅館、貸座敷などがある。

その南にある小路には、旅館、料理屋、貸座敷などがある。大津川沿いの南北の通りには、大津警察分署、商店、漁家などがあり、その西に、漁業組合事務所がある。戸長役場、小学校、寺院は、西方にある。人家は少ない。字土場は石黒製軸所、漁家、船人夫など、雑居している。その西方、富田別《トンダベツ》には農家がある。大津川の左岸に数戸の漁家がある。

戸長役場、警察分署の調査によれば、商業三八軒、旅館八軒、料理屋六軒、質屋一軒、風呂屋一軒、医師一軒、鍛冶屋二軒、理髪屋二軒などである。

大津市街の発展は、すでに述べたように、漁業が主といえるが、近年、著しく戸数が増し、将来、発展する傾向にある。

明治二九（一八九六）年。この年以降、大津市街の発展は、内陸原野の解放により、移民が多くやって来て、貨物移入の要衝となったことによる。海岸一帯は砂浜であり、湖水は常に氾濫し、船舶の繋留《けいりゅう》に不便であり、大津市街の人々は、築港を望んでいる。

明治三〇（一八九七）年。道庁から技師が派遣され、築港に関する調査、測量を行った。その土地は、南東の太平洋に面し、四方が広く開き、風波をさえぎるものがない。防波堤を築造するにも、付近に石材などの供給地に乏しく、巨額の経費が必要。良港を設けることは困難な事業であるという結果であった。

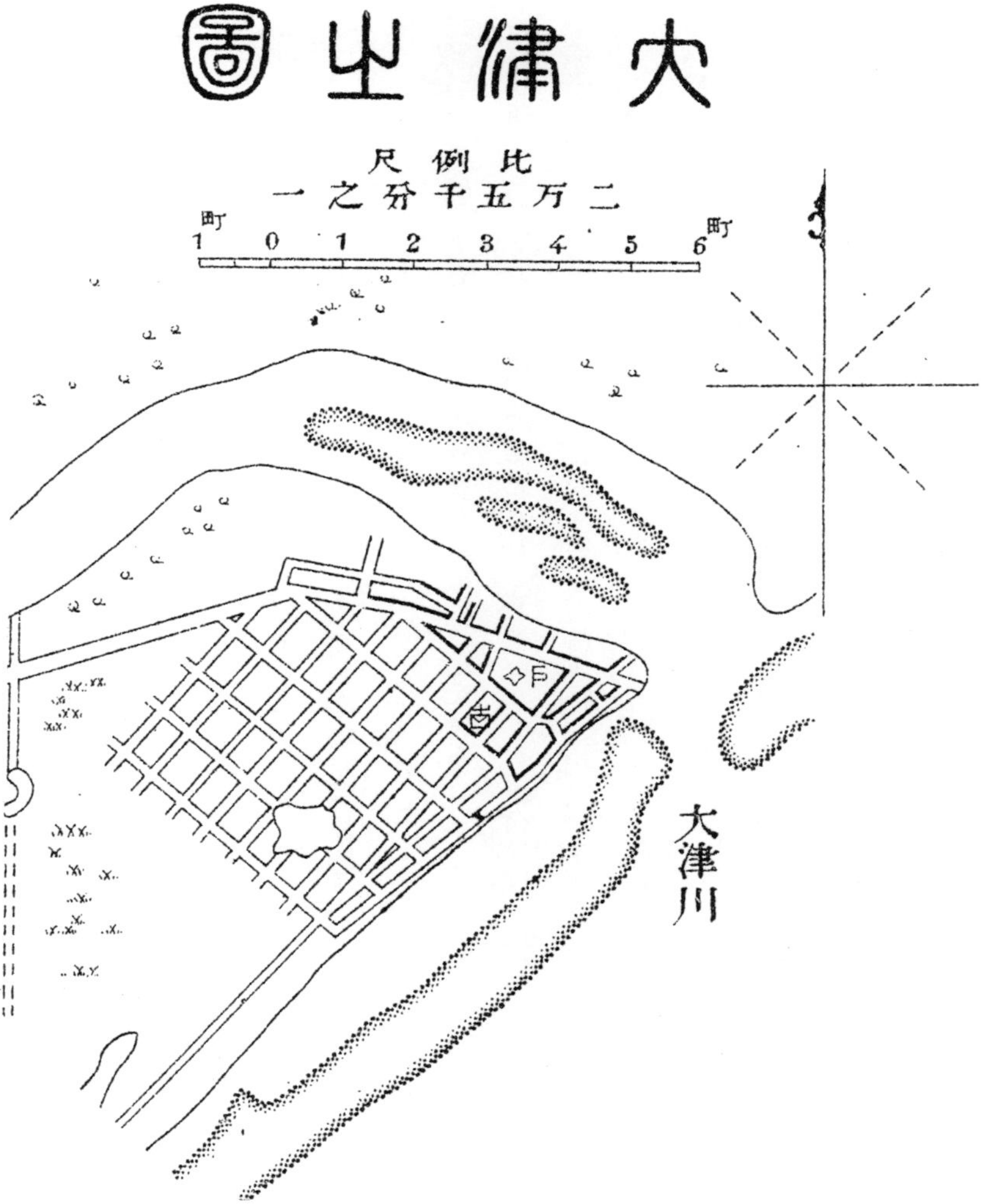

図５　大津の図

漁業

明治三一（一八九八）年。大津村には、鰊《にしん》の建網二統、鮭《さけ》の海建網七統、川の曳網八統、鱒《ます》の海建網一統、鱒の川曳網四統、雑魚の海網一統、川網三統がある。

昔、鮭の漁獲は、川だけだった。明治の初め、海で漁獲を始め、相応の収穫があったので、次第に、発達した。近年、その産額は、年を追うごとに減少し、休業する者が多い。雑魚は、鰈《かれい》、鮊《しらうお》、鯎《うぐい》、木瓜《きうり》、柳葉魚《ししゃも》などで、柳葉魚《ししゃも》は、毎年、一一月二三日頃から数日間、遡上の時期に盛んに漁獲する。

大津村の漁場は、アイヌの共同漁場、および、函館の忠谷某の漁場が多数を占め、多くは賃貸をしている。また、村民の中で、漁場を持っている者は、僅か、数一〇名に過ぎない。大抵、一統から三、四統の間で、自ら営業し、あるいは、賃貸をする。アイヌのソブトイは、漁場を持ち、アイヌを使役し、漁業を営んでいる。

海岸一帯、砂浜が連続し、波浪の時は、漁舟を入れる適地がなく、雑漁業は比較的発達しない。したがって、村民の中で漁業に従事する者が少ない。ただ、秋季、柳葉魚《ししゃも》が川に遡上する季節には、タモ（網）という物を持って、すくい取る者が非常に多い。

通常、漁夫は函館で募集する。青森県、秋田県、両県人を主として、あるいは、函館の地方からも来る者がいる。

その給料は三ヶ月間、船頭は一〇〇円、普通の漁夫は、三五円から五〇円である。一〇〇石（一五トン）以上の漁獲があるときは、外に一割の手当を給与する。雑魚の漁獲が多いときには、村民は、搾粕《しぼりかす》にするが、通常は、生のまま売るのを主としている。

商業

大津村は、十勝原野の喉《のど》もと当たる。水陸の生産物は、概ね、この地に集まり、函館に移出する。移入の貨物は、函館から来て、内陸の各村落に送る。大津村の商人の直接の取引は、函館を主とする。呉服（絹織物）、太物（綿、麻織物）類の一部だけ、東京、大阪などから直接移入する者もいる。その商人は、新潟県、青森県、岩手県の人で、概ね、資金が乏しく、多くは函館から融通してもらう。十勝国内における商業地域は、十勝郡、中川郡にわたり、当縁郡の東部、及び、釧路国足寄郡におよぶ。

明治三一（一八九八）年。移出物品の価格、合計一六五、七五五円、移入物品の価格、合計五一一、三六七円である。移出に対して移入が、三四五、六一二円超過している。移出品の中で最も多いのは、燐寸軸木であり、大豆、塩鮭、乾魚などがこれに次ぐ。移入品の中で最も多いのは、白米である。次は、呉服、太物類、大麦、酒類である。

明治三一（一八九八）年。移出入の価格の状況は、九月に未曾有の大洪水があり、内陸の原野の農作物の多くが流出、腐敗して、販売額が著しく減少した。また、新しく移民が多く入植して、購買力が盛んになったことによる。

商況は、秋季、農産物が出回る時期、鮭漁の時が最も活気をおび、春季は農民が移住の時、これに次ぐ。

商業者の中の自己資本による者は少数で、多くは、函館の商人の仕込み（商品を仕入れる）を受け、金利は、通常二分（二パーセント）から二分五厘（二・五パーセント）である。時として、五分（五パーセント）に至ることもある。金融機関は、まだ、備わっていないので、金融上、非常に不便を感ずる。

移出、移入を細別すると左の通りである。

移出　仕向地・函館		
品目	数量	原価
塩鮭	一、九三六石	三四、八四八円
鮭筋子	二二〇貫	三、三〇〇円
塩鱒	三八石	五七〇円
乾魚	二八、八二五貫	五、七六五円
鰊搾粕《しぼりかす》	三四〇石	三、七四〇円
鰈搾粕	五二石	四一六円
他魚搾粕	一二八石	一、二八〇円
魚油類	二八石	三三六円
毛皮類	八一〇枚	一、六二〇円
木材類	九七六石	一、四六四円
燐寸軸木	四、六一二石	五五、三三九円
葉藍葉玉	二、四四〇貫	八〇五円

移入　積出地・函館		
品目	数量	原価
身欠鰊《みがきにしん》	六九石	一、二四二円
乾魚類	五、四九〇貫	一、〇九八円
長切昆布	三二石	一六〇円
果実	八〇一箱	九六一円
船用木材類	五九石	二六六円
白米	一〇、四四七石	一四六、二五八円
大麦	二、四一二石	二八、九四四円
其他雑穀	九七石	七七六円
大麻	一七〇貫	三四〇円
小麦粉	三、〇七二貫	一、二三九円
馬鈴薯澱粉	一六〇貫	八五円
晒飴《さらしあめ》	二〇〇貫	一二八円

大豆	八、五五一石	五一、三〇六円
小豆	一〇五石	一、〇五〇円
他穀類	三九八石	三、三八三円
大麻	一八〇貫	一八〇円
馬鈴薯澱粉	一、〇五六貫	二〇一円
金物類	三八〇貫	一五二円

麺類	二、四六五貫	一、四七八円
塩	二、三九四石	六、二二四円
味噌	三〇、一三二貫	七、五三三円
醤油	三一七石	六、六五七円
日本酒	七四三石	二三、七七六円
西洋酒	一、五〇六打	三、七六五円
酢	五四石	五四〇円
砂糖	九五、九〇五斤	一一、五〇八円
茶	三、二四〇斤	一、六二〇円
菓子	四、九五三貫	四、五〇六円
煙草	二、六六四貫	一五、九八四円
紙類	三、五五二貫	四、二六二円
陶磁器	八三七個	二、〇九三円
漆器	五六個	八四〇円
石油	一、三四三函	三、三五八円

種油	三三石	一、四八五円
蝋燭《ろうそく》	六八〇貫	一、三六〇円
畳	一、四一〇枚	一、二六九円
呉服太物類	九七一個	七七、六八〇円
和洋小間物	二三八個	五、九〇〇円
綿	三、三八〇貫	五、四〇八円
金物類	一〇、二四〇貫	六、一四四円
銅鉄類	二四、〇〇〇貫	七、九二〇円
鉄道用鉄材	一一頓	八八〇円
薬類	一八九個	三、四〇二円
網	二三五丸	二、八二〇円
縄	二、〇四六丸	三、〇六九円
莚《むしろ》類	一八、三八八束	一八、三八八円
草鞋《わらじ》	九、六四〇束	一、四四六円
魚網	八二〇反	四、五一〇円

計		一六五、七五五円

網苧	二三二貫	六五〇円
雛卵	一八個	一二六円
鰹節	四一〇貫九四石	一、二三〇円
種子物類	一一、三六五斤	一、一二八円
雑貨		九〇、九二〇円
計		五一一、三六七円

農業

静岡藩支配の時、大津川沿岸の富田別《トンダベツ》、民根洲《ミンネス》、十戸足《ベトアシネ》に、農民数戸を移住させた。約二町歩（ヘクタル）の土地を開墾し、穀類《こくるい》、豆類《まめるい》、蔬菜《そさい》（野菜《やさい》）の栽培を試みた。蔬菜類は、成熟したが、穀類、豆類は登熟《とうじゅく》（成長）しなかったという。

明治一三（一八八〇）年。宮城県人の村田某、漆原某などが来て、開墾し、蔬菜を栽培して、大津市街の漁業、商人の需要に応じ、相当の収益があった。その後、年々、開墾して耕作し、現在、三町歩（ヘクタル）以上の土地を所有している。蔬菜類のほか、黍、大豆、玉蜀黍などを栽培している。その他の農民はいない。

牛馬

大津村の馬の所有者は、約三〇人。その内、三〇頭以上を飼養する者は、一〇数人である。熊谷泰造、猪俣由太郎、堺千代吉、その他二、三名は、多数の馬、牛を飼養している。

牧場地の貸付を受けているが、設備は不完全で、付近の原野に放牧している。その他の者は、まったく牧場地がなく、付近の原野に放牧している。

近年、牧場地の必要性を感じ、大津川の東岸の原野に、土地の貸付を出願し、共同牧場を営もうとする計画がある。大津市街に、人馬を継立《つぎたて》（人馬を替えて荷物、人を送り次ぐこと）、運送業を営む者が一〇数戸ある。牛から乳を搾り、牛乳を販売する者、一戸ある。

木材・薪炭

大津村の木材の供給地は、浦幌を主として、ウシシュベツ、本別からも供給している。椴《とど》角材一〇〇石、一七〇円、桂、楡などは一〇〇円前後である。薪《まき》は、上流の原野の開墾地から出し、一敷《いちしき》（長さ六〇センチの薪を径一八センチに割り、高さ一五〇センチ、幅一八〇センチに積んだもの）、一円五〇銭、炭《すみ》は、一俵（一五キログラム）二〇銭である。

製造業

明治二五（一八九二）年。石黒製軸所が創立された。

明治三〇（一八九七）年。酒造業が一戸ある。清酒二七七石（四九、八六〇リットル）、濁酒一三石（二、三四〇リットル）、焼酎四石（七二〇リットル）を醸造した。

明治三一（一八九八）年。七月、石黒製軸所は、三馬力六分の蒸気機関を備え、盛んに製造を行う。原料は、浦幌川、利別川などの沿岸、原野、及び、官有林の払下げを受けている。

現在、職工、男女、約八〇名を使役する。職工は請負制で、一日の賃金は、男の平均は、六〇銭。女の平均は、三〇銭である。軸木製造は、六、九七七個で、函館を経て神戸に移出した。

地　価

大津市街の土地価格は、繁華街の土地で、一坪二円。市街地の場末は、六〇銭である。市街予定地の中、西部は湿地であり、容易に人家を建築することができず、現在は、ほとんど、価格がないのに等しい。

風俗・人情

衣食住とも、土地相応に発展している。人心は平穏とはいえない。特に、艀人夫《はしけにんぷ》の中には、博徒《ばくと》、その他、無頼漢《ぶらいかん》が混じり、時々、問題を起こす。

村の経済

明治三一(一八九八)年。十勝郡の各村、中川郡の旅来村《タブコライ》、外、一四ヵ村の年度の村費は、三、四六六円である。病院費、教育費、村医費が主で、収入は、雑収入、村賦課額、国庫補助金、寄付金などである。

雑収入は、病院収入一、七〇〇円、授業料一二〇円である。村賦課額は一、三六三円、これを戸別割り一等から一〇等に分けて、一等五五円から一〇等三六円の割合で徴収、これを六八七戸に賦課する。備荒《びこう》基本金は、軍事公債二、七〇〇円、大蔵省預金五三〇円である。

教育

明治一三（一八八〇）年。堺千代吉などが率先して、アイヌの子弟を集め、稲荷神社で教育（授業）を始めた。

明治一四（一八八一）年。公立小学校の許可を受け、以来、住民の増加と共に子弟の就学者が多くなる。

明治二八（一八九五）年。補習科を設ける。

明治三〇（一八九七）年。従来の校舎が狭くなり、更に、新築に着手。

明治三一（一八九八）年。校舎が完成する。その工費は、約二、三〇〇円である。現在、就学生徒は、一三八名、補習科一七名、教員二名が在勤する。

明治三二（一八九九）年。今年度から、高等科を併置する計画がある。

衛生

明治一五（一八八二）年。公立大津病院が創立された。現在、医師一名、薬剤師一名が在勤する。

大津市街の飲用水は、全部、大津川の水流を利用している。雨天の時は、川の水が増水して混濁するので、西南に二〇町（約二・二キロメートル）離れた海岸線のトンケシ川から、飲用水を運ぶので非常に不便である。

社寺

文政一三（一八三〇）年。請負人、杉浦嘉七が、字釜前に稲荷神社を創立した。

明治　九（一八七六）年。三月、稲荷神社は村社となる。

明治一三（一八八〇）年。渡島国福山の正行寺の末寺、浄土宗正福寺が、説教所を設けた。

明治二〇（一八八七）年。浄土宗正福寺が寺号を公称した。
明治二四（一八九一）年。曹洞宗大林寺が創建した。市街地の人家が繁栄密集したため、稲荷神社の社殿を市街地の北西に移転した。
明治二八（一八九五）年。曹洞宗大林寺が寺号を公称する。市街地の北西にある。

十《ト》勝《カチ》村（浦幌）

地　理

十勝村の西南は、十勝川にまたがって大津村に隣接する。北西は生剛《オヘコハシ》村に接し、東北は、直別川で釧路国の白糠郡を堺にしている。南東一帯は、海に面する。海岸線は、約六里（二三・六キロメートル）に渡る村落である。十勝川と直別川付近の土地を除いた外の土地は、丘陵が続き海岸に至り、段丘をなし、その下は砂浜である。昆布刈石《コブカリイシ》から東には、海に岩礁が点在する。シラツイ川は、北方の丘陵の間が源で西流して、十勝川に注ぐ。

十勝川は生剛村から来て、南東に流れ海に入る。水流は、遅く穏やかである。河口の西岸に、小さな砂州がある。その東岸は、岩石がそばたつ。

十勝川以東、コムプカルシ川、アプナイ川、オウコッペ川、テプオウコッペ川などの小流がある。この中でアプナイ川は大きい。共に、北方の高丘を源として、南に流れ海に注ぐ。

高丘の樹木は、楢《なら》が多く、槭《かえで》、刺楸《はりぎり》（ウコギ科）、サビタなどを交え、ササや雑草の生長が良い。国境に近い内陸の山脈には、蝦夷松《えぞまつ》がある。河流の沿岸には、楡《にれ》、柳《やなぎ》、赤楊《あかやなぎ》（ハンノキ）、樒《しきみ》などがある。

原　野

十勝川の東岸は、小さな原野があり、アイヌや和人の開墾地がある。直別原野は、釧路国の白糠郡にまたがる。この他、各小川、沿岸はいずれも狭く、ほとんど平地がない。

明治三〇（一八九七）年。区画を測量する。

明治三一（一八九八）年。この年から、貸付を許可した。

運輸・交通

十勝村の市街地の予定地は、西の大津市街から一里一七町（五・八キロメートル）。その間に、十勝川と大津川に二つの渡船場がある。東の釧路国の尺別駅まで五里一六町(二一・四キロメートル)あり、その間、昆布刈石に駅逓を設け、人馬の継送《つぎおくり》を行う。

右の道路は、国道に属するが、橋梁《きょうりょう》（橋などの構築物）など設けていない。

明治二八(一八九五)年。最も、不便な河流にだけ、橋梁を架設した。また、山道を開き、交通を便利にしたが、既に、破壊したところもある。海岸の砂浜は、ほとんど、道路の形跡がなく、運輸が不便である。

沿　革

十勝川の河畔には、昔からアイヌの集落があり、その集落に小休憩所、オウコッペに昼所を設けた。

明治二〇（一八八七）年。この頃まで、ただ、アイヌの集落だけで、鮭の漁期に和人が来て、漁獲するだけだった。
明治二一（一八八八）年。秋田県人の石井某が、農牧の目的で移住した。
明治二三（一八九〇）年。昆布刈石《コブカリイシ》に駅逓を設置した。その後、数戸の和人が移住した。

戸数・人口

明治三一（一八九八）年。年末現在、戸数一〇戸、人口三一人。十勝川の東岸には、数戸の和人、アイヌ一戸が居住し、漁業を営むかたわら農業を行っている。昆布刈石には、駅逓のほか、一戸の和人が住んでいる。その他、海岸の数ヵ所に漁舎がある。

市街地

明治三二(一八九九)年。一〇月、十勝太に市街予定地を設け、貸付を許す。現在、貸付の区画数は、三四四で、内、無償貸付地、二〇二画、有償貸付地一四二画である。なお、今後、拡張する計画がある。その土地は、十勝村の北岸に位置し、水陸の便利良さがあり、今後、繁栄する市街となるであろう。

漁　業

十勝村は、海岸の一帯が出入り少なく、特に、波浪が常に高い。このため、海岸線は長いが漁場に乏しい。
明治三〇（一八九七）年。鮭の海建網《たてあみ》六統、川の曳網《ひきあみ》三統、鰊の建網四統、雑魚の漁船一隻がある。

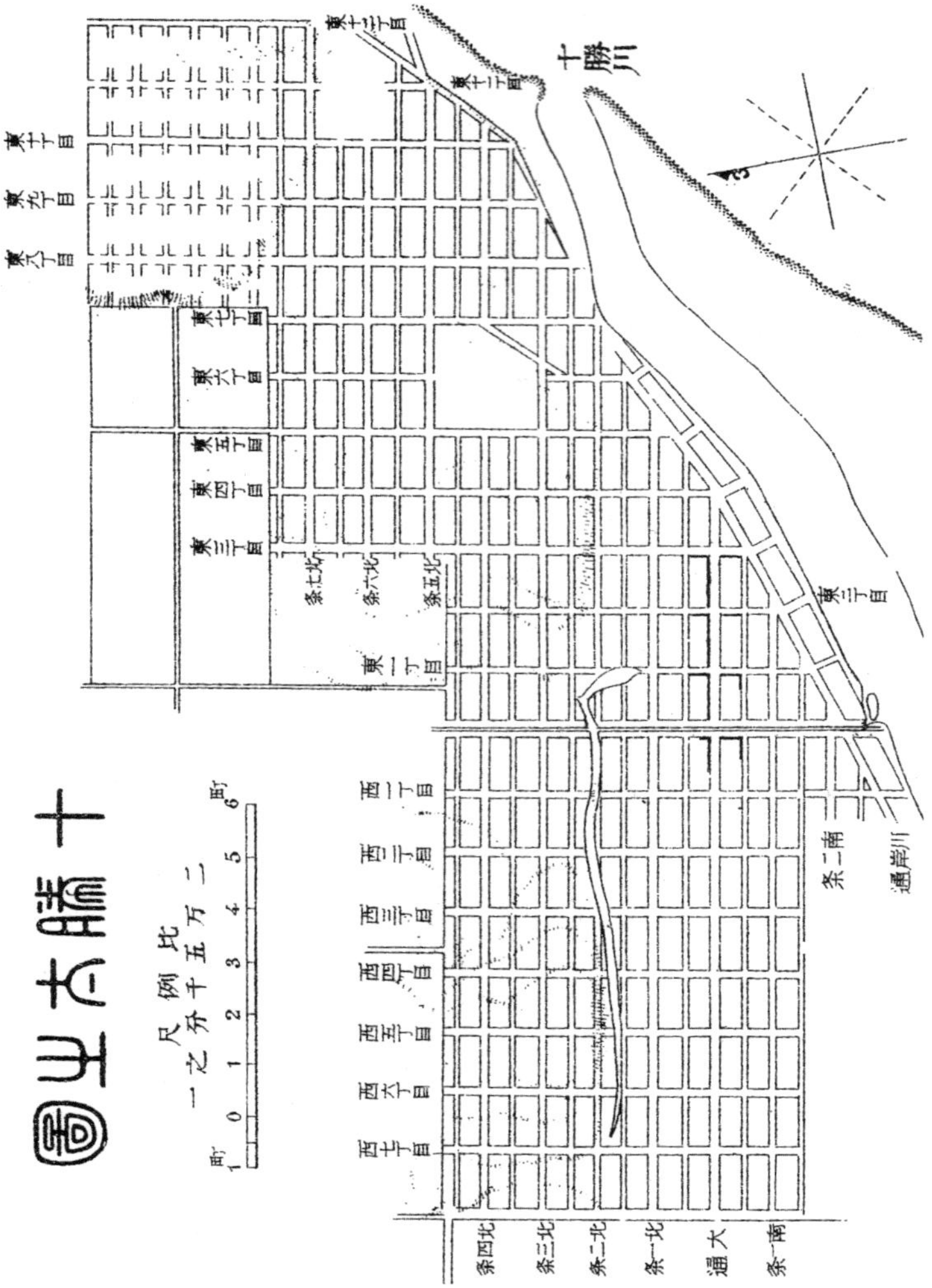

図６　十勝太の図

農業

明治二一（一八八八）年。石井某、農牧の目的で根室から移住し、十勝川の北岸で開墾を始める。現在、開墾地一一町歩（ヘクタール）ある。農繁期には、アイヌを数人雇い、プラオ、ハローで耕作を行っている。農作物は、蕎麦《そば》、大豆《だいず》を主として、黍《きび》、燕麦《えんばく》、馬鈴薯《ばれいしょ》などがこれに次ぐ。

その他、和人二戸は、すでに、蔬菜を栽培し、アイヌは、数反歩（数一〇アール）の土地に、穀類、豆類、蔬菜の播種を行っている。

十勝川の北岸は、草原地帯のため、開墾が容易である。

牧畜

石井某は、土産馬、南部雑種馬、合計五〇頭を飼育している。また、牛一三頭を飼い、牛は、アイシャ雑種で、冬期は舎飼する。その他の時期は、馬と同じく放牧する。

昆布刈石の駅逓、伴某は、馬三四頭を飼っている。その内、雑種が五頭である。アプナイでは、函館の角本某が馬を放牧している。その数、五〇頭、番人を置き管理している。

これは要するに、十勝村の昆布刈石《コブカリイシ》、近辺一帯が、低い丘陵で、雑草、ササの生育が良く、特に、冬期以降、雪が少なく、笹《ささ》が露出して、最も、牛馬の放牧に適する。

四、五年前までは、大津、当縁、広尾などの各村の馬持ちは、冬期になれば、各自所有の馬群を送り、放牧したが、近年、その数は減ったという。

風俗・人情・生活

和人は、大抵、柾屋に住み、アイヌは、まだ、茅屋に住んでいる。生活に困る者はいない。

長臼《ヲサウス》村（豊頃）

地理

西は丘陵で、当縁郡に接し、北は、カンカンピラの小丘である。中川郡旅来《タブコライ》（豊頃）村に隣接し、東は、大津川を隔て、鼈奴《ベッチャロ》（浦幌）村に接し、南東は、大津村に連なる。

地勢は、西が丘陵、その支脈、東北に延長し、カンカンピラに至り、断崖となり、大津川に臨む。ここを蝦夷（アイヌ）語で「オサンルシ」という。村名の由来である。

大津川は、鼈奴村の北の十勝川から分かれ、村の東を流れ、大津村に入る。長臼川、トーウンナイなどの小川は、共に西方の丘陵から発し、東流して、大津川に注ぐ。丘陵の樹木は、楢《なら》、槲《かしわ》、赤楊《あかやなぎ》（ハンノキ）など混生し、原野には、菅《すげ》、谷地坊主《やちぼうず》、葦《あし》などが密生する。ところどころ赤楊《あかやなぎ》、柳《やなぎ》などの小木がある。

原野

長臼《ヲサウス》村の原野は、南東の大津村に向かって開き、大津川沿岸の僅かな土地が、沖積土で地味が肥沃である。河岸から数一〇〇間（一間は一・八メートル）に至れば、泥炭性湿地、あるいは、黒色腐植土、五、六寸（一五～一八センチ）の下は、火山灰、二、三寸（六～九センチ）を挟み、下層は泥炭である。

明治二四、二五（一八九一、二）年。両年に、数一、〇〇〇間（一間は一・八メートル）の排水溝を掘り、開墾したが、十分な効果が得られていない。

明治二五（一八九二）年。区画割りを行い、明治二九（一八九六）年から貸付する。区画面積は、七〇三、七八五坪（二三四・六ヘクタール）ある。

運輸・交通

長臼村《ヲサウス》は、大津、帯広間の道路が通り、地勢は平坦で、馬車を通すことは、容易である。特に、大津市街に近いので、日用の貨物は、皆、大津市街から持ってくる。

明治三二（一八九九）年。カンカンピラの丘陵を開削して、馬車の交通が容易になった。

沿　革

昔から、アイヌの小集落がある。明治の初年頃は、七戸が住んでいた。その後、半数は他の地域に転住した。

明治一六、一七（一八八三、四）年。この頃、和人一戸が移住して来た。

明治二五（一八九二）年。和人一戸が定住して、漁業のかたわら馬追をして、また、農業を営んだ。

明治二九（一八九六）年。この年以降、しだいに、移住者が増加した。以前から住んでいた三戸のアイヌのうち、二戸は中川郡凋寒《セイオロサム》（池田）村に移転した。

明治三一（一八九八）年。数戸の和人が定住した。

戸数・人口

明治三一（一八九八）年。現在の戸数一二戸、人口四三人。その内、七戸、一八人は、アイヌであるが、実際の調査では、すでに、沿革で述べたように、アイヌは、現在、一戸三人だけである。

農　業

一〇、〇〇〇坪（三・三ヘクタール）、あるいは、一五、〇〇〇坪（五ヘクタール）の貸付地を得た者は、数戸ある。皆、農業の日が浅く、三、四反歩（三、四〇アール）から七、八反歩（七、八〇アール）の開墾地がある。一町歩（ヘクタール）以上の者は、一戸だけである。蔬菜を主として栽培し、大津市街で販売する。

漁　業

大津川の鮭曳網は一〇統ある。近年、収穫が少なく休業する者が多い。

明治三〇（一八九七）年。鮭の曳網業四統、雑魚の曳網業五統ある。雑魚は、シシャム、キウリ、鱈《たら》などが主である。

牧　畜

国道の西北は、丘陵にまたがり、大津某、忠谷某の牧場貸付地がある。大津某の貸付地は、七〇、〇〇〇余坪（二三・三ヘクタール）、忠谷某の貸付地は、三〇、〇〇〇余坪（一〇ヘクタール）である。

面積は、共に少ないが、笹《ささ》、雑草が多く繁茂して、牧場に適している。大津某の牧場は、道路に沿って柵をまわし、牧舎を設け、管理人一名を置く。現在、牛一五頭、馬二頭を飼育している。牛は、アイシャ種六頭、その他は、南部の雑種である。冬期の四ヶ月間は、舎飼いし、夏期は、牧場の内外に放牧する。

忠谷某は、まだ、牧場の経営を営んでいない。現在、牛の雑種一〇頭。付近に放牧して、小作人一戸を移住させ、管理をさせている。目的は、肉用、乳用であるという。

その外の馬の飼育者は、一五頭が一人、もう一人が一二頭。二、三頭を飼育する者が、数人いる。皆、運搬に従事し、日常使用する以外は、官林、原野に放牧している。冬期の積雪が深い時には、刈草などを給与するという。

薪《しん》炭《たん》

炭窯、二一個が、西部の丘陵にある。皆、官林の樹木を払下げ、これを焼く。一ヶ月平均、一つの釜から五〇俵（七五〇キログラム・一俵は一五キログラム）、一ヶ年、約六〇〇〇俵（九トン）を生産する。大津市街に搬出して販売する。その価格は、三貫五〇〇匁（約一三キログラム）一俵に付き一六銭である。

周年、炭焼きに従事する者が多い。一戸で二釜、三釜の許可を得て、これを賃貸しする者がいる。

薪《まき》、一敷《いちしき》（長さ約六〇センチ、径約一八センチの薪を、高さ約一・五メートル、幅約一・八メートルに積み上げた量）を大津市街に出荷すると、一円一〇銭である。

商業

小売商が三戸ある。わずかに、酒、菓子など販売する。その内、一戸は、木賃宿《きちんやど》（旅人を自炊させ宿泊させる）

を兼業する。

生　活

和人は、概ね、夏期は、炭焼き、馬追いを仕事とする。冬期は、橇《そり》曳きで仕事をするので、生活に困る者はいない。アイヌは、主として、漁業に雇われ、窮乏の状態にある。

鼈奴村《ベッチャロ》（浦幌）

地　理

十勝川、大津川の分かれる地域にあり、その南方に位置している。西は、大津川を隔てて長臼《ヲサウス》（豊頃）村、旅来《タブコライ》（豊頃）村に接し、南は、大津村に隣接している。北、東は、十勝川で生剛《オヘコワシ》村が境となり、全村の多くは、草原地で、赤楊《あかやなぎ》（ハンノキ）樹林が混じり、河畔は地味が肥沃である。

原　野

鼈奴《ベッチャロ》村の原野は、下浦幌原野に属する。

明治二九（一八九六）年、区画割りを行う。アイヌ給与地を設けた。その面積は、一〇二、六五〇坪（約三四・二ヘクタール）である。

概　況

昔、三戸のアイヌが住んでいたという。明治一四（一八八二）年。青森県人の某が、鼈奴《ベッチャロ》村に移住して蔬菜を栽培、大津市街で販売した。以来、年々、その開墾地を増やし、現在、三町歩余（三ヘクタール）ある。その現住地は、十勝川の北岸で、正規の鼈奴（浦幌）村とはいえないが、俗称、鼈奴という。今、仮に鼈奴村の部に記録する。

明治三一（一八九八）年。生剛《オヘコハシ》（浦幌）村のアイヌ五戸は、鼈奴村の給与地に仮小屋を建て、プラオで、平均五町歩（ヘクタール）を開墾した。鼈奴村の給輿地に移る準備をしている。

生剛《オヘコハシ》村（浦幌）・愛牛《アイニウシ》村（浦幌）

地　理

生剛村は、十勝村の北西に位置し、十勝川の左岸に沿い、浦幌川にまたがる。愛牛村は、生剛村の西、十勝川の北にある。二つの村の区域は判然としない。そのため、住民は、概ね、生剛村の名を使用するので、愛牛村は、ほとんど無人の状況である。

この二つの村は、西、北は中川郡に連なり、東は一帯が山脈で、釧路国白糠郡に接し、村の東北、白糠郡の堺には、山脈が連なる。シタコロベ川は、中部の丘陵の間から流れ、ユクチセ川、チャシュコトンベツ川、フルマントンベツ川などの各渓流を合わせ、下浦幌原野に至り、浦幌川の右岸に入る。

浦幌川は源を村の北東、白糠郡の堺にある山脈から発し、カパルフプニショ川、セタラィ川、ルシン川などの支流を合わせ、延々と屈曲して、シタコロベ川、シッナイ川などを合わせ十勝川に注ぐ。

十勝川は、中川郡から流れ、村境を東南東に流れ、十勝村に入る。十勝村に入る浦幌川、十勝川の合流するところは、両川が互いに屈曲して、その間に一つの袋地を作り、その口、僅かに五〇間（約九〇メートル）。

両川を隔て浦幌川の西、十勝川の北は、草原、湿地が多く、赤楊の樹林がある。河畔には柳が最も多く、楡、梻、胡桃など交え、浦幌川の沿岸には、草原地、樹林地が相交わり、北方に行くに従って、楡、梻、桂、柳などの大樹がこんもり繁茂し、胡桃、イヌエンジュ、槭《しゅく》（モミジ、カエデなど）、ドスナラなど混生がする。

樹下は劉寄奴《りゅうきど》（キク科のヨモギ属の多年草）、イタドリ、艾《よもぎ》、欵冬《かんとう》（蕗《ふき》）など五、六尺（約一・五〜一・八メートル）から一丈（約三メートル）ぐらいに生長し、高丘には、槲《かしわ》、楢《なら》、赤楊《あかやなぎ》（ハンノキ）、樺《かば》、刺楸《はりぎり》（ウコギ科）などある。トコムオロ川から約一里（約三・九キロメートル）の奥に、針葉樹林がある。白糠郡の堺、山脈に続き、地方の用材供給地である。

原野

下浦幌、中浦幌、上浦幌の三つの原野がある。共に、浦幌川にまたがり、南から北に並列する。

明治二九（一八九六）年。区画割りを行う。

明治三〇（一八九七）年。この年から、貸付を許可する。下浦幌原野が最も広く、上浦幌原野がこれに次ぐ。中浦幌原野は、下浦幌、上浦幌の両原野の中間に位置し、面積は狭い。区画面積の合計は、二一、三〇〇、〇〇〇余坪（約七、一〇〇ヘクタール）である。

十勝川の沿岸からシタコロベ川下流の土地は、泥炭性湿地がある。中浦幌原野の中部までは、土地が肥沃である。気候は温暖で、十勝川近辺の土地を除けば、海霧の影響を受けることなく、最も農耕に適する。上浦幌原野は、地形が高く痩せている。運輸に不便な地域であり、牧場地に適する。

各原野の中の下浦幌原野の大部分は、既に、岐阜県殖民合資会社、土田謙吉、熊谷泰造、野澤泰次郎などの大地積の貸付となり、その上流は、単独農民が、既に、八〇余戸の貸付を受けて居住している。中浦幌原野もまた、出願者が多い。上浦幌原野は、熊谷泰造、橋本順造などの牧場貸付地である。

以上、列挙したように、移住後、直ちに、耕起、播種できる良好な土地は、大抵、貸付済となっている。ただ、シタコロベ川流域には、まだ、貸付していない面積が多いが、シタコロベ川沿岸は、大半が湿地で、十分な排水を行えば、入植が可能である。

運輸・交通

十勝川の北岸に沿って、西に行けば旅来《タブラコイ》村に出る。東に行けば十勝村に出る。共に、小さな経路に過ぎない。大津《オホツ》から三里（一一・八キロメートル）から八里（三一・四キロメートル）である。特に、上浦幌原野からは一〇数里（三九数キロメートル）の距離がある。中川郡本別村までは、僅かに経路がある。

村民は、通常、旅来村を経て、大津に出る。貨物は、大津から川舟に積載して、大津川をさかのぼり、浦幌川に入る。浦幌川は二里（七・九キロメートル）弱の間は、三〇石（三トン・和船の一〇石は一トン）積みの舟が、上下することができる。上流、数里（数キロ）の間、丸木舟が通る。木材を流すのに便利である。

沿革

生剛村《オヘコハシ》、愛牛村《アイニウシ》、共に、昔、アイヌの集落があり、夏期は大津村、十勝村の海浜に出て、漁業の雇人となり、漁期が終わると帰り、獣猟を行っていたという。

明治一六（一八八三）年。生剛村《オヘコハシ》の岩手県人、西田幸次郎は、漁業の目的で移住した。農耕も営んでいる。

明治一八（一八八五）年。アイヌに農業の指導が始まる。官吏の派遣があり、開墾、耕種をさせた。

明治二二（一八八九）年。アイヌの農業指導を中止する。

明治二七（一八九四）年。下浦幌原野に秋田県人一戸が移住し、無願開墾を行った。

明治二八（一八九五）年。青森県、栃木県、香川県の三県人が各戸、無願開墾を行った。

明治二九（一八九六）年。各原野の区画割のための測量を行い、貸付を許可した。茨城県人の土田鎌吉、岐阜県殖民合資会社、大津村の熊谷泰造など、それぞれが大面積の貸付を受けた。

明治三〇（一八九七）年。この年から、それぞれ数一〇戸の小作人を募集した。また、単独農民が一〇数戸、移住した。

明治三一（一八九八）年。再び、各農場の小作人が移住した。単独農民も数一〇戸移住して、開墾が盛んになった。

戸数・人口

明治三一（一八九八）年。年末、生剛村《オヘコハシ》の現在戸数は二六五戸、人口一、一七四人。移住人の原籍を県別に記すと、岐阜県人が最も多く、富山県、石川県の二県人がこれに次ぐ。福井県、香川県、茨城県、その他各県人である。

アイヌ民族は、生剛村に一四戸ある。数ヵ所に散在している。愛牛村の籍に属する者は、僅かに三戸、五人である。

集　落

十勝川の北岸、及び、浦幌川の西岸には、岐阜殖民合資会社の移民が七一戸あり、合資会社の貸付地内に散在している。また、数戸の単独農民がある。

浦幌川の東岸、及び、中島には、熊谷農場の小作人が二三戸、点々としている。その北に、土田農場があり、岐阜殖民合資会社の土地と浦幌川を隔て、相対して一〇〇余戸の小作人が散居している。その北に、野澤泰次郎の貸付予定存地があり、それを隔てて単独農民八〇余戸が、それぞれ貸付地に居住している。

字生剛には、和人三戸、アイヌ数戸がある。その他、シツナイ、トコムオロに、和人、アイヌが各一二戸居住している。

農　業

明治一六（一八八三）年。西田幸次郎は生剛《オヘコハシ》村に移住し、貸付地二〇、〇〇〇余坪（約六・七㌶）を得て、農業に着手した。

明治一八(一八八五)年。この年から三ヶ年間、アイヌに農具、種子を与え農業を指導する。一戸当たり平均、一町歩余（約一㌶）を開墾した。

明治二七、二八（一八九四、五）年。両年、浦幌川の沿岸に無願開墾する者、数戸あり、移住民は、大抵、五町歩（五㌶）を開墾した。

明治三〇（一八九七）年。この年以来、大農場は小作の開墾を主とした。単独農民は、自ら土地の貸付を得て、馬、農具を買い求め、あるいは、大津の商人から買い、馬耕を行った。

現在、草原地は馬耕により、樹林地は鍬《くわ》で開墾を行う。農作物の主な物は、黍《きび》、馬鈴薯《ばれいしょ》であり、食料用である。黒大豆《くろだいず》は販売用である。その他、菜豆《さいとう》、玉蜀黍《とうもろこし》、蕎麦《そば》、蔬菜《そさい》類である。粟《あわ》を作る者は少ない。

トコムオロ付近の畑の黍には、黒穂《くろほ》の病害が多い。

現在の各大農場、及び、単独農民などの概況を記すと、左の通りである。

下浦幌原野・岐阜殖民合資会社

岐阜県美濃国の大野亀三郎、脇田静三、外、数名の組織で資本金一〇〇、〇〇〇円、本社を美濃国に置く。

明治二九（一八九六）年。下浦幌原野に二、九九〇、〇〇〇坪（約九九六・七㌶）の貸付を受けた。その土地は、十勝川の北岸に位置し、浦幌川に沿い、シタコロベ川にまたがり、河畔の土地は肥沃であるが、少し内陸に入ると泥炭性湿地がある。

明治二九（一八九六）年八月。農場の管理人、下野某が小作人一戸と共に移住し、プラオ三台、ハロー一台を買い、人夫を雇って、約三五町歩（㌶）を開墾した。草小屋三〇棟を造り、翌年の移民到着の準備をした。

明治三〇（一八九七）年。小作、五九戸を募集、移住した。内、四戸が移住の後、他に転居した。

明治三一（一八九八）年。一六戸が移住し、現在、七一戸である。小作人は岐阜県五四戸、富山県八戸、石川県六戸、その他、各県人である。

小作人との契約は、一戸、一五、〇〇〇坪（五ヘクタル）を配当し、一ヶ年間の食料と農具、種子、家具などを現品で貸付、また、小屋掛け料七円を与え、これを三ヶ年間から五ヶ年賦（年払い）で返納する。その開墾料は、一反歩（一〇アール）に付き、樹林地は二円、草原地は、プラオ、馬などを使用して、五〇銭を与える。小作料は、鍬下（未墾地を農地にするまでの期間）三ヶ年を与え、四年目一反歩に付き、五〇銭として、五年目一反歩に付き七五銭、六年目、一反歩（一〇アール）一円と定めた。その後は、付近の状況に応じて、改変するという。

明治三〇（一八九七）年。一二〇町歩（ヘクタル）。

明治三一（一八九八）年。二五町歩（ヘクタル）を開墾した。一戸平均、二町歩（ヘクタル）である。別に農場用として、試作地を設けた。また、農場の直接事業として、排水溝、数一〇〇間（一間は一・八メートル）を築いた。

小作人の中で、プラオ、ハローを所有する者が五名いる。馬は、一頭から五頭を飼育する者が、一三人いる。別に、農場事務所に九頭を飼養している。

明治三〇（一八九七）年。この年、移住した小作人は、食料、その他の貸付額を合わせると、一戸平均一二〇余円である。特に、この年は不作のため、その収穫物は、翌年の秋の収穫までの食料として維持できなかった。

明治三一（一八九八）年。前年が不作のため、諸品の貸付を受けるのは、その金額は少なくはない。

下浦幌原野・熊谷牧場

明治二〇（一八八七）年。十勝産馬改良組合は、十勝川、浦幌川の間の袋地三五〇、〇〇〇坪（一一六・七㌶）の貸付を受け、牧畜を営んだ。

明治二三（一八九〇）年。十勝産馬改良組合は、袋地を熊谷泰造に譲渡した。

明治二九（一八九六）年。この年以来、付近の原野の開墾を盛んに行った。その結果、牧場から耕地にする計画で、小作数戸を入れた。別に、浦幌川の北岸に二六〇、〇〇〇余坪（八六・七㌶）の貸付を受けた。

明治三〇（一八九七）年。一七戸の小作人を入植させた。

明治三一（一八九八）年。二戸を移住させ開墾を行った。その地は、一般に、肥沃な沖積土で草原地が多く、樹林地や湿地は少ない。

小作の条件は、一戸につき、一五、〇〇〇坪（五㌶）を配当し、開墾料は、一反歩（一〇㌃）一円を与える者には、全土地を開墾した後に、一町五反歩（一・五㌶）を分与し、また、開墾料は、一反歩（一〇㌃）二円を与える者には、土地の分与をしないという。

その契約は、ただ、口約束に留まり、まだ、証書などを交付していない。食料、その他の物品の貸付は、小作人の請求に応じて貸付、鍬下四ヶ年とする。小作料は、その後になって定めるという。

熊谷農場の小作人は、一定の地域から募集したのではなく、大津に上陸して、まだ、方向を定めない単独移民を移住させた。

大抵、多少の資金があり、その内、数戸は、プラオ、ハローを買い、馬耕を行った。一戸平均、二町二、三反歩（二・二、三㌶）の開墾地がある。その中には、六、七町歩（六、七㌶）を開墾した者もいる。一般的に、農業に精励している。

また、その小作人は、既に述べたように、多少、資金があり、農場主から借入する金額も、隣接する農場などの小作人に比べ、その額は、かなり少ないという。

下浦幌原野・土田牧場

栃木県人、土田謙吉外二名の出願で、面積三、〇〇〇、〇〇〇余坪（一、〇〇〇ヘクタール）ある。その土地は、浦幌川の東岸にあり、熊谷農場の北に位置し、東北の一部には、高台地が少しある。樹林地、草原地が混じり、その間に多少の湿地がある。湿地は排水を行えば、農地となる。土地は肥沃である。高台は黒色腐植土の下に、二、三寸（約六〜九センチ）の火山灰が混じる。土地は多少劣る。

明治二九（一八九六）年。小作人、数戸を移住させ、諸般の準備をした。

明治三〇（一八九七）年。小作人を募集し、九五戸が入植した。九九町歩（ヘクタール）開墾。秋末、秋蒔《あきまき》小麦《こむぎ》、秋蒔雲台《あきまきうんだい》（雲台アブラナ・油菜）の試作を行った。秋蒔小麦は、結果が良く、秋蒔雲台は、結果が良くなかったという。

また、事務所の直接の工事として、小排水、数一、〇〇〇間（一間は一・八メートル）を開削した。

明治三一（一八九八）年。小作人、一五戸を入植させた。現在、一一〇戸の小作人がいる。その原籍は、富山県四七戸、石川県四三戸、茨城県一二戸、その他、徳島県、山形県、香川県、新潟県の各県人である。

小作人との契約は、一戸平均、四町五反歩（四・五ヘクタール）を配当して、五ヶ年間に開墾し、渡航費、及び、移住上陸の日から、翌年一〇月までの食料を貸付し、小屋掛けとして必要な物品を与える。

その開墾料は、一反歩（一〇アール）一円から一円五〇銭とし、土地の難易により定めた。小作の契約は、鍬下年期二ヶ年とし、三年目から一反歩（一〇アール）に付き五〇銭を徴収する。その後、次第に増加する。

明治三一（一八九八）年。一四〇町歩（ヘクタール）を開墾し、一戸平均、二町一反歩余（二・一ヘクタール）にあたる。小作人の中で、プラオ、ハローを所有する者なく、開墾は、皆、鍬を用いている。

明治三一（一八九八）年。六月までに、移住以来、一一〇戸の一戸当たり平均、二五三円の負債を生じ、これに、七月以降の分を加えると、なお、一層、巨額に達する。炭窯が八個あり、小作人の副業として、炭を焼いている。

土田農場の小作人は、皆、その故郷でも純粋の小作農で、赤貧《せきひん》（極めて貧しくて、持ち物が何一つないこと）洗うような者が多く、教育の素養ある者がいない。

土田農場と岐阜殖民合資会社を比較すると、少し高台地にあるが、湿地も多くあり、開墾は容易である。その小作人は、知識が低く、前後の思慮に乏しく、みだりに負債を重ねて、これを気にする様子もない。

下浦幌原野・野澤泰次郎の貸付予定地

明治三一（一八九八）年。貸付許可。土田農場の北に位置し、面積一、五〇〇、〇〇〇坪（五〇〇ヘクタール）ある。土地が肥沃である。楡、槲《しきみ》、桂などの大樹が繁茂している。

下浦幌原野・単独農民

野澤泰次郎の貸付地の北に、単独農民、八〇余戸居住している。その地は、下浦幌原野の北方に位置し、土地が肥沃である。

明治三〇（一八九七）年。約一六、七戸が移住した。

明治三一（一八九八）年。六〇戸の移住があり、一大集落となった。現在、なお、貸付出願者が続いている。今後、一層、その数が増加する。

原籍別は、福井県二四戸、岐阜県一七戸、香川県一二戸、その他、広島県、富山県などの各県である。これらの移民の中の貸付面積の最高は、一五〇、〇〇〇坪（五〇㌶）であり、普通は、一五、〇〇〇坪（五㌶）である。

その移住民は、少ない者でも数一〇円、多い者は、数一〇〇円の資金を持参している。プラオ、ハロー、及び、馬などを買い、熱心に開墾に従事している。これを、隣接の大農場と比較すると、その成績は非常に良い。現在、平均二町四、五反歩（二・四、五㌶）の開墾地を所有している。既に、全土地の開墾に成功した者は、八戸ある。今年度中には、全土地の開墾成功者の数は更に多くなると云う。

アイヌは、従来、多くは、蔬菜を作るだけだった。両三年来、多少、雑穀を作り、販売する者がいる。現在、その耕地の多い者は、二、三町歩（二、三㌶）あり、普通、七、八反歩（七、八〇㌃）から一町歩（一㌶）ぐらいを耕作している。

明治三一（一八九八）年。この年から、区画地内の旧土人保護地を開墾して、次第に、移転の計画をする者がいる。

中浦幌原野

明治三一（一八九八）年。中浦幌原野は、大抵、単独農民に貸付をしているが、まだ、着手した者がいない。

牧畜

熊谷牧場は、十勝川、浦幌川の両川の袋地にあり、地味が肥沃で、水草に富み、その地形は、天然の好地形で、牧場に適する。

明治二〇（一八八七）年。この年以来、西田幸次郎は、自ら牧畜に力を注ぎ、牛、馬、豚などを飼養。

明治二〇（一八八七）年。大津村の有志者が共同して、十勝産馬改良組合を組織し、各自所有の馬を集め、道庁から種畜の牛馬を借り繁殖用とした。当時、創業に際して、経費を要することが多く、漁業のように直ちに利益を上げるわけにはいかなかった。

明治二三（一八九〇）年。十勝産馬改良組合を解散する不幸に遭い、石黒林太郎の経営になった。

明治二六（一八九三）年。石黒林太郎は、これを熊谷泰造に譲り、以後、熊谷泰造の経営になる。道庁から種畜の牛馬を借り、自ら繁殖を行う。

明治二九（一八九六）年。以後、前に述べたように、耕地としたので有名無実の牧場となった。牛馬は十勝川と大津川の間の原野に放牧し、冬は、馬を昆布刈石《コブカリイシ》の近くの官林に放牧する。

更に、管理などを行い、種用の牛馬を舎飼して燕麦、牧草、野草などを与えている。現在、牛数一〇頭、馬一〇〇余頭。牛は冬期間、舎飼することがあるという。牛馬とも、繁殖を主としている。ただ、不良の子馬は販売する。

明治三〇（一八九七）年。西田幸次郎は、大津川、十勝川の両川の間に、九〇、〇〇〇坪（三〇ヘクタール）の貸付を受けて、牧舎事務所の建築に着手した。現在、馬一八〇頭、牛三八頭、豚一〇数頭とを飼養している。

牛は、アイシャ（エアシャ）、雑種で、馬は土産馬が最も多く、南部種雑種がこれに次ぐ。種馬は、新冠御料牧場から払下げを受け飼養。農用、乗用を目的する。

馬の需要の多くは、内陸の原野の農民である。土産馬の良馬は、平均四〇円の価格で販売しているという。牛は、大津村で、時々、肉用として購入する者がいる。

明治三〇（一八九七）年。西田幸次郎は試しに、札幌に一一頭を送り、平均三五円で販売したという。西田幸次郎牧場の面積は狭く、多数の馬牛を飼養することができない。夏期は、大津川と十勝川の間の原野に放牧する。ただ、種用の牛馬は、常に舎飼して、燕麦、牧草、野草などを給与し、時々、柵外に出して運動させる。他の牛は、冬期間、舎飼して、馬は、昆布刈石の官林に放牧する。

大津村から転居した渡辺某は、土産馬、南部種を合わせて、馬七〇頭を飼っている。

明治三一（一八九八）年。一月、上浦幌原野で、熊谷泰造と橋本某とが共同して、四、三六〇、〇〇〇余坪（約一、四五三・三ヘクタール）の貸付を受けて、一〇ヶ年間で牧場を完成する予定である。

アイヌの下沢与助は、土産馬三〇頭、牛二〇頭を飼う。また、アイヌのイコセプは、土産馬二〇頭、牛一八頭を飼い、官林、原野に放牧している。

木材・薪炭

トコムオロの奥には、椴松《とどまつ》の良材がある。

明治三〇（一八九七）年。椴《とど》角材三、〇〇〇石（八三四立方メートル・一石は一尺×一尺×一〇尺＝〇・三〇三メートル×〇・三〇三メートル×三・〇三メートル＝〇・二七八立方メートル×三、〇〇〇）を出し、白楊を出した。角材の白楊は、全部、大津に送る。椴《とど》は一〇〇石（二七・八立方メートル）、一二、三〇円。白楊は立木のままで一〇〇石（二七・八立方メートル）、一五、六円で払い下げるという。

薪《まき》は、各自、開墾地の樹木を伐採し、これを大津に出して、一敷《いちしき》（長さ六〇チセンの薪を径一八チセンに割り、高さ一五〇チセン、幅一八〇チセンに積んだもの）、一円三、四〇銭である。炭釜の八個は、土田農場内の小作人などが焼き、その生産はまだ多くない。

商　業

商店は八軒ある。どれも少量の酒と雑貨を販売するだけである。村民の日用品は、大津《オホツ》市街で買い求める。

製造業

馬鈴薯の澱粉を製造する者が数戸ある。創業の日が浅く小規模である。

風俗・人情・生活

各農場の小作人、及び、単独農民は、皆、茅屋に住む。小作人は、農場主から貸付の物品で、生活をしている。単独農民は、多少資金を持参しているので、生活が困難な者はいない。

衛　生

新しく来た移民は、間歇熱《かんけつねつ》（マラリア、おこり）にかかるが、いずれも軽症である。土田農場内に開業医が一名いる。重傷者の多くは大津病院に行く。

説教所

明治三一（一八九八）年。土田農場内に、東本願寺の説教所を設けた。

中川郡

地　理

南は、当縁郡に接し、西は、サツナイ川、トッタベツ川の両川の間の高原で、河西郡に連なる。また、シュオルベツ川で河東郡に連なる。北は、北見国常呂郡、及び、釧路国足寄郡を境とし、東は、釧路国足寄郡、白糠郡、及び、十勝郡に接する。東西一五里二七町（約六一・八キロメートル）、南北二八里五町（一一〇・五キロメートル）、面積二〇五方里余（約三、一五七平方キロメートル・一方里は一五・四平方キロメートル）である。面積は、十勝国の中で一番広い。

北見国の境には、千島火山帯の山脈が東西に連なり、その支脈は、南方に延び、各河川の源となっている。クマネシリ山は、中川郡の北西の隅にそば立ち、その高さは、五、一二二尺（約一五五二メートル）ある。これより、河東郡の境を南走する。数里の連嶺、及び、中川郡の北部の中央にあるキトウシ山は、高峻《こうしゅん》であるが、その他は、全部、低い。

地形は、南方に向いて丘陵、高原が連なり、西方は河東郡に接している。南は、十勝川沿岸に至り、ウコタキヌプリ山は、白糠郡の境にある。その山脈は、東西に延びて、低い丘陵となっている。十勝郡との境を区切り、中川郡の南境も、また、低い山脈が横たわり、当縁郡と接している。その山脈、西に暖傾斜して、

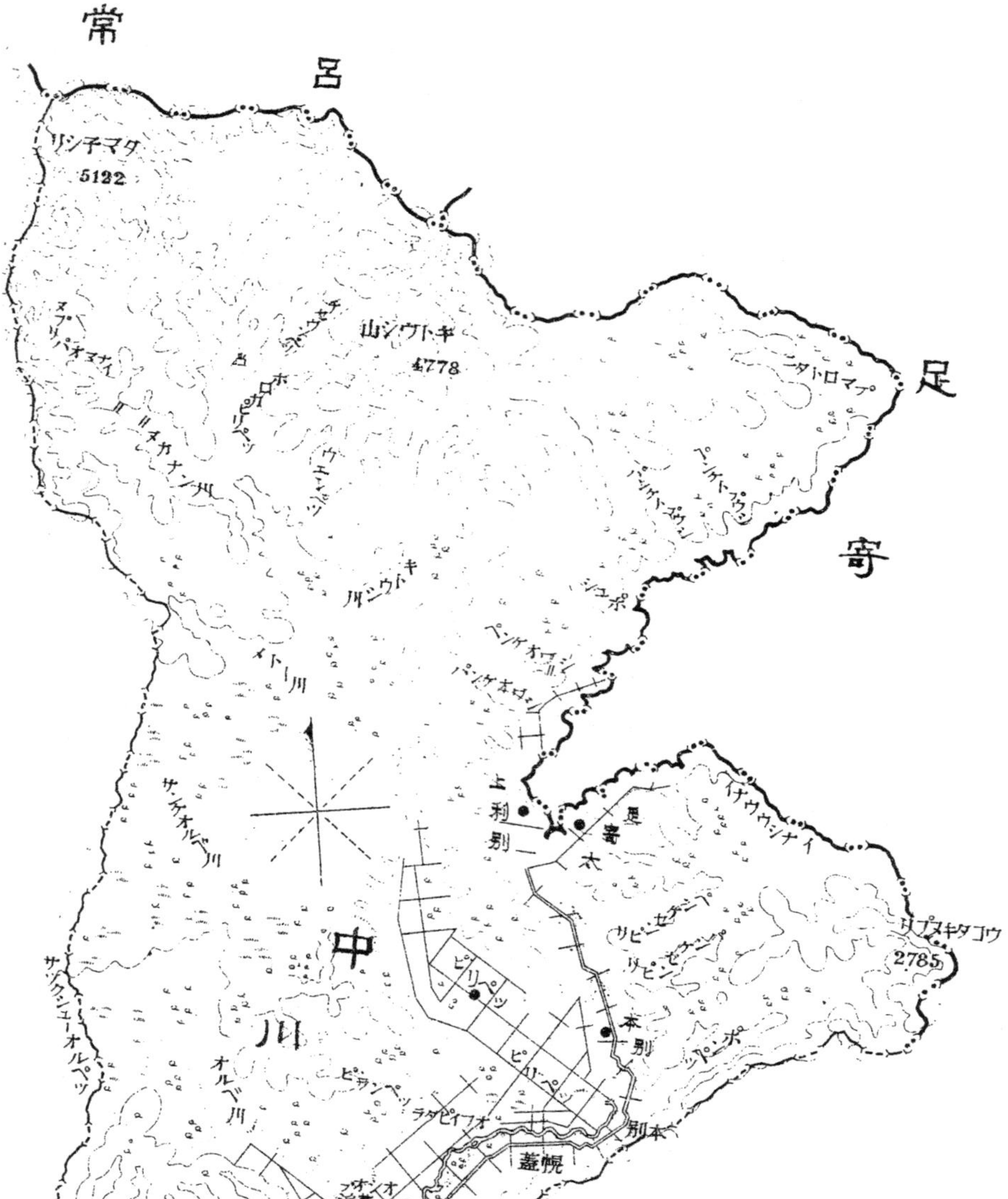

図７　中川郡

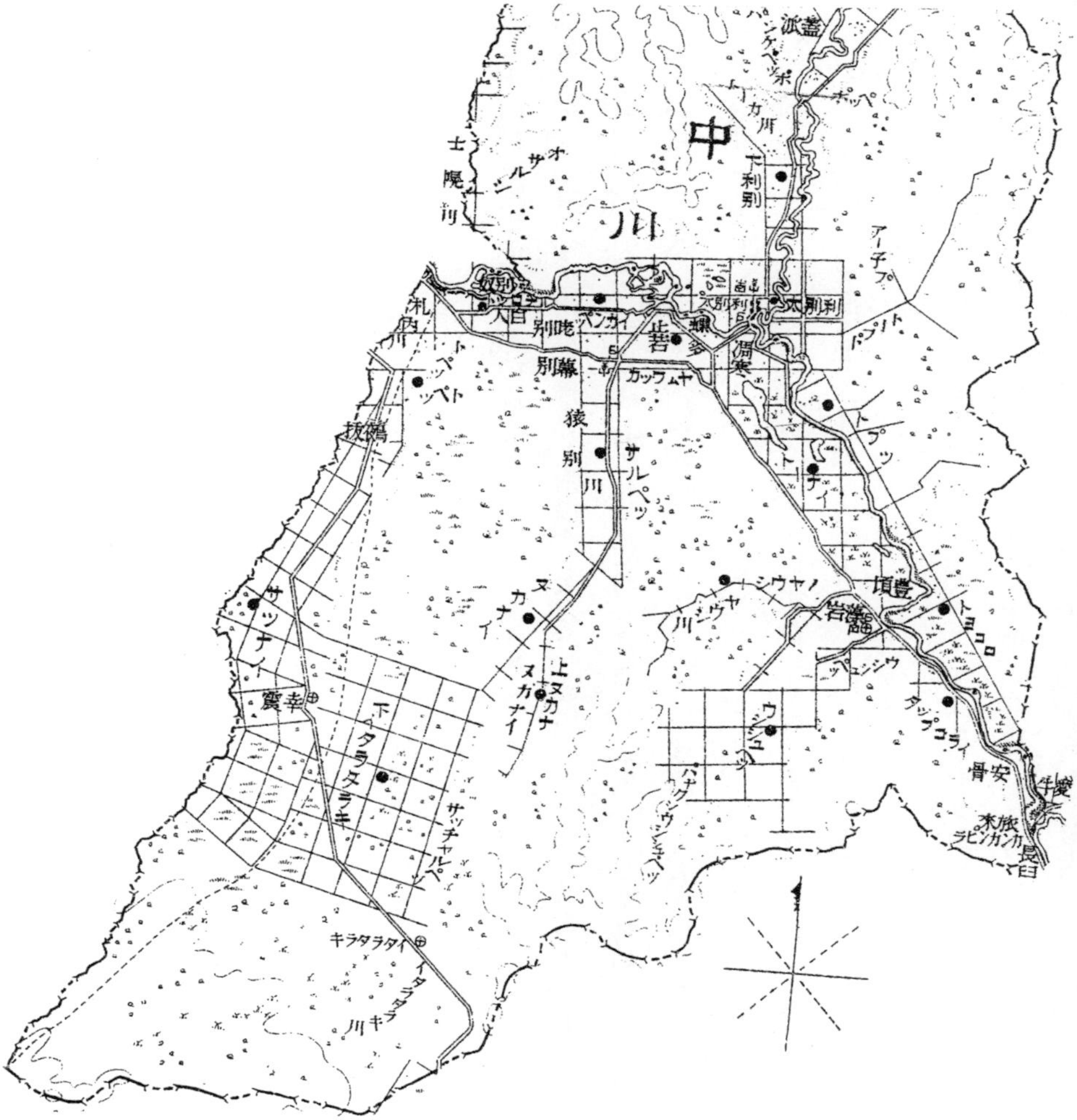

図８　中川郡

一大高原となっている。河西郡、当縁郡の両原野に連なり、面積は、広々と開けている。

中川郡は、南北の二方が高く、中部は低い。河川もこれに準じて、その源を南北に発し、共に、十勝川に注ぐ。その南方にある主なのは、トベツ川、猿別川、ノヤウシ川、ウシシュベツ川などであり、猿別川は特に長大である。また、北方には、河東郡の境を南流するシュオルベツ川がある。その東は、丘陵を隔てて利別川がある。源は、釧路国足寄郡から発し、南流して、無数の川流を集め、凋寒《セイオロサム》（池田）村の利別太《トシベツブト》（池田）に至り、十勝川に注ぐ。

利別川支流の主なものは、西にピリベツ川、ピンラベツ川、オルベ川などがある。東には、ペンケセンピリ川、パンケセンピリ川、本別川などがある。十弗川は、利別川の東南にあり、十勝川に注ぐ。

十勝川は、河西郡、河東郡の両郡の境を東流する。中川郡に入り、札内川以東に至る。曲がりくねって分流し、利別太に至り、合わせて水量が増し、南流する。約一〇里（三九・三キロメートル）で鼈奴《ベッチャロ》（浦幌）村に至り、十勝郡に入る。各川の内、十勝川、利別川、幕別川などは舟が行き来する。内陸の各村落の運輸に便利である。

湖沼は、大きいものがない。全部、河流が変じて沼池となる。十勝川の右側にあるキムウントー、ベカンベクトー、タンネトーなどは、やや大きい。また、利別川下流にも、数個の小沼がある。

中川郡は、面積が広い。原野もまた、広く、旅来《タブコライ》原野は、十勝川の右岸にあり、十勝郡に近い。ウシシュベツ原野、ノヤウシ原野は、各同名の河流の沿岸を占め、その東北にトーナイ原野がある。地形は平坦であるが、その面積の大半は湿地である。

ウシシュベツ原野、ノヤウシ原野の東、十勝川を隔てて、豊頃《トヨヒロ》原野がある。湿地が多い。その北に、十弗《トオブツ》原野がある。利別太原野は、利別川の両岸にまたがり、土地は非常に肥沃である。利別川流域には、下利別、蓋派、本別、足寄太、上利別などの各原野、南から北に並列し、釧路国足寄原野に連なり、土地は良い。

止若《ヤムワツオ》原野は、十勝川の右側、止若村付近一帯を称する。その西、幕別川を隔て、咾別《イカンベツ》原野がある。白人原野の西に横たわり、咾別原野と共に、全地域、樹林で、十勝原野の中で、最も肥沃な土地と云われている。猿別原野は、猿別川沿岸の流域を称し、高台地が多い。その南にヌカナイ原野がある。ヌカナイ川の沿岸は、狭く長い流域である。上下両原野に分けるトベツ原野は、トベツ川沿岸に位置し、草原地が多い。札内原野の一部は、中川郡にまたがり、トベツ川の上流に至る。

下イタラタラキ原野は、猿別川の上流右岸を占め、その支流にまたがる。面積は広大である。その地の多くは高原に属す。

以上の原野は、明治二五（一八九二）年以後、区画を測量して、明治二九（一八九六）年から貸付た。

各川沿岸の樹木は、楡《にれ》、樒《しきみ》、桂《かつら》、イヌエンジュ、赤楊《あかやなぎ》、槭《しゅく》（モミジ、カエデなど）、ドスナラ、胡桃《くるみ》、白楊《ぽぷら》などがある。樹の下は、劉寄奴《りゅうきど》（キク科ヨモギ属の多年草・漢方薬）、艾《よもぎ》、蕁麻《じんま》（イラクサ）、笹、木賊《とくさ》、虎杖《いたどり》、草藤《くさふじ》（マメ科）など。

高原には、槲《かしわ》、楢《なら》などの疎林がある。下草は、萱《かや》、萩《はぎ》、女郎花《おみなえし》（秋の七草のひとつ）、唐松草《からまつそう》、草藤《くさふじ》、笹《ささ》などがある。湿地には、赤楊《あかやなぎ》が疎生し、蘆《あし》、観音蓮《かんのんはす》（水芭蕉《みずばしょう》）、ヤチクサなどが生育する。

中川郡は、四方に海がなく、内陸のため、海上気象の影響を受けることが少ない。冬期の寒気は、強烈である。夏期の温度は、高く、穀類、豆類、蔬菜は成熟する。全面積は非常に広い。そのため、詳細に調査するときは、各地により、多少の差異は免れない。

初霜は、例年、九月下旬であり、終霜は、五月下旬である。雪は、一二月中旬から積もり初め、翌年、四月に融解する。積雪の量は、山間と原野とでは、多少の相違がある。例年、平均、二尺五寸（七五・八センチ）である。

特に、本別地方は釧路国足寄郡と同じで、積雪量が少ない。平均、二尺（約六〇センチ）に過ぎない。また、春季、草木が発芽の時期は、利別太に比べて一〇日ぐらい早いという。

運輸交通は、未だ整っていない。大津《オホツ》から帯広の間の道路は、明治二六（一八九三）年に、初めて開通した。道路は平坦で馬車を通す。

明治三〇（一八九七）年。利別太の南方、一里二一町（約六・二キロメートル）の仮道路と、止若村《ヤムワツオ》から既成道路まで、二一町余（約二・三キロメートル）を延長、開削した。

明治三一（一八九八）年。ポンサツナイから基線、第四号道路を開削し、止若村から利別太に出て、同所から北に折れ下利別、蓋派《ケナシバ》などの原野を貫通し、本別村に至る道路を竣工した。この間にある各村落は、連絡、交通の便が良くなった。

その他の各原野には、まだ、道路としてみるべきものがない。ただ、僅かに、小道があるに過ぎない。特に、豊頃《トヒヨコロ》原野、十弗《トオブツ》原野に至るには、丸木舟で行き来する交通だけである。実に、不便である。

猿別原野、トベツ原野、及び、本別から足寄太原野の間は、特に、道路の開削が必要である。

十勝川は水量多く、その流れも緩やかで、上下が共に操船が便利である。ただ、川の中に流木が多く横たわり、危険である。

大津港から帯広まで、五〇石（五トン・和船の一〇石は一トン）積みの舟が上下し、豊頃村の藻岩、凋寒《セイオロサム》（池田）村、利別太（池田）へは、共に、六、七〇石（六、七トン）積みの川舟が往来して、貨物の集散を行っている。また、支流の幕別川は、三〇石（三ﾄﾝ）積みで、猿別市街に達する。

利別川は、蓋派《ケナシバ》（池田）村まで二五石（二・五ﾄﾝ）積みの舟が上下する。十勝川、及び、その支流は、内陸の各村落の貨物輸送に便宜を与えているが、流木の堆積は、これらの舟の航行に、少なからず妨害している。河川の浚渫《しゅんせつ》（底の砂利などをさらって深くすること）は、今日において、最も、急務である。既に、小蒸気船を浮かべて、曳船《えいせん》の計画をする者がいる。

中川郡を分けると、二二ヵ村ある。旅来《タブコライ》（豊頃）村、安骨《チャシコチャ》（豊頃）村、豊頃《トヨヒコロ》（豊頃）村、十弗《トオブツ》（池田）村、凋寒《セイオロサム》（池田）村、蝶多《テフタ》（池田）村、止若《ヤムワツオ》（幕別）村、咾別《イカンベツ》（幕別）村、幕別《マクンベツ》（幕別）村、白人《チロツト》（幕別）村、別奴《ベツチャロ》（幕別）村の一一ヵ村は十勝川に沿い、南東から北西に並列している。

誓牛《チカフエウシ》（池田）村、様舞《シャモマイ》（池田）村、信取《ノブトル》（池田）村、蓋派《ケナシバ》（池田）村、居辺《ヲロベ》（池田）村、押帯《オシオブ》（本別）村、勇足《イサミダテ》（本別）村、幌蓋《ポロケナシ》（本別）村、負箙《オフエピラ》（本別）村、嫌侶《キロロ》（本別）村、本別《ポンベツ》（本別）村の一一ヵ村は、利別川に沿って、南ら北に並んでいる。各村の境界は不明であり、諸般の事に、不便なことがある。

沿革

昔、十勝場所に属し、各村にアイヌの集落があった。旅来《タブコライ》村、安骨《チャシコチャ》村のアイヌは、十勝各村のアイヌと共に、これを「浜土人」と称した。豊頃村から内陸の土人は、「山土人」と称した。夏期は、皆、海岸に出て、漁業に従事し、冬期は帰り、獣猟をしたという。

明治二（一八六九）年。静岡藩の支配となったが、特に施設はなかった。

明治四（一八七一）年。八月、静岡藩の支配は廃止となり、開拓使の所管となった。

明治八（一八七五）年。十勝組合の組織と共に、アイヌも皆、その組合員となり、漁労を共にして、組合の規約に従った。

明治一三(一八八〇)年。十勝組合を解散し、和人が、自由に入れるようになった。鹿猟の最盛期には、一時、数一〇〇人の猟師、買入商人が入って来た。和人の足跡を印《しる》さないところはなく、特に、凋寒村、利別太は、水陸交通の要衝の位置なので、盛況だったという。

この年から、殿様飛蝗《とのさまばった》が大発生して、官吏を派遣して、撲滅を図る。

明治一五（一八八二）年。春季、大雪があり、鹿はことごとく斃死したので、多数の猟師、仲買人は、その数が減った。和人の多くは四散した。この中には、利別太に留まり、農業を営む者が数戸あった。

明治一八（一八八五）年。この年、殿様飛蝗の発生が終息する。アイヌ民族に農具、種子を給与して、農業の指導が始まる。

明治二二（一八八九）年～二五（一八九二）年。旅来《タブコライ》、ウシシュベツ、ノヤウシ、トーナイ、利別太、止若、咾別、白人、札内など各原野の区画割、測量をする。

明治二五（一八九二）年。この年から、網走分監（釧路）の囚徒を使役して、大津から帯広の間の道路開削に着手する。

この年、香川県奨励会の移民、一二戸が止若《ヤムワツオ》村に移住。徳島県南海社の移民、一六戸が、咾別《イカンベツ》村に移住して、各貸付地内で開墾に着手した。これらは、団結移住の始まりである。

明治二六（一八九三）年。前年に着手した道路が開通した。この年、奨励会、南海社の移民、各一〇数戸が移住し、再来、その誘導により、十勝原野の肥沃なのを聞き、単独移民が来て、無願開墾をする者が多い。

明治二九（一八九六）年。土地の整理処分があり、この時の調査によれば、各村の無願開墾者は、二〇八戸、七九二人であり、その既墾地は、一、一一五、〇〇〇余坪（約三七一・七ヘクタル）に達したという。

明治二九（一八九六）年。区画の原野の貸付以後、移民が続いた。以来、年々、区画線を延長して、各原野の区画を貸付し、現在、各原野の開墾が盛んであり、人、煙を見る。

明治三〇（一八九七）年。明治一三（一八八〇）年以降、十勝郡大津村に置いていた戸長役場の管轄を分け、凋寒《セイオロサム》村、蝶多《テフタ》村、止若《ヤムワツオ》村、幕別《マクンベツ》村、咾別《イカンベツ》村、白人《チロツト》村、別奴《ベツチヤロ》村の七ヵ村の戸長役場を幕別村に設けた。

明治三一（一八九八）年。中川郡の戸数は、二、二六九戸、人口九、五四五人。

明治三二（一八九九）年。幕別に設けた戸長役場は、区域が非常に広く、人口が多いので、豊頃村、凋寒村に各戸長役場を新設し、付近の各村の事務を取扱う旨を交付した。

重要産物

中川郡は、海に接していないので、水産物の生産がない。農産物は、各原野の開拓と共に、生産物が増加している。

明治一五（一八八二）年。この頃までは、鹿皮、鹿角が、最も重要な生産物であった。その後、鹿皮の産出は絶えた。

明治二〇（一八八七）年。この頃まで、鹿角が、多少、産出があったという。熊《くま》、獺《かわうそ》、狐《きつね》、貂《てん》などの皮は、今でも数一〇〇枚を産出している。

明治三一（一八九八）年。主な収穫物は、大豆《だいず》一〇、二七〇石（約一、三二五トン・一石は一二九キログラム）、黍《きび》五、五九二石（約六二九トン・一石は一一二・五キログラム）であり、玉蜀黍《とうもろこし》、小豆《あずき》、扇豆《おうぎまめ》、虹豆《にじまめ》、蕎麦《そば》、馬鈴薯《ばれいしょ》、大麦《おおむぎ》、裸麦《はだかむぎ》、粟《あわ》などが、これに次ぐ。

明治三一（一八九八）年。亜麻製線会社、軸木製造工場などの建築があり、その事業に着手する予定である。馬鈴薯の澱粉製造は、数ヵ所に設けているが、未だ、多量に生産されていない。椴材は、本別村の奥から多く出し、また、ウシシュベツ原野の奥でも、伐採している。

概　況

旅来《タブコライ》（豊頃）村、安骨《チャシコチャ》（豊頃）村は、単独農民が多く、一戸当たり七、八町歩（ヘクタル）から一〇町歩（ヘクタル）の作付けをする者がいる。大面積の貸付は、近藤金三郎などがいる。

豊頃村は、区域が広く、豊頃村の藻岩《モイワ》は、十勝川の西岸にあり、水陸の交通が便利である。市街地があり、郵便局、駅逓、旅舎、及び、数戸の商店がある。単独農民は、各原野のところどころに散在して各自、開墾に力を注ぐ。

豊頃村には、大面積の貸付が多い。興復社農場の外は、その事業、まだ、見るに至らない。また、全く、着手しない者が多い。

十弗《トヲブツ》（池田）村には、大面積の貸付がない。単独農民などが、数戸移住して、開墾に着手したに過ぎない。

凋寒《セイオロサム》（池田）村は、中川郡の中央に位置し、特に、利別太《トシベツフト》は、市街の予定地を設けてある。巡査駐在所、小学校、旅館、及び、一〇戸の商店が、十勝川の両岸に並ぶ。凋寒村は、中川郡の中で特に開けた村落であり、農民が多く、大面積には、池田侯爵の農場がある。

明治三一（一八九八）年。亜麻製線会社、軸木製造所などの建築がある。将来、大いに発達する気運がある。誓牛《チカフエウシ》（池田）村、様舞《シャモマイ》（池田）村、信取《ノブトル》（池田）村、蓋派《ケナシバ》（池田）村、居辺《ヲロベ》（池田）村、押帯《オシオブ》（本別）村、勇足《イサミダテ》（本別）村、負箙《オフエピラ》（本別）村、幌蓋《ポロケナシ》（本別）村などの各村は、利別川の沿岸に並列し、高嶋大農場があり、大面積を占め、多数の小作人を移住させ、盛んに、開墾、耕種を行っている。

単独農民、及び、アイヌは、その間の所々に点在して、開墾に従事している。嫌侶《キロロ》（本別）村、本別《ポンベツ》村は、北に位置し、大面積には、小川幸兵衛がいて小作人が開墾に着手する。

単独農民は多くない。原野は広くゆとりがある。蝶多《テフタ》（池田）村、止若《ヤムワツカ》（幕別）村は、凋寒《セイオロサム》（池田）村の西にあり、香川県奨励会の移民、及び、単独農民が多く盛んに開墾を行っている。

幕別村、白人《チロット》（幕別）村、別奴《ベッチャロ》（幕別）村は、その西に位置し、土地が肥沃で農業が盛んである。徳島県南海社の団体移民、及び、単独農家が多い。大面積には、南勢開拓社があり、小作人が開墾を行っている。一般に、草原地は普通の農具で開墾をする。

幕別村には、市街地を設けてあり、戸長役場、小学校、巡査駐在所、駅逓、旅館、その他、商店が一〇余戸ある。付近、各村の中央市場である位置を占め、将来、発達する。

中川郡の既墾地は、四、一八九町歩（ヘクタール）である。主な農作物は、大豆を主として、黍がこれに次ぐ。玉蜀黍、馬鈴薯、小豆、裸麦、蕎麦、粟などがこれに次ぐ。稲は、所々で試作しているが、その結果は良くない。大麻は、最も成長が良い。ただ、各自、使用料として作付けするだけである。原野の樹林の中には、桑が多く、養蚕を行う者がおり、その成績は良い。

一般的に、農家は、河岸の肥沃な土地を選定して、耕作しているので、まだ、肥料を使用していない。また、大豆、小豆は、連作を行っているので、だんだん、地力が消耗しているが、輪作の方法を講じていない。作物の病虫害は少ないが、これを駆除するものがない。

大農場は、皆、小作人の開墾によるが、小面積の者の中にも、一時、小作人を入れて、開墾を行う者も少なからずいる。生活物資の仕入れは、大農場では、大抵、地主が行うが、小面積の者の中には、商店と連絡をとり、地主が保証人になることがある。鍬下年期だけを付けて、開墾料を支給しないことがあり、その方法は、一定でなく、詳細は、各村の部において、これを述べる。

馬の飼養は、中川郡で六一一頭。多くは農業で使用する。一〇頭以上を飼う人は少ない。大抵、一戸一、二頭から四、五頭の間である。

豊頃村の藻岩駅逓の某は、七〇余頭を飼養し、中川郡で一番多い。止若村に猪俣某、斎藤某の牧場貸付地があるが、ほとんど見るべきものがない。牛は、猪俣牧場内で三〇余頭を飼養する。

中川郡の大多数は、農業で生活し、中には、道路の開削工事に雇われ、あるいは、伐木を行う。商業に従事する者は稀で少ない。

戸長役場は、豊頃《トヒヨコロ》村、幕別《マクンベツ》村、凋寒村の三ヵ所に設け、付近の数村、あるいは、一〇数村連合して、公共事業を行う。村医は、豊頃村、止若《ヤムワツオ》村、幕別村の三ヵ村にいる。

学校は、凋寒《セイオロサム》村、利別太、幕別村、猿別市街に、各公立小学校がある。咾別《イカンベツ》村、白人《チロツト》村には、単独農民などが共同して、私立小学校を設けている。また、幕別村には、耶蘇教《やそきょう》（キリスト教）聖公会派の設立にかかわる慈善小学校がある。

これらは要するに、中川郡が広く村落が多いため、なお、各種公共の設備が必要である。

旅来村《タブコライ》（豊頃）・安骨村《チャシコチャ》（豊頃）

地理

旅来村、安骨村は、その境が不明のため、二つの村を合併して記す。両村は、十勝川の左右にまたがり、南はカンカンピラの小丘があり、十勝郡の長臼村《ヲサウス》が境である。

西は、丘陵が連なり、当縁郡の当縁《タウブチ》（大樹・豊頃）村に接し、北は、ワサロップ川（道庁の実測地形図では、ワサロップ川とセイオイ川とを間違い）で、豊頃村《トヒヨコロ》を境とする。

南東は、十勝郡の生剛村《オヘコハシ》に接し、カンカン川、旅来川は共に、西部の丘陵を源とし、東流して十勝川に入る。その北に、オタッコプウシュペ川がある。西部の山間から発し、南に曲がり十勝川に注ぐ。

十勝川は豊頃村から来て、旅来村の南東に至り、分かれて二つの流れになり、十勝川に入る。チヤシコットーと称する小沼は、チャシコツ山の麓にあり、その水は南流して、一つの小沼に入り、また、流れて、旅来川に合流する。

その他、小沼が数個ある。全部、河流が元となっている。村名の旅来《タブコライ》は、蝦夷語の「タプコプライ」で「戦死の小丘」の意味である。安骨《チャシコチャ》は、蝦夷語の「チャシコツ」で、「砦《とりで》」の意味である。この二つの村は、大津《オホツ》から帯広の間の道路の西方に位置する。小丘にして、タブコプライは南にあり、チャシコツは北に位置している。

丘陵の樹木は、楢、槲、赤楊などで十勝川の沿岸には、楡、梻《しきみ》、柳などが疎生している。原野には、赤楊がある。

原野

明治二五（一八九二）年。旅来原野の区画を測量する。その区画の南は、カンカンピラから十勝川の西岸に沿い、北は、区画線南三六線を以てウシシュペツ原野と境になる。

地形は細長く、区画地の面積は、一、八二〇、〇〇〇余坪（約六〇六・七㌶）である。十勝川の沿岸、数一〇〇間（一間は一・八㍍）の間は、砂質土壌で地味は肥沃であり、農耕に適しているが、山脚《さんきゃく》付近には湿地があり、排水の後でなければ、直ちに農耕に利用できない。

明治二九（一八九六）年。十勝川の東岸は、豊頃原野、下浦幌原野に属する。区画割りを行い、この年以後、貸付を許可する。

明治三〇（一八九七）年。この年から貸付する。その面積は広いが、肥沃な乾燥地は、十勝川沿岸の数一〇〇間（一間は一・八㍍）に留まる。その他は、泥炭性湿地である。

タンネオタには、アイヌの保護地がある。

沿　革

昔、旅来《タブコライ》村、安骨《チャシコチャ》村に、アイヌの集落があった。夏期は和人の漁場に雇われ、冬期は集落に帰り、獣猟をする。

明治一四（一八八一）年。日高国幌泉《ホロイズミ》から、藤井某が鮭漁の目的で移住し、開墾も行う。和人の移住者の先駆けである。後に、幌泉に帰る。

明治一六（一八八三）年。石川県士族、山田平濤、井上義保の二名が移住し、札幌県士族移住取扱規則により、保護を受け、開墾に着手する。

明治一七（一八八四）年。タンネオタにアイヌ救済事務所を設け、オサウス、及び、十勝川筋の居住するアイヌ民族に農具、種子を与え、農業を教える。

明治二二（一八八九）年。アイヌの農業指導を廃止する。

明治二五（一八九二）年。大津から帯広間の道路の開削が始まる。移住が二戸あった。

明治二六（一八九三）年。宮崎県人、半澤某が、大津から来て開墾に着手する。

明治二九（一八九六）年。区画地の貸付がある。大阪府の人、馬野熊吉らが数人と共に、当縁《タウブチ》郡歴舟《ペルフネ》原野から移住した。

明治三〇（一八九七）年。三重県人、近藤金三郎、函館の津田善右衛門、大津村の橋本順造など、大面積の貸付を受け、また、単独農家などの多くの移住者が開墾を行った。

戸数・人口

明治三一（一八九八）年。年末現在、旅来村は、戸数一二〇戸、人口四四七人。アイヌの戸数二九戸、人口九四人。安骨村は、戸数三五戸、人口七八人である。富山県人が最も多く、三重県、新潟県、徳島県など各県人がこれに次ぐ。

集　落

十勝川の西岸道路付近には、延長約二里余（約七・九キロメートル）の間に、九〇戸の単独農民と橋本順造の小作九戸がある。東岸には、桑名農場の小作一五戸、津田某の小作三戸が散在している。タンネオタには、アイヌの密集集落が二九戸がある。その付近に和人が数戸ある。

農　業

明治一六（一八八三）年。山田平濤、井上義保は、当地方に一番早く移住した。その後、移住した農民も、皆、熱心に開墾に従事する。

貸付面積の広い十勝川の西岸には、河瀬利平、橋本順造が移住した。その東岸には、近藤金三、津田善右衛門がいる。アイヌの保護地はタンネオタにある。

旅来《タブコライ》原野・単独農民

農民は、道路に沿って散在している。貸付面積の最も多い者は、半沢常松で、五〇、〇〇〇余坪（約一六・七ヘクタール）ある。現在、一七町歩（ヘクタール）の自作を行い、プラウ、ハローを二台、除草機一台、馬七頭を使い、雇用二名を置く。播種、収穫の時は、特に、人夫数名を雇うという。その他、五町歩（ヘクタール）から七、八町歩（ヘクタール）を耕作する者が二〇余戸ある。

明治三〇（一八九七）年。この頃に移住した者も、大抵、二、三町歩（ヘクタール）を耕作する。

明治三一（一八九八）年。この年の移住者は、既に、他の地域で、土地の貸付を受けて、一時、当村において既墾地を借り受け、小作する者が多い。

その小作料は、一反歩（一〇アール）一円が普通で、高いのは一円二、三〇銭である。農作物は、黒大豆を主として、黍、大麦、馬鈴薯、蕎麦などがこれに次ぐ。

また、大津市外に近い所では、蔬菜の栽培を行い、販売する者が多い。現在、移民が開墾する土地は、大抵、肥沃である。

旅来原野・河瀬利平の貸付地

明治三〇(一八九七)年。兵庫県人の河瀬利平は、カンカン川、旅来川の間で四八〇、〇〇〇余坪(約一六〇ヘクタール)の貸付を受けた。

その土地は、大津、帯広の間に通じる道路の両側に位置する。大部分は泥炭性湿地に属し、蘆、菅の類が群がって生え、その間に赤楊が混じる。

小排水数一〇〇間(一間は一・八メートル)を開削し、小作三戸を移し、開墾に着手したが、湿地の乾燥が容易でなく、二戸が逃亡した。現在、僅かに一戸が残って、五、六反歩(五、六〇アール)を耕作するだけと聞く。

河瀬利平は、原籍地(兵庫県)に住み、当地の管理経営は、大津村の猪俣某に委託し、資金を投じることが少なく、現在、ほとんど放置の状態である。

旅来原野・橋本順造の貸付地

明治三〇(一八九七)年。大津村の橋本順造は、面積一〇〇、〇〇〇余坪(約三三・三ヘクタール)の貸付を受けた。

その土地は、十勝川の西岸村の北部にある。草原地が多く開墾が容易である。

現在、小作人、九戸が居住して、既墾地が約二〇町歩(ヘクタール)ある。小作人は、概ね、富山県人であり、他に貸付地を所有して、一時的に当地で小作をする者である。

橋本順造は、鍬下年期三年を与え、特に、開墾料を支払わない。ただ、米、味噌は、小作人の請求に応じて貸し付けている。

豊頃原野・桑名農場

明治三〇（一八九七）年。四月、三重県人の近藤金三郎、外、三名の貸付地、面積一、〇〇〇、〇〇〇余坪（約三三三・三㌶）がある。伊勢国桑名郡から小作九戸を移住させた。

その土地は、十勝川の東岸に位置する。十勝川沿岸の数一〇〇間（一間は一・八㍍）の土地を除けば、全部、湿地であり、排水の必要がある。

明治三一（一八九八）年。小作一一戸を移住させた。移住後、五戸の小作人は、他に転住して、現在、一五戸が居住している。

小作人との契約は、旅費と小屋掛料五円を各戸に支給し、一戸平均、四町五反歩（四・五㌶）を配当。五ヶ年間で開墾して、開墾料を支払わない。一家の人員を四人と定め、老人、幼児の別に従い、米、及び、雑穀を各等分に支給する。農具、味噌、塩、石油などの必需品は、初年に限り、現品を無利子で貸付ける。小作料は、移住初年だけ免除し、二年目からは、その年の新墾地と共に、一反歩（一〇㌃）に付き、六〇銭を徴収し、三年目から、付近の農場に準じ改変するという。

豊頃原野・津田善右衛門の貸付地

明治三〇（一八九七）年。函館の津田善右衛門は、面積一四〇、〇〇〇余坪（約四六・七㌶）の貸付を受けた。

その土地は、桑名農場の北に位置し、地力、地形は桑名農場と同じである。

明治三一（一八九八）年。新潟県人、三戸を移住させた。小作の方法は、まだ、確固たる契約がなく、ただ、小屋掛料として、一戸に付き一二円を支給し、普通の農具、食料は、小作人の請求に応じ貸付をする。鍬下四年を与え、別に開墾料を支給するという。現在、三町歩余（ヘクタール）の開墾を行った。

豊頃原野・アイヌの保護地

桑名農場の南、タンネオタは、古来、アイヌ民族の居住地であり、現在、戸数二九戸である。

明治二九（一八九六）年。アイヌ保護のため、四〇三、六八〇坪（一三四・六ヘクタール）を予定存置とした。草原地が多く、土地は肥沃である。

明治三〇（一八九七）年。この年から、開墾に従事する者がいる。現在、一町歩（ヘクタール）から二町歩（ヘクタール）の既墾地がある者は数戸ある。プラオ、ハローは、大津村のアイヌ、ソブトイから借り、順番に使用している。作物の栽培は、黒大豆を主として、その次が黍、稗、玉蜀黍、蔬菜類である。黒大豆は、全部、雑穀商に販売する。

近年、和人の開墾が盛んになり、これに刺激されて、盛んに開墾する者もいる。また、和人三戸は、アイヌの土地を借りて、小作をしている。小作料は一反歩（一〇アール）に付き、一円の約束である。

以上のように、大面積貸付の者は、普通の農民と比較すると、成績はどれも不良である。普通の農民の中には、大津の商人の助けを受け、開墾する者がいる。また、全く独力で、開墾する者がいる。

馬

旅来村《タブコライ》、安骨村《チャシコチャ》の両村の馬の所有者は、合計二〇余人、三〇余頭に過ぎない。半沢某は、五頭の土産馬と二頭の雑種馬を飼っている。その他は、各一、二頭を飼育する。アイヌの中で、馬を飼うものは、僅かに、三人だけである。

商　業

商店が二戸ある。僅かに、酒、菓子類を置くだけである。普通、農家は大津に行き、生活用品を買う。

風俗・人情・生活

明治二九(一八九六)年。この年以前の移民の中には、既に、普通の家屋に住んでいる者がいる。その他は、一般的に、なお、掘立小屋に住んでいる。

アイヌは、柾屋に住む者二戸、その他は草小屋である。アイヌは、夏、秋に、漁場で雇われる者がいる。

桑名農場の小作人は、土着心に劣る。通常、農家の食物は、主として麦、馬鈴薯であり、米を食べる者は稀である。生活に困る者はいない。

豊頃村《トヒヨコロ》（豊頃）

地　理

豊頃村は、十勝川の両岸をまたがり、その区域は広く、南は、ワサロップ川で安骨村と境になり、一帯が低い山脈の当縁郡と相向かい、西は丘陵である。北は、ウツナイ川で凋寒村《セイオロサム》とコタノロ川で十弗村《トオブツ》と境になっている。

山岳に、有名なものはない。ウシシュペツ川の源付近は、高峻であり、その他は、丘陵高原である。豊頃村の中央にモイワ市街地があり、西に、丘がある。その上部は平坦である。

ウシシュベツ川は、南方の山間から流れ、その東にあるパナクシウシシュペツ川、ウペットムネプ川、モウペットムネプ川、その他、数多くの小流を集めて、北東に流れて十勝川に注ぐ。

その南に、ワサロップの小流がある。ノヤウシ川は、ウシシュペツ川の北に連なり、山脈から流れ、北流して、更に、東流し藻岩の北東に至る。レイサクペッ川を合わせ、十勝川に注ぐ。

トーナイ川は北の境にある。東流してトーナイ原野の湿地に入る。ウツナイ川は、ポロトー沼の吐け口で、東に流れて、十勝川に入る。

レプウンナイ川は、十勝郡の境の山脈から南西に流れて、十勝川に注ぐ。十勝川は、凋寒村《セイオロサム》から来て、村の東部を南流すること、約二里（約七・九キロメートル）、トプヨカオロに至り、西に曲がり、また、南流して安骨村《チャシコチャ》に入る。

原野の中の小沼は、所々に散在する。その中で、イウクシュトーハノヤウシ原野にある沼は大きい。豊頃原野には、小沼が七個ある。

原　野

十勝川の沿岸には、平坦な原野がある。川の右岸の南に、ウシシュペツ原野がある。ウシシュベツ川沿岸流域の面積は、九、八九〇、〇〇〇余坪（三、二九六・七㌶）ある。

その北に、ノヤウシ原野がある。ノヤウシ川は、その中央を貫流し、その下流の土地は、北はトーナイ原野に連なり、南東は十勝川に臨み広いが、下流の土地は狭く長い。原野の面積は、四、五六〇、〇〇〇余坪（約一、五二〇㌶）ある。

トーナイ原野は、ノヤウシ原野の北に位置し、東は、十勝川、西は、止若《ヤムワツオ》原野に連なり、その面積は広い。十勝川の東に豊頃原野がある。北部は、高台が多く、南部は湿地が多い。安骨《チャシコチャ》村にまたがり、その面積は、四、八九〇、〇〇〇余坪（一、六三〇㌶）である。

以上、各原野の中のトーナイ原野、ノヤウシ原野、豊頃原野の三つの原野は、湿地が全面積の半分を占めるので、排水溝を開削し、乾燥させなければ、農耕を営むことができない。その他は、高台地の外、肥沃で農耕に適している。

運輸・交通

明治二六（一八九三）年。四月、大津《オホツ》から帯広の間の道路が初めて開通した。豊頃村の藻岩に駅逓を設け、人馬の継立をする。大津まで五里（一九・六キロメートル）、帯広まで七里三四町（三一・二キロメートル）である。

藻岩から十勝川に沿い、利別太に至る細別、ウシシュベツ川沿岸に、興復社の開いた細道がある。その他は、まだ、道路というべきものがない。

十勝川は舟が行き来する。その運賃は、大津から上がりは、穀類一俵（六〇キログラム）に付き八銭、貨物一個に付き八銭である。下りは一定しない。臨時賃銭を定めて輸送する。

沿　革

昔、アイヌの小集落がある。福島屋請負の際、番屋を藻岩に設け、番人を置いて、越年したという。

明治二〇(一八八七)年。この頃、石川県人の井上義保が、旅来《タブコライ》村からウシシュベツ川の南岸に移住したのが、和人土着の始まりである。

明治二五（一八九二）年。大津から帯広までの道路工事が始まる。滋賀県人の田口秀正、富山県人の長谷部某などが来て、穀類、豆類の試作を行う。

明治二六(一八九三)年。四月、前年に着手した、大津から帯広までの道路が開通した。初めて駅逓を設け、人馬の継立に利用する。富山県人の碓氷某などの団体移民数戸が、ウシシュベツに移住する。

明治二七（一八九四）年。富山県人の団体移民、四〇余戸が到着して開墾に従事する。各移民の中で意見が一致せず、分散して、一部は他地域に移転する。

明治二九（一八九六）年。富山県人の団体移民、四〇戸の内、意見が合わない一部が分散して、ウツナイブトに転居する。また、二、三の単独移民が移住して、土地を選定して開墾を行う。土地貸付が許可されるときの調査によれば、無願開墾者は四三戸あったという。

大面積には、興復社、池田侯爵、近藤孫三郎、村岡浅右衛門、滝沢喜平次、小西和外数名が各数一〇〇、〇〇〇坪（三、〇〇〇坪が一㌶）から数一、〇〇〇、〇〇〇坪（三、〇〇〇坪が一㌶）の貸付を受けた。単独移住者、数一〇戸の移住があり、開墾が盛んに行われる。

明治三〇（一八九七）年。この年から、大面積の所有者は、小作人を移住させた。

藻岩は、水陸の交通運搬に便利である。特に、豊頃村の中央に位置するため、市街地を選定し、区画を設け、貸付を行おうとしたところ、既に、貸付済みとなり、商業、旅館などを営む者がある。将来、益々、発展する。

戸数・人口

明治三〇（一八九七）年。年末現在、戸数三九八戸、人口一、八七一人。その移住は富山県人が最も多く、福島県人、鳥取県人がこれに次ぐ。その他、各県人が混在する。

集　落

藻岩《モイワ》市街地には、道路の両側に二〇戸の柾屋がある。駅逓、旅館、商店などである。市街地以南、安骨村《チヤシコチヤ》に至る道路付近、及び、ウシシュベツ川下流の土地は、ほとんどが富山県人で、その数、六〇余戸、各所に散在し、説教所、木賃宿、商店などがある。

復興社は、その西部に位置し、現在、六〇戸の移民がいる。各移民は、割り当てられた土地に住む。藻岩市街地の北、ノヤウシ原野には、五、六戸の住民がいる。字三の小屋には、私設の駅逓と数戸の農民がいる。

市街地の東には、池田農場の小作一三戸、外に単独移民、及び、小作人など一〇余戸が散在し、その北の十勝川に沿って、石黒林太郎、近藤孫三郎などの小作人と、単独移民、三〇余戸がある。

ウツナイブトには、約二〇戸あり、豊頃には、一〇数戸の単独移民と岡村農場内に五、六戸の小作人が点在する。

農　業

明治二六（一八九三）年。この年以来、豊頃村の農業は、無願開墾者が始める。

明治二九（一八九六）年。この年以降、大農場が小作人による開墾を始める。また、単独移民の移住があり、開墾が盛んになる。

ウシシュベツ原野・単独農民

ウシシュベツ川下流の土地に、最初に移住したのは、井上義保である。

明治二七（一八九四）年。井上義保は、その開墾地、及び、未墾地の全部を、日高国から転住した群馬県人の高津某に譲渡した。

現在、高津某は一二町歩（ヘクタール）の開墾地があり、小作四戸を入れて、耕作している。その小作料は、上等地、一反歩（一〇アール）一円で、普通の土地は、八〇銭である。その他の農民は、一五、〇〇〇坪（五ヘクタール）から三〇、〇〇〇坪（一〇ヘクタール）の貸付を得て、開墾に従事する。

明治二九（一八九六）年。この年以前の移住民は、既に、全土地を開墾した者が多い。草原地は、大抵、プラオ、ハローで開墾する。樹林地は唐鍬《とうくわ》で開墾する。

ウシシュベツ原野・興復社

明治二九（一八九六）年。一〇月三日、福島県盤城国相馬郡、興復社社長の二宮尊親の出願で、七五〇、〇〇〇坪（二五〇ヘクタール）の予定存置を得た。その後増加し、合計四、〇三〇、〇〇〇余坪（約一、三四三・三ヘクタール）となる。

その土地は、ウシシュベツ川の上流、及び、その支流にまたがり、北は、ノヤウシ原野の一部を含む。草原地が、その過半を占める。河畔には、楡《にれ》、梻《しきみ》、桂《かつら》、白楊《はくよう》などの大樹が繁茂し、土地は肥沃で、多少湿地がある。排水を行えば農耕を営むことができる。

明治三〇（一八九七）年。福島県の盤城国から、二〇戸の移民を募集する。

明治三一（一八九八）年。再び、四〇戸の移民を移住させた。移住民との規約は、一戸に付き、原野五町歩を配当し、内、一町歩は、薪炭《しんたん》用地、宅地、畦畔《けいはん》（水田の縁の盛り土）などにあて、残り四町歩を、四ヶ年以上、六ヶ年内に開墾する。

その開墾料は、一反歩（一〇アール）に付き、三円を標準とし、土地の難易により支払う。小屋掛は、移住民が自ら造り、興復社は、縄、板、ゴザ、釘などを支給する。移住の初年に限り、農具数種と一反歩（一〇アール）に付き、種子料三〇銭とを支給する。また、移住の旅費は、移住民自身が支払う。食料は、六ヶ月間、貸付する。

復興社の事業は、普通の大農場と、全く、その組織を異にし、故二宮尊徳の遺志を継承して始めた。その移住民は、小作人のようで、小作人でなく、小作料は、報徳金と名を付け、開墾の三年目から二ヶ年間は、開墾地、一反歩（一〇アール）に付き、五〇銭を徴収する。その後、一三ヶ年間は、七〇銭を収める。その義務を完了した者には、配当地の全部の所有権を譲与する。

明治三〇（一八九七）年。開墾総反別は、二五町歩余（ヘクタール）であり、一戸平均三反余歩（三〇アール）になる。

明治三一（一八九八）年。五〇町歩（ヘクタール）を開墾する予定であるという。興復社、直接の事業として、小排水数一、〇〇〇間（一間は一・八メートル）、里道《りどう》（法定外公共の道路）、約二里（七・九キロメートル）の開削がある。また、五反歩（五〇アール）の試作地を設けて、穀類、豆類、蔬菜を播種し、稲作を試みる。また、植樹の試験として、栗《くり》、苹《へい》（ウキクサ科の多年草）、果樹、落葉松、桐、杉などの苗木を移植した。

移住民の中で、馬を飼っている者は二二戸ある。草原地には、ブラオ、ハローを使用、その所有者は、五戸、その他の者は、借りて使用している。

興復社は、移住民の人物、財産などに注意し、これを選択して募集。社長、二宮尊親は家族を率い移住し、直接、農場の管理に当たる。事務員数名も、皆、社員で、勤務、業務を行っている。

また、奨励のため各移民の中で、品行方正で業務に勤勉な者を互選して、これを三等に分けて、農具を賞与し、「力農篤行第何等賞」の木牌を掲げて、他の模範とした。このようなことで、移民は良く一致親睦をはかり、互いに農業の勉強をする。

興復社の開墾の成績は、移住の初年目に道路、排水などの工事に移住民を使用したので、他の大農場に比べ開墾が遅れたが、将来の成績は良好であること疑いない。

ノヤウシ原野・田口秀正の貸付地

明治二〇（一八八七）年。滋賀県人の田口秀正は、北海道で大農場を行おうと志して、アメリカに渡航し、その地の大農場に出入りし、苦役をしながら、その農法を習得した。

明治二五（一八九二）年。帰国し、直ちに、北海道に来て、十勝原野の肥沃なことを聞き、十勝国の各原野を視察した。豊頃村において雑穀、豆類、蔬菜の試作を行い、その結果、良いことが分かり、一旦、帰郷した。

明治二六（一八九三）年。田口秀正は再び来て、開墾に従事する。大農場の目的で、三頭引きソリキプラオ、ハローを桑港（サンフランシスコ）から購入したが、小農組織のため、その使用に苦しみ、既に、十勝分監に売却したという。

明治二九（一八九六）年。土地整理処分の時、一〇九、〇〇〇余坪（三六・三ヘクタール）の貸付を受け、現在、開墾地一五町歩（ヘクタール）ある。小作五戸あり、開墾耕種する既墾地一反歩（一〇アール）の小作料は一円である。

ノヤウシ原野・単独農民

明治二九（一八九六）年。この年以後、単独移民が移住して、一五、〇〇〇坪（五ヘクタール）から二〇、〇〇〇～三〇、〇〇〇坪（六・七～一〇ヘクタール）の貸付を受け、開墾に従事する。あるいは、一、二戸の小作人を入れる者がある。その土地は、草原地で開墾が容易である。

ノヤウシ原野・池田農場

明治二九（一八九六）年。侯爵池田仲博、子爵池田源の両名の出願で、予定存置を受ける。

明治三〇（一八九七）年。二六〇、〇〇〇余坪（約八六・七ヘクタール）の貸付を受ける。

明治三一（一八九八）年。鳥取県から一三戸の小作人を募集、移住させ、開墾を始める。その土地は、十勝川の右岸にある。沿岸、堤防地付近は、最も肥沃で、草原地で内陸に入るにしたがい湿地があり、排水を行えば良い農地となる。現在、小作人は、各戸、大抵、一町歩（ヘクタール）から一町二、三反歩（一・二、三ヘクタール）を開墾する。多い者は二町歩（ヘクタール）に及ぶ者がある。食料となる黍、粟、玉蜀黍、馬鈴薯などを栽培する。

小作人の中には、僅かに、資金を携帯する者がいる。既に、家具、調度品に消費し、預金がある者はなく、一切の費用は、農場事務所に仰ぐ。農場直接の事業として、数一〇〇間（一間は一・八メートル）の道路と小排水を講じた。

池田農場は、利別太原野を基本とする。小作人の規約などは、凋寒《セイオロサム》村の部で述べる。

ノヤウシ原野・石黒林太郎の貸付地

明治三〇（一八九七）年。大津村の石黒林太郎は、面積一九〇、〇〇〇余坪（六三・三ヘクタール）の貸付地を受けた。その土地は、池田農場の北に位置し、十勝川の西岸にあり、草原で開墾が容易である。河岸から、約二〇〇間（約三六〇メートル）内外は肥沃であるが、その他は湿地で排水が必要である。

ノヤウシ原野・小田島某の藍作

明治二九（一八九六）年。胆振国有珠郡から転住した小田島某、及び、その付近に数戸の単独移民などが、一時的に小作を行い、その内、三戸はプラオ、ハローなどを用いて、七、八町歩（ヘクタール）から一〇余町歩（ヘクタール）を播種した。小作人との契約は、食料、その他、必需品の仕込みを行い、鍬下二年を与え、三年目から小作料を徴収するという。

明治二九（一八九六）年。小田島某は、藍《あい》（タデ科の一年草・染料の原料）を数町歩（数ヘクタール）作り、肥料は一反歩（一〇アール）に付き、鰊《にしん》の搾粕《しぼりかす》を三円分づつを施用した。その成長は非常に良かったが、刈取り後、洪水に遭遇して、全部、流失して大損害を受けた。

明治三〇（一八九七）年。藍作に良い土地なので、二町歩（ヘクタール）を作付けした。一反歩（一〇アール）当たり平均六〇貫目（二二五キログラム）の葉藍を収穫した。これを名古屋の桑名などに移出し、六〇〇余円を得たという。

ノヤウシ原野・滝沢喜平治の貸付地

明治三〇(一八九七)年。ノヤウシ川の中流沿岸は、狭く長い土地である。面積は一、五〇〇、〇〇〇坪(五〇〇ヘクタール)を貸付を受けたが、まだ、開墾に着手していない。

ノヤウシ原野・小西和の貸付地

明治三〇（一八九七）年。大津から帯広の間の道路の左右、ノヤウシ川の沿岸にまたがり、四八〇、〇〇〇余坪（一六〇ヘクタール）の貸付を受けた。土地は便利なところにあるが、湿地があり、排水溝を開削して、乾燥し

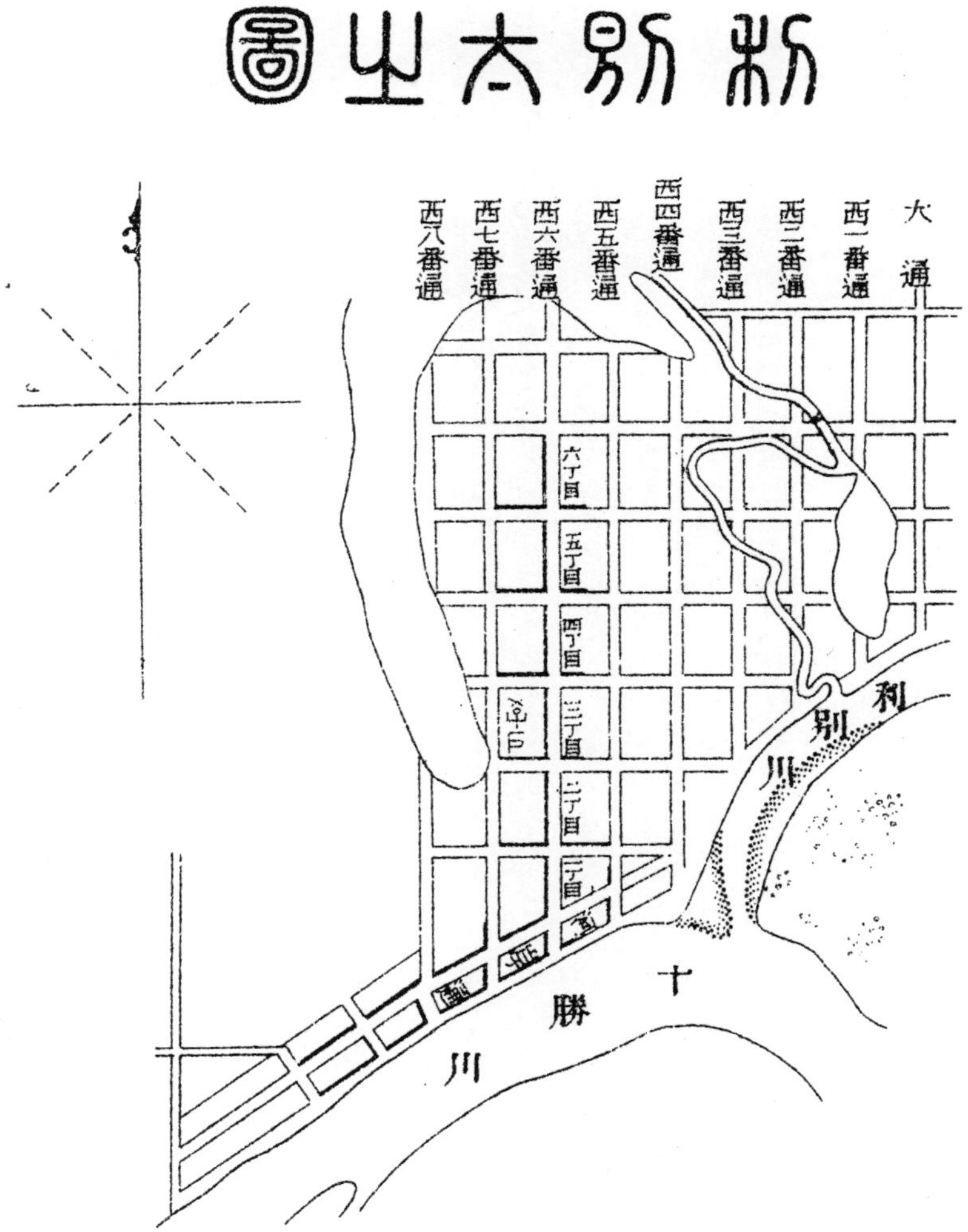
利別太之圖
大通
西一番通
西二番通
西三番通
西四番通
西五番通
西六番通
西七番通
西八番通
六丁目
五丁目
四丁目
三丁目
二丁目
一丁目
利別川
十勝川

図９　利別太の図

てから開墾するという。

右の外、大木長蔵、咾子正熙が、各一〇〇、〇〇〇余坪（三三・三ヘクタール）の貸付を受けているが、全部、湿地で、まだ、開墾に着手していない。

トーナイ原野・単独農民

明治二七（一八九四）年。富山県、徳島県、秋田県、岩手県から、八戸が移住して、無願開墾を行う。

明治二九（一八九六）年。この年以前に入植した移住者は、プラオ、ハローで開墾し、既に、貸付地の大半を開墾した。

明治二九（一八九六）年。春季には、先に、ウシシュベツ原野に入植した富山県人の一部が、移転して開拓に従事し、一〇数戸の集落になった。それ以降、その数が増加した。

その中、碓氷某は、貸付地、三〇、〇〇〇坪（一〇ヘクタール）、外に買入た土地、六〇、〇〇〇坪（二〇ヘクタール）がある。現在、小作人を数戸入れ、開墾を行っている。

その小作の方法は、米、味噌を仕入れ、収穫物を収めさせる。小作料は、一反歩（一〇アール）に付き、大豆二斗五升（約三二・三キログラム・大豆の場合一斗は一二・九キログラム）から三斗五升（約四五・二キログラム）までを徴収するという。

トーナイ原野・近藤農場

明治三〇（一八九七）年。四月、函館の近藤孫三郎が出願した土地、面積一、〇二〇、〇〇〇余坪（三四〇ヘクタール）

が貸付られた。その土地はトーナイ、ノヤウシ両原野にまたがり、十勝川沿岸は肥沃であるが、数一〇〇間（一間は一・八メートル）離れれば湿地である。草小屋数棟、柾屋一〇棟を建築し、数戸の小作人を入れた。

明治三一（一八九八）年。一〇余戸を移住させた。その小作人は、単独移民として移住したが、まだ、土地が貸付られていない者、または、既に、貸付を受けたが資金が乏しく、一時、小作を行う者などを、募集した。

小作の方法は、草原地は、農場主のプラオ、ハローを用いて開墾し、後、小作人に貸付、初年から一反歩（一〇アール）に付き、小作料として黍、または、大豆二斗（二五・八キログラム）を納めるという。

小排水は、原野から各距離に等分して、数一〇〇間（一間は一・八メートル）の小排水、数条を開削し、その水を十勝川に排水する。別に農場管理人などを置かず、一切の管理は、大津村の石黒某に委任した。

豊頃原野

この原野の内、豊頃村に属するのは、中部、北部である。トプヨカオロ以北は、地形が断続して狭く長い原野である。それ以南は広い。

豊頃原野・単独農民

明治三〇（一八九七）年。単独移民、数戸の移住があり、皆、原野の北部に入植した。各戸の貸付面積は、大抵、一五、〇〇〇坪（五ヘクタール）から二〜三〇、〇〇〇坪（約六・七〜一〇ヘクタール）である。樹林、草原が半々で、現在、開墾地は、一、二町歩（ヘクタール）から三町歩（ヘクタール）ぐらいの者が多い。

豊頃原野・村岡農場

明治三〇（一八九七）年。一二月、京都府の岡村浅右衛門の出願で、面積は、二、〇八〇、〇〇〇余坪（約六九三・三㌶）、貸付を許された。

豊頃原野の中部にあり、南は、近藤金三郎、津田某の貸付地に接し、沿岸の僅かな土地は、肥沃であるが、その他は湿地である。

岡村浅右衛門の代理人、森島某が来て、草小屋三〇棟を建築したが、野火のため二四棟を焼失した。

明治三一（一八九八）年。春季、森島某は帰国し、その後、管理する者はなく、ほとんど放棄の状態である。

現在、小作一三戸と云うが、実際は、農場内に居住するのは、六戸である。その他は、ウシシュベツ原野、ノヤウシ原野の両原野にある単独移民の「通い作」を行う者である。

小作人の話によれば、小作の契約は、一戸に付き、一五、〇〇〇坪（五㌶）を配当し、一反歩（一〇㌃）当たりの開墾料は三円であり、米、味噌料として、一戸に付き、三〇円の貸付をするとの口約束であるが、その契約を履行しない。無資金の者は、付近の農作業の雇人となり、その合間に、一、二町歩（㌶）を開墾をするという。

また、開墾料の支給、その土地一切の補助を受けない者には、全土地、開墾の上、その土地の半分を支給するという口約束があるという。

豊頃原野・橋本順造の貸付地

大津村の橋本順造の出願は、面積一六〇、〇〇〇余坪（五三・三㌶）である。現在、小作三戸を移住させ、日用の必需品は、一切、これを貸付して、鍬下年期三年を与え開墾している。

以上の外、木下清治郎は、三五〇、〇〇〇余坪（約一一六・七ヘクタール）、森田輿三次は、一五〇、〇〇〇余坪（五〇ヘクタール）の貸付があり、まだ、開墾に着手していない。

排　水

明治二五（一八九二）年。官費でノヤウシ原野に、延長、二七町余（約二・九キロメートル）の大排水を開削した。

明治三〇（一八九七）年。ウシシュベツ原野に、延長、一里一三町余（約五・三キロメートル）の排水溝を開削した。

なお、必要に応じて開削する予定であり、各原野の湿地は、いずれ農耕地となるであろう。

商　業

藻岩市街地には、商店が五戸ある。米穀、雑貨、太物（綿織物や麻織物）などを売る。うち、一戸は、直接、函館から商品の仕入れをするという。その他は、大津市外から購入して販売する。

藻岩市街地は、ほとんど村の中央に位置し、特に、水陸運輸に便利なので、将来、大いに発達するであろう。また、ウシシュベツ原野に二戸、ノヤウシ原野に、各一戸の商店があり、酒、菓子などを商う。

製　造

明治三〇（一八九七）年。馬鈴薯の澱粉製造が行われる。藻岩《モイワ》市街地で、藤井某が初めて試みた。機械一台を備え、数一、〇〇〇斤（一斤は六〇〇グラム）を製造し、これを函館に移出した。

馬

豊頃村の馬の所有者は、数一〇人いる。藻岩駅逓の某は、七〇余頭を飼育し、付近の原野に放牧する。

木材・薪炭

椴松《とどまつ》は、ウシシュベツ原野の奥にある。その他、樹木は乏しい。開墾の進捗《しんちょく》に伴い、十勝川沿岸の原野は、数年のうちに無くなるであろう。

風俗・人情・生活

明治二九(一八九六)年。これより以前に、入植した移住民は、大抵、木造家屋を建築し、全土地を開墾して、馬を飼い、まだ、豊かとはいえないが、相応に生活を営んでいる。その他は、現在、開墾中である。興復社の移民の外は、概ね、資金に乏しく、特に、村岡農場の小作人は、その窮状は甚だしい。単独移民の中には資金があり、まだ、土地を得ず、一時、小作を行う者がいる。村民の気風は、概して、農業に熱心であるが、中には、不良の者も混じる。復興社の移民は、その性質、熱心で賞賛するものがある。

衛　生

明治三一(一八九八)年。村医を設ける。飲用水は、十勝川、その他の支流の水を使用する。移住民の中には、間歇熱《かんけつねつ》(マラリア・おこり)に罹る者がいる。

説教所

明治三〇（一八九七）年。八月、大谷派の説教所を創立。ウシシュベツ原野にある。本山からの僧侶は、付近の農家の子弟を集め、読書、習字、作文などを教えた。

十弗《トヲブツ》村（池田）

地理

十勝川の左側に位置し、南は、コタノロ川で豊頃《トヒヨコロ》村と境になり、西は、十勝川を隔てて、豊頃村、凋寒《セイオロサム》（池田）村の二つの村と相対している。北は、トウフト川で凋寒村と境になり、東は、一帯が丘陵で、十勝郡と向き合っている

十弗川は、北東の山丘を源としている。アーネプ川、クネベツ川、その他、数多くの川の流れを集めて、西流して、十勝川に注ぐ。その南にテレケプ川、コタノロ川、レプンナイ川などの小流がある。また、ヤシコタンの北東に、三日月形の旧河があり、水をたたえる。

原野

十勝郡を境とし、南走する丘陵の西側にあり、ほとんど平坦な高原である。その土地は、広大であるが、肥沃な平らな低地は比較的少ない。トウフト川、テレケプ川の両川の間は、その面積は広いが、その他の各川の沿岸は、どれも狭い。

明治三一（一八九八）年。区画を測量し、その面積は、八七〇、〇〇〇余坪（二九〇ヘクタール）である。既に、大抵、貸付地となっている。河畔には、楡《にれ》、梻《しきみ》、柳《やなぎ》などが繁茂し、高原には槲《かしわ》、楢《なら》、赤楊《あかやなぎ》など疎生する。

運輸・交通

トープトから凋寒村、利別太へ一里（約三・九キロメートル）、豊頃村の藻岩《モイワ》へ三里（約一一・八キロメートル）である。また、渡船はなく、少し余裕のある者は、アイヌの丸木舟を購入して渡ることに利用している。交通が不便であるが、十勝川には大津から上下する舟があるので、貨物の移出、移入には便利である。

沿　革

昔から、十勝川の沿岸に、アイヌの集落がある。

明治二七（一八九四）年。新潟県人の遠藤某が無願開墾をした。これが和人の移住の始まりである。

明治三〇（一八九七）年。原野の区画を測量し、一戸の移住があった。

明治三一（一八九八）年。福井県人、富山県人、徳島県人などの各県人、一〇余戸が移住した。なお、貸付出願の者、約五〇筆があり、移住しようとしている。

人口・集落

明治三一（一八九八）年。年末現在、戸数三二戸、人口一四四人。富山県人、福井県人の両県人が多い。アイヌは四戸である。ヤシコタンには和人が三戸、アイヌが二戸居住している。十弗《トオブッ》川沿岸には、二戸のアイヌが住む。その他は、十勝川沿岸に所々に散在する。

農　業

現在、遠藤某は、約五町歩（ヘクタール）の開墾地を所有している。プラオ、ハローを使用して耕作する。その他は新しく移住した者で、各戸、一町歩（ヘクタール）から二町歩余（ヘクタール）の土地を開墾して、黍《きび》、馬鈴薯《ばれいしょ》、玉蜀黍《とうもろこし》、蕎麦《そば》などを播種する。

止若村の橋本某は、約九〇、〇〇〇坪（三〇ヘクタール）の貸付地を所有、小作三戸で開墾を行っている。その小作の方法は、鍬下年期三年を与え、開墾した土地の三分の一を、譲与するという口約束にとどまり、確たる契約をしていない。

村民の馬の所有は、一戸あり、四頭を飼育している。

明治三一（一八九八）年。アイヌの保護地、一一〇、〇〇〇余坪（約三六・七ヘクタール）があり、二戸のアイヌは、保護地に移り、五、六反歩（五、六〇アール）を開墾して、黍、玉蜀黍、馬鈴薯、蔬菜《そさい》類などを栽培した。その他の二戸は、今年中に移住して開墾を行うという。

凋寒村《セイオロサム》（池田）・誓牛村《チカフエウシ》（池田）・様舞村《シャモマイ》（池田）

地　理

凋寒村は利別川が十勝川に合流する所にあり、南はキムウントーの中央を以て豊頃村《トヒヨコロ》と接している。西は蝶多《テフタ》村に隣接し、北は誓牛村に連なり、東は、十弗《トウブツ》村に接する。

蝦夷語、「セイオロサム」は、「川貝の多いところ」の意味の村名である。誓牛村は、利別川に沿って、凋寒《セイオロサム》村の北にあり、その区域は定かではない。また、その北、利別川に沿って様舞《シヤモマイ》村がある。北は信取《ノブトル》村に接する。様舞村の蝦夷語「シャモマイ」は、「和人が死んだ所」の意味で、「シャムオマナイ」のことであるという。

オッルシ山（高さ七八五尺・約二三八メートル）は、利別太の北にある。その山脈、北西に広がり、利別川の東西は、低い丘陵が横たわり、暖傾斜して、河畔に狭く長い原野である。十勝川は蝶多《テフタ》村から来て、数回屈曲して豊頃《トヒヨコロ》村に入る。

利別川は北から来て、うねうねと屈曲して利別太に至り、十勝川に入る。利別川沿岸の平地は、様舞村では、その幅が狭く、利別太に至ると広く、十勝川沿岸の平地に連なる。

十勝川の両岸や利別川の西岸には、河流の変化から生じた、沼、池が多い。キムウントーは、トーナイ原野にあり、最も大きい。

タンネトーは下利別原野にある。河川の沿岸には、楡《にれ》、樒《しきみ》などの大樹がある。高丘には、楢《なら》、槲《かしわ》が多い。概して、草原地が多い。

原　野

トーナイ原野は、十勝川の南西にあり、豊頃村にまたがり、その土地は広く、十勝川沿岸から数一〇〇間（一間は一・八メートル）の内陸に至れば、全面、ほとんど草原、湿地で、赤楊が疎生している。

利別太原野は、十勝川の北に沿い、利別川の東西にまたがり、草原、樹林が混じり、土地は、概ね、肥沃である。原野の西部は、蝶多《テフタ》村、止若《ヤムワツオ》村の二つの村に属す。以上の両原野は、明治二五（一八九二）年、区画を測量し、明治二九（一八九六）年から貸付する。利別太原野の北を下利別原野と云い、利別川の左右両岸にまたがり、北は蓋派《ケナシバ》原野に連なる。

明治二九（一八九六）年。区画割りをして、明治三〇（一八九七）年から貸付をする。草原地多く、所々湿地を交え、土地は、概ね、肥沃である。

以上、各原野の中の利別太、下利別の両原野は、既に、貸付となり、トーナイ原野の内陸は、湿地のため、縦、横に排水を行い、乾燥させれば農耕地となる。

運輸・交通

利別太《トシベツブト》は、十勝川、利別川の両川合流する所にあり、水陸が便利である。

明治二五、二六（一八九二、三）年。この頃までに、数戸の和人が散在した。僅かに、丸木舟で十勝川を上下するに過ぎなかった。

明治二六（一八九三）年。大津から帯広の間の道路が開通する。利別太から止若《ヤムワツオ》を経て大津、あるいは、帯広に出ることができる。

明治二八（一八九五）年。この年以降、十勝川沿岸に、ようやく、住民が増加し、豊頃村の藻岩《モヨロ》から利別太に至る間の沿岸住民などは、春秋の二回、草刈りを行い小径を開く。

明治三〇（一八九七）年。既成道路から利別太の南方、一里二〇町（約六・一キロメートル）の道路の開削する。

明治三一（一八九八）年。止若村から凋寒《セイオロサム》村を経て、本別村に通じる道路の開削したことによって、交通が便利になった。利別太から帯広市街地へ約五里（約一九・六キロメートル）、大津港へ一〇里（約三九・三キロメートル）、本別村へ一〇里（約三九・六キロメートル）である。

舟の航行は、明治二五年（一八九二）までは、単に丸木舟の交通だけだったが、明治二六（一八九三）年から、凋寒《セイオロサム》村の三浦等六が、木材、その他の貨物を運ぶため、初めて川船で輸送を行った。

現在、大津から利別太までは、六、七〇石（六、七トン・和船の一〇石は一トン）積みの船舶が、常に、往来し、その運賃は、米穀一俵（六〇キログラム）、普通、一四銭。移住民の分は、特に、一一銭とした。その他の貨物は、一個、七銭から二八銭であり、下りの時は、その都度、賃銭を定めた。

また、利別太から帯広へは五〇石（五トン）。猿別市街へは三〇石（三トン）。蓋派《ケナシバ》村へは二五石（二・五トン）積みの船を通し、利別太で貨物の積替えを行う。船の輸送は絶えることはないが、ただ、冬期は、川が凍結するので、橇《そり》で貨物を運搬する。

沿　革

昔、凋寒《セイオロサム》村には、二〇余戸のアイヌの集落があったという。

明治一三、一四（一八八〇、一）年。鹿猟のため、胆振国、石狩国、日高国などから来る者が多かった。特に、利別太は、要衝の地となり、利別川筋から入り、臨時の茅小屋を作り、宿泊に利用した。または、アイヌの茅屋に宿泊した。

皆、この地から出入りしたので、一時は、非常に盛況であった。酒、餅、菓子などを商う者がいるようになったという。

明治一五（一八八二）年。春期。非常な大雪のため、多くの鹿が斃死した。そのため、鹿の仲買人、猟師は被害を受け、方々に離散した。

その地に留まり、アイヌとの交易を行い、農業に着手する者がいた。武田菊平、藤木専三、永井三次、坂本八重作、前田友三郎、三浦等六などである。

明治二六（一八九三）年。長野県人の新津繁松、その他、単独農民が来て、無願開墾をする者が多い。

明治二九（一八九六）年。土地整理処分の時、無願開墾者が六五戸あったという。この年から、区画地の貸付を許す。大面積には、池田侯爵の二、七〇〇、〇〇〇余坪（九〇〇ヘクタール）がある。その他、単独農民が来て、未開地の貸付を受ける者が多い。今や、付近の農耕適地の余地はなくなった。

利別太には、一〇余の商店、数戸の料理屋、旅館がある。

明治三二（一八九九）年。更に、市街予定地を設け、貸付を許可する。土地開放以来、急速に人口が増加し、将来、大いに発達する傾向にある。

戸数・人口

明治三一（一八九八）年。年末現在、凋寒村《セイオロサム》は戸数四三五戸、人口一、六七〇人。福井県人が最も多い。鳥取県人、徳島県人、香川県人、富山県人の四県人と、これに次ぐのは、宮城県人、山梨県人、長野県人などの各県人も多少混在する。

様舞村《シャモマイ》に籍を置くのは、僅かに、一〇戸、三七人だけで、誓牛村《チカフエウシ》には、まだ、誰もいない。

集落

利別川が注ぐ河口の十勝川の両岸、利別太は、凋寒《セイオロサム》村の中で、戸数が最も過密である。船舶が常に、往来し、その北岸には、一〇数戸の家屋があり、巡査駐在所、小学校がある。また、数戸の商店、料理店、旅館、酒造業、鍛冶屋などがあり、農家もある。

その南岸にも、商店、鍛冶屋、亜麻製線所、軸木製造所などの建物がある。農家は散在する。十勝川の左岸に沿って南方、ウッナイ太に至るまで、数一〇戸の農家があり、作物を栽培している。

利別太の東岸、池田農場には、一二〇余戸の小作人がいる。市街予定地の北、下利別原野には、数一〇戸の単独農民と福井県人の青山団体の移民がいる。いずれも、盛んに農業を営んでいる。

農業

明治一五（一八八二）年。鹿猟ができなくなり、残留した狩猟者は、農業を志し、それぞれ土地を選定して開墾を行う。粟《あわ》を主に栽培して食料にしたという。凋寒《セイオロサム》（池田）村の残留者数名は、実に、十勝国の農業の創始者と称することができる。

明治一六（一八八三）年。馬鈴薯は、武田菊平が、函館から持って来て播種、栽培した。大豆は、大津村から種子を購入して試作した。また、日高の赤心社から種子を購入して栽培した。

明治二六（一八九三）年。黍は、日高国、石狩国の両国から種子を持って来て、増殖させ、今日、一般的に作付けできるようになったという。この年、新津繁松が来て、草原地を選んで開墾した。

明治二七（一八九四）年。新津繁松は、プラオ、ハローを用いて、開墾した。また、数戸の小作人を移して開墾を行う。単独農民など続々と移住して、各自、草原の肥沃な土地を選定して開墾し、農業を営む。

明治二九（一八九六）年。無願開墾者は、各制限を設けて、土地の貸付を許可された。その土地面積一戸に付き、多い者で数万坪内外に過ぎない。普通、一五、〇〇〇坪（五ヘクタール）である。その他、池田侯爵の貸付地がある。団体移民には、福井県人の青山団体がある。

トーナイ原野・単独農民

利別太《トシベツブト》の南方から、ウツナイ太に至る間の十勝川の右岸に沿って、一帯に、香川県、富山県、徳島県などから移住した農民が居住している。現在、貸付地の全部を開墾する者が多い。自己の貸付地の外に、小作人が開墾をして、七、八町歩（ヘクタール）内外の土地を耕作する者が、数戸ある。普通の農作物は、他の村と同じである。

明治三一（一八九八）年。亜麻《あま》製線会社と特約し、各戸平均、一町歩（ヘクタール）内外の亜麻を作付けした。ところが、収穫期に先立ち、地蚕《じさん》（夜盗蛾《やとうが》）の害を受け、どれも大きな損失を受けた。

一時、小作をする者が一〇数戸ある。既墾地一反歩（一〇アール）の小作料は、大豆四斗（五一・六キログラム・大豆の場合一斗は一二・九キログラム）が普通である。

トーナイ原野・三浦等六の貸付地

ウツナイ太の北、十勝川の左岸ツブカリイシに、八〇、〇〇〇余坪（二六・七ヘクタール）の貸付地がある。小作五戸を入れて耕作する。その土地は、ほとんど全部開墾した。土地は肥沃で、小作料は、現在、一反歩（一〇アール）に付き、大豆四斗（五一・六キログラム）である。

利別太原野・単独農民

利別川の右岸は、肥沃であり、草原地が多い。そのため、無願開墾者が多く居住している。大抵、各戸一五、〇〇〇坪（五ヘクタール）の貸付地で、多い者で、三〇、〇〇〇坪（一〇ヘクタール）以上の者は稀である。現在、ほとんど、全土地の開墾が終わっている。プラオ、ハローを用い、耕作をする者が多い。農作物は、黒大豆《くろだいず》を主として、その他、小豆《あずき》、黍《きび》、馬鈴薯《ばれいしょ》、裸麦《はだかむぎ》、玉蜀黍《とうもろこし》、蕎麦《そば》などである。

また、一時、小作をする者、一〇数戸ある。既墾地一反歩（一〇アール）の小作料は、大豆四斗（五一・六キログラム）から五斗（六四・五キログラム）である。

利別太原野・池田農場

明治二九（一八九六）年。東京府侯爵池田仲博、子爵池田源の両名が出願し、予定存置を受けた。

明治三一（一八九八）年。土地の貸付を受けた。その土地は、利別川、十勝川の東岸に位置し、北は、下利別原野にまたがり、南は十弗原野に接し、東は丘陵に連なる。面積は二、七〇〇、〇〇〇余坪（九〇〇ヘクタール）。樹林、草原が混在し、高台地はその半分を占める。

十弗川の沿岸には湿地が多い。利別川沿岸の土地は、肥えている。高台は槲《かしわ》の疎林で、黒色腐植土の下に火山灰が、二、三寸（六、九センチ）混じり、地力は劣る。

明治二九（一八九六）年。九月から一〇月に、福井県坂井郡から七〇戸が移住する。

明治三〇（一八九七）年。五月に、鳥取県から三一戸。一一月に、鳥取県から八戸が移住する。

明治三一（一八九八）年。四月に、鳥取県から一九戸、合計一二八戸を募集、移住した。その内、同三一年の移住者のうち、一三戸は、ノヤウシ原野の貸付地に入植させた。また、いろいろな事情で、小作を解除した者が六戸ある。外に、単独農民が池田農場に来て小作人になる者、一三戸前後合わせて、当地内に居住する者は一二二戸である。

小作人の契約は、原籍地から移住地までの旅費と、小屋掛料一〇円、農具を一通り付与し、移住の日から六ヶ月間は食料を貸付し、二ヶ年で返納する。土地は一戸に付き、当初、五町歩を配当する予定が、土地の肥え、痩せ、その他の条件により、先に三町歩（ヘクタール）を配当し、開墾の後、更に、二町歩（ヘクタール）を配当することとした。開墾料は、一反歩（一〇アール）に付き、樹林地四円、草原地二円五〇銭と定め、支給する。

小作料は、開墾二年目から一反歩（一〇アール）三〇銭を徴収、次第に増加して、六年目は、六〇銭とし、七年目からは別に、小作料を定める。小作期間を七ヶ年とし、その期間中、小作人は、他の土地の貸付を出願することを禁止した。

明治三一(一八九八)年。開墾総面積は、一九二町八反歩(一九二・八ヘクタール)で、一戸平均一町五反歩余(一・五ヘクタール)になる。別に農場試作地、二町余歩（ヘクタール）を設け、稲作を主としその他各種の穀類、豆類、蔬菜類を試作する。また、農場直接の事業として、六、二〇〇余間（約一一・二キロメートル）の道路と、小排水一〇、〇〇〇間（一八キロメートル）を施行した。

当農場の創業以来、これらの工事などに投入した資金は巨額で、明治三一（一八九八）年六月までに、四五、〇〇〇円を支出したという。

また、農場内に農業部商店を設け、小作人の請求に応じて、米、味噌、太物などを備え、無利息で貸付を行っている。以上のように巨額の支出に比べ、その成績は釣り合わないが、小作人一戸平均二〇〇円の貸付金があるので、徐々に、回収する金額も少なくない。

小作人の中で馬を飼う者は、二〇戸。プラオの所有者は、僅かに一人で、資金のある者は、特に少ない。

下利別原野・単独農民

明治一六（一八八三）年。岡山県人の前田友三郎は、この年から、利別太原野の北部に移住して住む。三〇、〇〇〇余坪（一〇㌶）の貸付地がある。馬耕を主として、大半、開墾して二戸の小作を入れて、農業を営む。

その他の単独農民、二〇余戸も、現在、開墾が終わりつつある。

下利別原野・青山団体移民

明治二九（一八九六）年。福井県の足羽郡、丹生郡、坂井郡の三郡の住民、三〇名の団体移民が入植する。団体長は青山奥左衛門である。四五〇、〇〇〇坪（一五〇㌶）の貸付を受けた。

その土地は、利別川の西岸に位置し、トーカ川にまたがり、北は、高嶋農場の貸付地に接する。全土地は草原で、西部には湿地がある。排水をすると良い農地になる。

同年、二七戸が移住した。各移民は貸付地内に居住して、共同で開墾に努力した。各自、多少の資金を持っているので、馬を購入し、プラオ一台、ハロー一台がある。互いに交換して使用する。各戸平均、二町歩（㌶）以上を開墾した。

明治三〇（一八九七）年。青山奥左衛門は、水田に熱心で、約二町歩（㌶）に播種するが、気候が不順で、結果は、実ができなかった。

明治三一（一八九八）年。約五反歩（五〇アール）を試作した。その経過は、良好であった、団体民は、親睦、共同で、その収穫物などを共同、販売をするという。

商　業

利別太には、商店七戸がある。米穀、雑貨、その他、日用品を商う。また、秋の収穫の時は、雑穀の売買を行う者がいる。

皆、近年、開業して、一般に資金が豊かである。なお、大津村の商人は、行商で往来する者がいる。将来、大いに商業が発達する。

製造業

明治二九（一八九六）年。馬鈴薯の澱粉製造、二戸が着手する。手廻り機械を各一台を備える。

明治三〇（一八九七）年。澱粉製造、二戸で約四、五〇〇斤（二、七〇〇キログラム）を製造して、函館に移出する。将来、なお、発展する見込みである。酒造業が一戸ある。清酒三三石（五、九四〇リットル）、濁酒九石（一、六二〇リットル）を製造する。

明治三一（一八九八）年。亜麻製線会社は、釧路国熊牛村から当地に移転し、農家と特約し、亜麻の栽培をして、製線に従事する計画である。燐寸軸木の製造二ヵ所と共に、建築中で、各蒸気汽罐（ボイラー）を備えるという

馬

明治二九（一八九六）年。この年以前の半数の単独農民は、一、二頭の馬を飼育する。一〇頭以上の飼育する者、数戸ある。多くは農業に使用し、大抵、舎飼いを行う。また、官林に放牧する者がいる。

木材・薪炭《しんたん》

椴《とど》材は、本別村の奥から出し、利別川を流し、一〇〇石（二七・八立方㍍・一石は〇・二七八立㍍）の値段一五〇円。薪は、開拓地から出す。その値段は、一敷《いちしき》八〇銭である。炭の多くは、帯広地方に送る。池田農場内に、炭釜が数個ある。小作人などが農業の暇を見て、炭を焼く。一俵が八貫目（約三〇㌔㌘）で五五銭である。

雇用の賃金

農繁期は、一日、男六五銭、女三七銭であり、冬期間はほとんど一定しない。

風俗・人情・生活

各県人が混在して、当時、自ら開墾中のため、公共事業に協力する者は稀である。富山県民の移民には、教育の素養がない者が多い。

明治二九（一八九六）年。この年以前の住民は、木造家屋に住み、あるいは、柾屋を建築し、相応の生活をしている。

教育

明治二九（一八九六）年。利別尋常小学校は、初め、中川学会と称した。利別尋常小学校は、凋寒《セイオロサム》村、蝶多《テフタ》村の村民の協議により創立する。

明治三〇（一八九七）年。村費の補助を受ける。

明治三一（一八九八）年。公立の許可となる。現在、就学児童五三名。冬期間は、就学者が増加するという。池田農場でも、小作人の子弟のため、学校を設ける計画で、すでに準備をしている。

説教所

下利別原野に、西本願寺の説教所が一ヵ所。池田農場、及び、青山団体に大谷派本願寺の説教所が、各一ヵ所づつある。

信取《ノブトル》村（池田）・蓋派《ケナシバ》村（池田）・居辺《ヲロベ》村（池田）・押帯《オシオプ》村（本別）

勇足《イサミタラ》村（本別）・負箙《オフエピラ》村（本別）・幌蓋《ポロケナシ》村（本別）

地理

各村は、共に、利別川の沿岸に位置し、南は、トーカ川で様舞《シャモマイ》（池田）村に隣接し、北は、幌蓋《ポロケナシ》（本別）村において、嫌侶《キロロ》（本別）村に接し、東方は、一帯の低い山脈で十弗《トオブツ》（池田）村、及び、十勝郡の生剛《オヘコハシ》（浦幌）村で境となり、西方は、丘陵、高原が連なり河東郡に接している。

利別川は嫌侶（本別）村から西流して、幌蓋《ポロケナシ》（本別）村の西に至り、南南西に向かい屈曲して様舞《シヤモマイ》村に入る。その沿岸一帯は肥沃な原野である。利別川の支流の中で大きい流れは、全部、右側にある。

南方から順次述べると、パンケベッポ川、ペンケベッポ川、オルベ川、ピランベツ川の各川である。この中で、オルベ川は、その長さ一一里余（四三・二キロメートル）あり、源は北西の高原の中から流れ、東南に流れて利別川に注ぐ。

利別川の東と西には、低い丘が横たわり、河畔に細長く低い原野で、上下に向かい開いている。居辺川の北西は暖傾斜で、高原が遠くに連なっている。その面積は非常に広く、土地は良好ではなく、おそらく農耕には難しい。

利別川の右岸は、ところどころ断崖があり、炭層が露出しているところがある。その層は薄く、その質も良くない。樹木は、高丘、高原には、槲《かしわ》、楢《なら》が多く、河畔には、楡《にれ》、梻《しきみ》、槭《しゆく》、白楊《はくよう》、赤楊《あかやなぎ》、胡桃《くるみ》、柳《やなぎ》などが生える。

各村の位置は、南にあるのは、信取《ノブトル》村、次に、蓋派《ケナシバ》村、居辺《ヲロベ》村、押帯《オシオブ》村、勇足《イサミダテ》村、負箙《オフエピラ》村の各村であり、順次並列すると、蓋派《ケナシバ》（池田）村が最も北に位置している。

各村、皆、利別川の沿岸にあるが、その境は明らかでない。特に、勇足村、負箙村の二つの村は、現在、人がその名を称する者なく、自然消滅したものと見なしてもよい。

原　野

下利別原野の内、トーカ川以北は、信取《ノブトル》村に属する。その北に蓋派《ケナシバ》原野がある。その面積、

一四、一七〇、〇〇〇余坪（約四、七二三・三ヘクタール）、草原地、樹林地が混じり、湿地、高台地がある。河畔は土地が肥沃であるが、高台は地力が劣る。現在、肥沃な土地は、大抵、貸付済となっている。

運輸・交通

利別川は、勇足《イサミダテ》村で屈曲して、その下流は、二五石（二・五トン）積みの川舟が上下する。沿岸の住人は、貨物の輸送に便利である。

勇足村から上流は、僅かに、丸木舟を通すに過ぎない。特に、所々に、流木が堆積して舟の航行が危険である。従来、陸路は小径を通すに過ぎず、貨物の多くは舟による。

明治三一（一八九八）年。凋寒《セイオロサム》（池田）村から、前記の各村に貫通して、本別村まで道路の開削があった。従来に比べれば、交通が便利になった。利別太まで三里（約一一・八キロメートル）から八里（約三一・四キロメートル）、帯広市街まで八里（約三一・四キロメートル）から一三里（約五一・一キロメートル）である。

沿革

各村とも、昔から、アイヌの集落がある。

明治一八（一八八五）年。滋賀県人の馬場宇之吉が来て、開墾に着手する。札幌県は、アイヌの救済事務所を蓋派村に置き、アイヌに対して、農業指導を行う。蓋派《ケナシバ》村、幌蓋《ポロケナシ》村、別保《ベッポ》、本別《ホンベツ》村のアイヌに、農具、種子を支給して農業の指導を行った。

明治二二（一八八九）年。アイヌの農業指導が廃止になる。

明治二五（一八九二）年。徳島県人の畠中甫が、小作数戸と共に移住し、無願開墾をする。

明治二九（一八九六）年。土地整理処分の時、無願開墾者が七戸ある。下利別原野の区画を測量する。

明治三〇（一八九七）年。蓋派原野の区画を行う。

明治三一（一八九八）年。前年までに区画を行った土地を貸付許可する。現在、大農場は高嶋嘉右衛門、板東勘五郎などがある。その他、単独農民、アイヌなど、所々に散居して開墾を行っている。

戸数・人口

明治三一（一八九八）年。年末現在、信取《ノブトル》村は一八二戸、九三八人。蓋派《ケナシバ》村は一五二戸、八〇七人、居辺《ヲロベ》村は八戸、四二人、押帯《オシオブ》村は一〇戸、三七人、幌蓋《ホロケナシ》村は一〇戸、五七人である。勇足《イサミダテ》村、負箙《オフエピラ》村の両村は、ただ、その名があるだけである。

アイヌは各村に住み、合計二八戸ある。和人は徳島県人が最も多く、石川県人がこれに次ぐ。富山県人、福井県人、宮崎県人、香川県人などの各県人がこれに次ぐ。

集　落

信取《ノブトル》村には、高嶋農場の小作一二〇余戸がある。高嶋農場事務所の付近には、農場設立の説教所が一ヵ所、小売所二ヵ所がある。農家数戸が密集している。その南一〇余町（約一・一キロメートル）に、国安某の小作七戸がある。

利別川に沿って、単独農家が数戸ある。利別川の東岸、高嶋農場に囲まれたところの別保《ベッポ》に、信取村のアイヌの保護地を設け、一〇余戸の密集集落となる。その北一〇余町（約一・一キロメートル）を隔てて、蓋派《ケナシバ》村のアイヌの保護地があり、現在、二戸のアイヌが居住している。その他、居辺村に、七戸のアイヌが住み、保護地に移住する計画である。

板東農場は、蓋派村から幌蓋《ホロケナシ》村にまたがり、一一〇余戸の小作人が住んでいる。また、その間に、数戸のアイヌ、単独農民とが住む。押帯村に単独農民一〇戸がある。

農　業

明治一八（一八八五）年。アイヌが農業の指導を受けた時、各戸に一町歩余（ヘクタール）の開墾地があった。

明治二二（一八八九）年。アイヌの農業指導が廃止となり、以後、指導者がなく、多くは荒廃化したが、信取村の別保のアイヌは、概ね、その後、農業に従事した。

明治二五（一八九二）年。この年以降、無願開墾者が入植する。

明治二九（一八九六）年。土地整理の時、無願開墾者は、各戸平均、二町歩（ヘクタール）の開墾地があるという。高嶋嘉右衛門、板東勘五郎などは、各三、〇〇〇、〇〇〇坪（一、〇〇〇ヘクタール）以上の大面積の予定存置を受け、また、無願開墾者は、一五、〇〇〇坪（五ヘクタール）の小面積の貸付を受けた。

明治三〇（一八九七）年。高嶋嘉右衛門、板東勘五郎などの大農場は、各数戸の小作を募集、移住して開墾に着手する。

明治三一（一八九八）年。高嶋農場、板東農場は、多数の小作人を移住させ、現在、盛んに開墾を行う。原野の肥沃地の大部分は、高嶋農場、板東農場などに貸付したので、単独農民の貸付地は少ない。

下利別原野・国安仁七郎の貸付地

明治一八（一八八五）年。滋賀県人の馬場宇之吉が移住して開墾に従事する。

明治二二、二三（一八八九、九〇）年。馬場宇之吉は足跡不明となる。

明治二五（一八九二）年。馬場宇之吉の家族が、土地を国安仁七郎に売却する。以来、国安仁七郎は、自らプラオで開墾し、現在、小作人が七戸あり、大半を開墾した。その面積は八三、〇〇〇坪（約二七・七ヘクタール）で、草原地が多く、樹林地が少ない。土地は肥沃である。

既墾地の小作料は、一反歩（一〇アール）に付き、大豆一俵（六〇キログラム・米、大豆、小豆の一俵は六〇キログラム）である。

未開拓の開墾は、一切、手当がなく、ただ、鍬下年期二年を与えるだけである。

蓋派《ケナシバ》原野・高島農場

明治二九（一八九六）年。六月、東京府（東京府は昭和一八年まで）侯爵《こうしゃく》の尚泰《しょうたい》、横浜市の高嶋嘉右衛門外二名の出願で六、〇〇〇、〇〇〇坪（二、〇〇〇ヘクタール）の予定存置を得た。

次いで、八月、尚泰外一名は出願を中止し、同時に高嶋嘉右衛門父子の名義で、予定存置の土地の中の三、〇〇〇、〇〇〇坪（一、〇〇〇ヘクタール）を返納して、その余りの貸付を受け、現在、面積三、三二〇、〇〇〇余坪（約一、一〇六・七ヘクタール）である。

その土地は、利別川の両岸にまたがり、南は青山団体の貸付地に接し、北は板東農場に連なり、その間に、アイヌの保護地をはさむ。

オルベ川の左岸に延長し、草原地が多く、所々に樹林地が混じり、湿地がある。概して、土地は良いが、オルベ川の上流の沿岸は、多少地力が劣る。

明治三〇（一八九七）年。石川県能美郡から、四六戸の移住があった。

明治三一（一八九八）年。石川県、富山県、福島県の各県から、八一戸を募集し移住する。内、七戸は事故があり、移住後、他に移り、現在、合計一二〇戸の小作人がいる。

小作人との契約は、原籍地から移住地までの旅費と、小屋掛け料を、一戸に付き五円を支給。食料は米二、麦八の割合で貸付する。農具は一通り貸付、初年目に限り種子を貸付ける。一戸当たり一五、〇〇〇坪（五ヘクタール）を配当し、五ヶ年間で開墾する。

その開墾料は、樹林地、草原地共に一反歩（一〇アール）二円。初年目の開墾は、鍬下三ヶ年を与え、二年目の開墾は、同じく二年を与え、その後は、ただ、一ヶ年の鍬下を与えるだけである。

小作料は、四年目、七〇銭、五年目一円を徴収する。その後は、状況に応じて改変するという。

小作期限を満一〇ヶ年と定め、その期間を継続し、農場主に対して全て義務を完了した者は、移住旅費、開墾料、小屋掛料などを小作人に付与せず、万一、小作期限内に退場するときは、元利金を合わせて、払戻する。

明治三〇（一八九七）年。開墾反別は、九九町歩（ヘクタール）で、その内、五〇町歩（ヘクタール）は、農場事務所で、新墾プラオを使用して開墾を行った。これを小作人に配当した。

明治三一（一八九八）年。約六〇町歩（ヘクタール）を開墾する予定であるという。また、農場直接の事業として、道路二、〇〇〇余間（約三・六キロメートル）、大小の排水、約四、〇〇〇間（七・二キロメートル）を開削した。

小作人の中で、五〇円以上二〇〇円までの資金を所持する者、一五人、二、三〇円の資金を所持する者が多い。大抵、資金は、事務所に預けている。また、全く資金のない者もいる。馬は、僅かに二人だけが飼う。

高嶋農場の小作人の移住の数は、まだ、予定に達していない。創業以来、投入した金額は、約二〇、〇〇〇円である。小作人一戸当たりの貸付金額は、平均、約八〇円内外という。

これを池田農場と比べると、資金が入ることは少なく、ほとんど、同数に近い小作人を移住させたが、割合に、開墾反別の多いのは、草原地が多く、事業が容易なことによる。

蓋派原野・板東農場

明治二九（一八九六）年。八月、徳島県人の板東勘五郎は、大阪府の人、秋岡義一、外、二名と六、〇〇〇、〇〇〇坪（二、〇〇〇㌶）の予定存置の許可を受けた。

明治三〇（一八九七）年。徳島県から四六戸の小作人を移住させた。右の土地の開墾を着手。開墾反別は、約八〇町歩。一戸平均、一町七反歩（一・七㌶）である。小作人の中で冬期、熱心に伐木《ばつぼく》などに従事する者がある。

明治三一（一八九八）年。一月、予定存置のうち、土地が痩せている土地を、三、〇八〇、〇〇〇坪（一、〇二六・七㌶）返還した。現在、貸付地の面積は、二、九二〇、〇〇〇坪（九七三・三㌶）と、外に、板東勘五郎個人の名義で貸付を受けた、三五〇、〇〇〇坪（一一六・七㌶）の土地がある。合計三、二七〇、〇〇〇余坪（約一、〇九〇㌶）である。その土地は、利別川にまたがり、南は高嶋牧場に接し、北は本別原野に連なる。草原地が多く、樹林地が少ない。また、少し湿地がある。

明治三一（一八九八）年。七五戸を移住させた。小作人との契約は、渡航費は小作人の請求に応じ、その幾分か全部を貸付し、大津港から農場到着までの費用は、農場主が支払う。

小作人の家族労働に応じ、一戸当たり一〇、〇〇〇坪（三・三ヘクタル）から一五、〇〇〇坪（五ヘクタル）を配当し、五ヶ年間で開墾する。小屋掛け料は、一戸七円を支給する。食料費、農具料、種子料は、移住の初年目に限り貸付ける。着後、三ヶ年以内に一ヶ月一分五厘（一・五パーセント）の利息をつけて返還する。

開墾料は、一反歩に付き一円以上二円五〇銭と決め、その難易度により差を付ける。小作料は、鍬下年期二ヶ年を与え、三年目から、一反歩に付き、五〇銭以上と決め、その後は、他地域の状況により、増減するという。

明治三一（一八九八）年。七月末には、配当地一五、〇〇〇坪（五ヘクタル）を開墾した者が、二三戸ある。なお、年末に開墾が終了する者、一〇数戸ある。別に、農場事務員四名が一七町歩（ヘクタル）を耕作し、その内、数反歩に、穀類、豆類、蔬菜類を試作した。

小作人の中で資金を携帯する者は、僅か数戸で、その他は、皆無である。馬は、六人が飼い、プラオ、ハローを所有する者は、僅かに二人である。牧場の直接の事業として、大小の排水、九、〇〇〇余間（約一六・二キロメートル）を開削した。

板東農場が創業以来、投入した資金は約二〇、〇〇〇円である。小作人たちが、貸付金を返還した額は、八五〇円余である。現在、一戸平均の貸付額は八〇円に過ぎない。

明治三一（一八九八）年。板東農場の開墾面積は、未調査のため、その反別は不明であるが、その成績は良いと見る。

管理人の東条儀三郎は、誠実で任務を果たし、小作人との間も円滑で紛争を生じることがない。小作人一同が協議して規約を設けた。相互に節約勤倹を図り、不品行者を懲戒するなど、他の農場には、多くは見られないことである。

蓋派原野・単独農民

蓋派村のアイヌ保護地の隣りに、数戸の単独農民が住む。

明治二六（一八九三）年。畠中甫一と共に、移住した徳島県人が、既に、大半を開墾した。

明治三一（一八九八）年。利別川の北西ヤーラ川沿岸に、富山県人五戸、広島県人一戸、三重県人一戸が開墾に着手した。その他、オルべ川沿岸だけである。

蓋派原野・畠中甫一の貸付地

畠中甫一は、初め、蓋派原野に入って、無願開墾を行った。数戸の農民を移住させ、資金、約、一、〇〇〇余円を出資して、一〇余町歩（ヘクタル）の開墾を行った。

明治二九（一八九六）年。土地整理処分が行われる。

明治三〇（一八九七）年。利別川の東岸に、一七〇、〇〇〇余坪（約五六・七ヘクタル）の貸付地を得た。

明治三一（一八九八）年。四戸の小作人を入れ、開墾を行う。小作人との契約は、初年、秋の収穫まで、米、味噌の仕入れを行い、鍬下年期三ヶ年間とした。

右の外、トーカ川の沿岸、利別川の沿岸に、単独農民が移住し、ほとんど、貸付地を開墾した。

蓋派原野・アイヌの保護地

蓋派原野の北端、利別川の東岸あり、その面積は二七七、八七〇坪（約九二・六ヘクタール）である。全土地の十分の六は、草原で、その他は、樹林である。

蓋派原野のアイヌは、農業の指導を受けて以来、農業に怠らず、熱心に開墾、農業に従事した結果、現在、シクシアイヌ、イタウケアイヌ、メウエンカアイヌなどは、プラオ、ハローを持ち、馬を飼っている。五町歩（ヘクタール）の既墾地で、作物を栽培している。

明治三〇（一八九七）年。秋期、右のアイヌは、大豆を五〇俵から七〇俵を売却したという。その他のアイヌも、一町五反歩（一・五ヘクタール）から二町歩余（ヘクタール）の作付けをして、農業を熱心に行っている。また、七、八頭から二〇頭の土産馬を飼っている者が数名いる。日常使用する馬は舎飼いし、その他は、付近の官林内に放牧している。

高嶋農場の北部、蓋派原野にアイヌの保護地を設けた。その面積、四〇三、九〇〇坪（一三四・六ヘクタール）。草原地が多く、樹林地が少なく、土地は肥沃である。

明治一八(一八八五)年〜明治二二(一八八九)年。札幌県(明治一九年から北海道庁)は、アイヌの生活のため、救済事務所を設け、農業の指導を行った。その後、農耕に励む者が少なく、荒廃化した。アイヌはオルベ川に居住し、自ら獣猟を仕事として、あるいは、海に出て漁場の雇いとなり生活を営む。

明治三〇（一八九七）年。二戸のアイヌが保護地に移住し、開墾に着手した。

明治三一（一八九八）年。その他のアイヌも、保護地に移動することを計画している。

以上、記したように、肥沃な原野は、高嶋農場、板東農場の両農場で、その大部分を占め、残った土地は、高台の痩せ地である。

単独農民は、直ちに移住して、開墾をせず、現在、どの土地も、着手早々ということで、自家用の農作物を主として栽培して、販売用の農作物の作付けは少ない。

風俗・人情

単独農民は、その数が多くないが、勤勉に農業に従事している。

高嶋農場の小作人の中には、土着心が強固でない者がいる。各県人が混在しているので、風習も同じでない。板東農場の小作人は、よく一致団結して、故郷の風習を残し、農業に熱心である。

ベッポのアイヌは、最もよく農業に精励し、また、和人とも親しく、冬期といえども、獣猟をする者は稀である。蓋派のアイヌは、ベッポのアイヌに比べると、幾分、和人に風化する度合いが少なく、獣猟を行う。明治三〇（一八九七）年。冬期間に熊三頭、子熊二頭、獺《かわうそ》六頭、その他、狐《きつね》、貂《てん》を各数一〇頭を捕獲した。

生活

単独農民は自作の穀類、豆類で生活を営む者が多く、米を食べる者は少ない。高嶋農場の小作人は、米二、麦八の割合で、貸付を受けている。板東農場は、米三、麦七の割合で貸付を受け、これを食べている。

和人は生活に困る者がいないが、アイヌの中には困窮する者がいる。

教育・宗教

明治三一（一八九八）年。高嶋農場では大谷派の説教所を設けて、僧侶が布教のかたわら、小作人の子弟を教育している。

嫌侶《キロロ》村（本別）・本別《ポンベツ》村（本別）

地　理

嫌侶村の南西は、幌蓋《ホロケナシ》村に接し、利別川に沿って、キロロ川の両岸にまたがる小さな村である。

本別村は、嫌侶村の北に位置している。利別川にまたがり、西北は、ビリベツ川沿岸の原野であり、北は、足寄川、利別川があり、釧路国足寄郡足寄村に接している。

東はウコタキヌプリの山脈があり、釧路国白糠郡を境として、南東には山脈があり、十勝郡に接している。北西は、高原、高丘、起伏が重なり、キトウシ山脈に連なり境は広い。

ウコタキヌプリ山は白糠郡の境にそば立ち、高さ二、七八五尺（約八四四メートル）で、付近一帯の山脈の中で高峰である。キトウシ山は北西にそば立ち、その高さ四、七七八尺（約一、四四八メートル）である。

ピリベツ川は、源を千島火山帯の山脈から発し、南流して、ポロカピリベツ川、ヌカンナイ川、キトウシ川、メトー川などの各川を合わせ、南東に流れて、利別川の右岸に注ぐ。その沿岸は狭く長い原野であり、その両側には、傾斜が緩慢な丘陵が連なる。

本別川の源は、ウコタキヌプリ山である。西南に流れ、本別集落の南に至って、利別川に入る。蝦夷語、

「ポンベツ」は、「小川」の意味から村名となっている。

ポンベツの北に、パンケセンビリ川、ペンケセンビリ川、その他、数多くの小川があり、皆、利別川に注ぐ。足寄郡から来て国境に沿って、おおむね南に流れ、足寄太に至る。足寄川を合わせて水量が多く、西に折れて、蓋派村に入る。

各川の沿岸には、楡《にれ》、樒《しきみ》、白楊《はくよう》、赤楊《あかやなぎ》、胡桃《くるみ》、柳《やなぎ》などが繁茂し、また、槐《えんじゅ》、桂《かつら》が混じる。本別川の上流には椴松《とどまつ》が多く、蝦夷松《えぞまつ》など整った美しい樹が生育している。現在、地方の用材供給の土地である。

原野

本別原野の南は、第二二線で蓋派《ケナシバ》原野に接し、北は、第四〇線で足寄太原野に接し、利別川に沿って延びている。足寄太原野は、本別原野の北に位置し、利別川の両岸にまたがり、足寄川に沿って北東に延びている。本別原野、足寄太原野の長さは、利別川に沿って五里（約一九・六キロメートル）、足寄川に沿って三幅広いところで二〇町（約二・二キロメートル）に過ぎない。土地は概ね肥沃であるが、半数は湿地である。

上利別原野は、足寄太原野の北、小丘を隔てて利別川の右岸に沿い、高台地が、その半数を占める。楢《なら》、槲《かしわ》の疎林と萩《はぎ》、萱《かや》、笹《ささ》などの草原地が混ざっている。土地は牧場に適している。

ビリベツ原野は、ビリベツ川の両岸にまたがり、その区画は、約五里（約一九・六キロメートル）にわたり、面積一〇、〇七〇、〇〇〇余坪（約三、三五六・七ヘクタール）がある。ビリベツ川沿岸、利別川の沿岸平地の土地を除くと、全部、高台で樹林地、湿地が混ざり、土地は概して肥えていない。

以上の各原野の中で、本別原野は全土地が、すでに、貸付となり、ビリベツ原野、足寄太原野、上利別原野の三つの原野は、まだ、貸付になっていない土地が多い。

運輸・交通

従来、本別村を経て、釧路国足寄郡に至る経路があるというが、アイヌ、猟師などの往来に過ぎない。交通は不便である。

明治三一（一八九八）年。利別太から本別村、本別太まで道路の開削をしたので、多少、便利になった。本別太以北は、まだ、ほとんど道路がない。接続開削をして、足寄郡に達することは、現在、必要な工事である。

利別川の本別太から下流は、一五俵（九〇〇キログラム）積みの丸木舟が通り、上流は五、六俵（三〇〇から三六〇キログラム）積みの丸木舟が通るに過ぎない。

貨物の多くは、丸木舟で運送するが、流木が所々に堆積して屈曲するので、困難を伴う。河川の流木を除去できれば、平田船《ひらたせん》（底が平らな和船）で本別太まで行き来することができ、移民は大いに便利になる。

沿革

昔からアイヌは、嫌侶《キロロ》（本別）、本別、仙美里《センビリ》（本別）など、数ヵ所に住んでいた。本別には戸数が最も多い。

明治一八（一八八五）年〜二二（一八八九）年。アイヌの生活、仕事のため、農具、種子を支給して農業の指導を行ったのは、他の村と同じである。

明治二六（一八九三）年。長野県人の篠原相松が、アイヌとの交易のため住み始めた。

明治二七（一八九四）年。宮城県人の菅野修助が、アイヌとの交易を主として、移住する。

明治二九、三〇（一八九六、七）年。両年、各原野の区画が整備され、多くの出願があり、貸付が行われた。大面積には、函館の小川幸兵衛、中間の面積には、凋寒《セイオロサム》村の新津繁松、富山県団体移民などの貸付がある。

明治三〇（一八九七）年。長野県人四戸と淡路国の一戸が移住した。

明治三一（一八九八）年。小川幸兵衛の小作人三七戸、単独移民が数戸の来住があり、開拓が盛んになる。

戸数・人口

明治三一（一八九八）年。年末の調査。戸数三五戸、他に、小川幸兵衛の小作三七戸があり、合計七二戸。人口は合計三六〇人である。福井県人が最も多く、富山県人、徳島県人、長野県人などの各県人がこれに次ぐ。アイヌは二三戸である。

集　落

アイヌは、本別に一五、六戸、パンケセンビリに二戸ある。和人は、小川幸兵衛の貸付地に三七戸ある。その他、数ヵ所に散在する。

農　業

アイヌは、生活のため、農業の指導を受け、その後、農業を継続して耕作を営む。

明治二九（一八九六）年。この年までの和人は、アイヌとの交易を主としたが、この年以降、自ら開墾を主とするようになった。

明治三〇（一八九七）年。移住した数戸の単独農民は、すでに、平均二町歩（ヘクタール）を開墾した。

明治三一（一八九八）年。小川幸兵衛が募集した小作人、単独農民の移住が数戸あり、それぞれが開墾に着手した。

本別原野・単独農民

篠原相松は、現在、五町歩（ヘクタール）を開墾した。

明治三〇（一八九七）年。この年以後の移住者一四戸は、全部、一五、〇〇〇坪（五ヘクタール）の貸付を受けて、開墾に着手した。大抵、河岸の肥沃な土地である。その内、一戸は、すでに、全土地を開墾して成功した。農作物の栽培は、自家の食料である黍《きび》、馬鈴薯《ばれいしょ》、玉蜀黍《とうもろこし》を主として、蔬菜《そさい》類がこれに次ぐ。単独農民は、各自、資金を持ち、独力で農業に従事している。

本別原野・アイヌの保護地

明治二九（一八九六）年。区画測量と同時に、アイヌの保護地、四一三、六六〇坪（約一三八ヘクタール）を設ける。その土地は、本別太に一ヵ所、その北一〇余町（約一・一キロメートル）に一ヵ所、また、その北七、八町（約〇・八から〇・九キロメートル）に一ヵ所、合計三ヵ所である。

本別太のアイヌの内、三戸は、プラオ、ハローがあり、馬耕を行い、三町歩（ヘクタール）以上の開墾を行った。信取村のベッポのアイヌは、本別太のアイヌの次に、農業に熱心であり、黍《きび》、大豆《だいず》、馬鈴薯《ばれいしょ》、玉蜀黍《とうもろこし》などを栽培している。その他のアイヌも、平均一町歩（ヘクタール）以上を耕作している。

足寄太原野・函館農場

函館農場は、本別原野、足寄太原野の両原野にまたがり、面積は、足寄太原野の方が広い。

明治三〇（一八九七）年。函館の小川幸兵衛、外、二名が出願する。

明治三一（一八九八）年。貸付を受け、その土地は、本別原野九〇〇、〇〇〇余坪（三〇〇ヘクタール）、足寄太原野一、四八〇、〇〇〇余坪（約四九三ヘクタール）、合計二、三八〇、〇〇〇余坪（約七九三ヘクタール）である。

明治三一（一八九八）年。福井県、岐阜県の両県人三〇戸、渡島国、十勝国の両国から七戸、合計三七戸を募集した。

小作人との契約、旅費は、小作人の自弁とし、農場到着の日から、米、味噌を貸付し、一戸、一五、〇〇〇坪（五ヘクタール）を配当し、鍬下三年を与え、開墾料は支給しない。全土地を開墾した後は、その面積の四割七分六厘（四七・六パーセント）を付与し、小作料は、付近の農場と比べて、その半額を徴収する約束である。

小作人は、資金を持っている者が少ない。農場内に人を雇って、草原地を開墾した反別が、一〇余町歩（ヘクタール）ある。一反歩（一〇アール）の開墾料は、一円三〇銭であるという。

函館農場の創業に関して、今、その成績を言うのは早い。交通が不便のため、食料の運搬に支障を生じ、時々、欠乏して、小作人たちに、不便を感じさせることがある。また、農場管理人と小作人との間に、衝突が起こることがあるという。

足寄太原野・新津繁松外一名の貸付地

明治三一（一八九八）年。四月、凋寒《セイオロサム》村の新津繁松、新津源作は、三〇〇、〇〇〇坪（一〇〇ヘクタル）の貸付を受け、開墾に着手した。

その他は、函館農場の貸付地の北に位置し、草原地が多い。現在、小作人四戸を移住させた。また、新津源作、自ら開墾に従事した。草原地が多く、プラオで開墾を行った。小作人は播種を行った。小作料として、初年は、大豆《だいず》一斗（大豆一斗は約一二・九キログラム）、または、黍《きび》一斗（黍一斗は約一一・二五キログラム）を納めさせ、翌年は、一斗五升を徴収する契約である。米、味噌の仕入は、一ヶ年間行うという。

足寄太原野・単独農民

明治二七（一八九四）年。宮城県人の菅野修助は、土地の開墾を行い、現在、三町歩（ヘクタル）余りある。雑穀、豆類、蔬菜を播種する。

明治三一（一八九八）年。足寄太原野で、土地貸付を受ける単独農家は、数名あるが、まだ、誰も開墾に着手していない。

足寄太原野・アイヌの保護地

ペンケセンビリ川の注ぐ利別川の西岸に、四四、〇〇〇坪（約一四・七ヘクタル）のアイヌ保護地がある。現在、二戸のアイヌが、開墾に着手し、七、八反歩（七、八〇アール）の土地を開き、穀類、豆類、蔬菜を栽培している。

足寄太原野・ビリベツ原野

富山県団体の予定地、その他、単独農民の貸付地がある。まだ、着手していない。

馬

アイヌの中には、一頭から二頭の土産馬を飼う者が、数戸ある。和人で馬を飼う者は、ただ、二戸あるのみである。皆、農業に使用する。

風俗・人情・生活

先着の移民二戸は、木造家屋に住み、その他は、いずれも掘立小屋に住む。

アイヌは、獣猟をする者が減少して、農耕に従事する者が増加し、熱心に開墾、農業を営む者がいる。

蝶多《テフタ》村（池田）・止若《ヤムワツオ》村（幕別）

地理

東は蝶多《テフタ》村であり、西は止若《ヤムワツオ》村である。共に、十勝川にまたがり、その村の境は不明である。東は、凋寒《セイオロサム》（池田）村に接し、南は低丘に連なり、西は、ライベツ川を越えて幕別《マクンベツ》村、咾別《イカンベツ》（幕別）村の両村に隣接している。北は、オツルシ山に連続する。

ライベツ川は、幕別村、猿別《サルベツ》（幕別）市街から来て、北東に流れて十勝川に注ぐ。十勝川は、咾別《イカンベツ》（幕別）

村から来て止若村において分流し、また、合流して蝶多《テフタ》（池田）村を貫流して凋寒《セイオロサム》（池田）村に入る。十勝川の両岸には、河流の変遷からなる沼、池が多い。

十勝川の沿岸は、平坦で肥沃であるが、止若《ヤムワツオ》（幕別）村の南方は、高台に連なり、土地は痩せている。樹木は、楢《なら》、槲《かしわ》、赤楊《あかやなぎ》、樺木《かばぎ》など疎生し、河岸には、楡《にれ》、柳《やなぎ》、槻《きしみ》、白楊《はくよう》などがある。

原　野

止若《ヤムワツオ》原野は、十勝川の南に位置し、東はトーナイ原野に連なり、南は猿別《サルベツ》原野、及び、丘陵に接し、西はライベツ川で咾別《イカンベツ》原野と境になる。河岸の低地は肥えている。

原野の東部は湿気の多い湿地があり、排水をしなければ農耕が難しい。また、南西部は、高台地で土地は痩せているが、農耕はできる。

十勝川の北方は、利別太原野に属し、その北は山麓に至り、東は凋寒《セイオロサム》村に連なり、その面積は広くなく、少し湿地があるが、土地は肥えている。既に、貸付済となっている。

運輸・交通

明治二六（一八九三）年。大津《オホツ》から芽室《メムロオ》までの道路が竣工するまでは、大津から十勝川上流の地方に往来する者は、皆、道を蝶多村、止若村方面に向かい、交通の要衝となり、止若村に郵便局を設けた。

明治三〇（一八九七）年。既成道路から十勝川沿岸まで、二〇余町（約二・二キロメートル）の道路を開削した。

明治三一（一八九八）年。白人《チロット》村から蝶多《テフタ》村、止若《ヤムワツオ》村を貫通し、凋寒《セイオロサム》村、利別太《トシベツブト》に至る道路を開いた。交通が便利になった。

利別太まで五町（約〇・五キロメートル）から二〇町（約二・二キロメートル）、帯広市街まで五里九町（約二〇・六キロメートル）、大津港まで九里（約三五・三キロメートル）である。大津から帯広の間には、馬車が通る。また、十勝川は、常に舟が行き来する。貨物の運搬は、大抵、舟による。

大津港からの運賃は、米穀一俵（六〇キログラム）一六銭、莚《むしろ》包み一個一六銭から三二銭であり、その他は、これに準じる。

（注）米、大豆、小豆一俵は六〇キログラム・馬鈴薯、大麦一俵は五〇キログラム・蕎麦《そば》一俵は四五キログラム。

沿　革

昔から蝶多《テフタ》村、止若《ヤムワツオ》村には、アイヌの集落があった。

明治一八（一八八五）年。アイヌの生活救済のため、止若村に救済事務所を設け、蝶多村、幕別《マクンベツ》村、咾別《イカンベツ》村、白人《チロツト》村、ポンサツナイなどのアイヌに、農業を指導した。

明治二〇（一八八七）年。宮城県人の武山土平が、初めて移住する。和人定着の始まりである。

明治二二（一八八九）年。アイヌの農業指導を廃止する。宮城県人の永井三次が、凋寒村から転住した。

明治二五（一八九二）年。香川県奨励会の移民一二戸が来住する。この農民は、咾別村に移住する徳島県南海社と共に、十勝国の団結移民の初めである。原野区画を行う。

明治二六（一八九三）年。香川県奨励会の移民が一二戸が移住する。この年、大津から帯広の間の道路が竣工し、郵便局を設けた。先着移民の誘導により、移住する者が、益々、多くなった。

明治二九（一八九六）年。土地整理処分の時、香川県奨励会移民の外、無願開墾者一三戸あったという。原野を解放し、区画地の貸付を許可する。以来、移住民が増加し、湿地を除く土地以外は、貸付が終了した。

戸数・人口

明治三一（一八九八）年。年末現在、蝶多《テフタ》村は戸数九八戸、人口三三六人。その内、アイヌは一四戸、人口五七人。止若《ヤムワツオ》村は二四九戸、人口八五〇人。その内、アイヌは、二一戸、八九人である。

和人は、香川県人、徳島県人、富山県人、福井県人の各県人が多い。

集　落

和人は、それぞれ、貸付地内に居住し、原野内に散在している。ただ、十勝川の南岸の一部分に多少密集している。

アイヌは、蝶多《テフタ》村、ライベツ川の西岸に集落を形成している。

農　業

明治一八（一八八五）年～二二（一八八九）年。札幌県は、アイヌの生活のため、農具、種子を支給し、農業の指導を行った。一戸平均、二町歩（ヘクタール）内外の開墾地を所有し、農作物は、粟《あわ》、黍《きび》、馬鈴薯の栽培を行ったという。武山土平、永井三次なども、各土地を開墾して農業を営む。

明治二五（一八九二）年。蝶多村に、香川県奨励会の団結移民が来住し、開墾に着手した。その後、移民が加わり、現在、先住者は馬を飼養し、草原地はプラオ、ハローを用いて耕作し、大抵、貸付地の開墾は終了している。

また、既に付与を受けた者は、少なからず農作物は、黒大豆を主として、小豆、菜豆を栽培して販売用とする。玉蜀黍、馬鈴薯などは、自家用として作付けする。

明治三一（一八九八）年。利別太の亜麻製線会社と特約して、亜麻を一町歩（ヘクタル）から二町歩（ヘクタル）内外の作付けをして、その生育が良好であったが、収穫期に先立ち、地蚕《じさん》（夜盗蛾《やとうが》）の害に遭い、収量が減少した。

止若《ヤムワツォ》原野・香川県奨励会移民

明治二四（一八九一）年。香川県奨励会は、県官吏、県会議員、豪農などの有志の応援により組織された。北海道の各地を視察してから、一旦、香川県に戻り、移住を決定した。県会では、地方税で移住民を補助することを決議した。

明治二五(一八九二)年。第一回移民一二戸を移住させる。坂本巳之松が監督となる。当時、和人の移住者は、ほとんどなく、広漠な原野の中に、香川県奨励会の団結移民の外は、二戸の和人と付近にアイヌが居住するだけであった。

鬱蒼《うっそう》たる大樹が天を覆い、草木が乱れのび、ほとんど手がつかず躊躇《ちゅうちょ》するが、監督者は非常な忍耐で、奨励し開拓に着手した。

仕事は熟練せず、秋の収穫を、ほとんど、得ることができなかった。特に、頼みの地方税の補助は、内務大臣の許可にならず、先の賛成者も、ほとんど顧みなくなり、当初の計画は、水の泡となった。

粟《あわ》、黍《きび》、馬鈴薯《ばれいしょ》、款冬《かんとう》（蕗《ふき》）、蕨《わらび》などで食いつないだ。困難に遭い、この年に退去する者が一戸あった。

明治二六（一八九三）年。第二回の移民が、幕別市街の南に移住する。福家七五三吉が監督である。この移民も辛苦を忍び、開墾を行った。

明治二七（一八九四）年。幸いにも豊作となり、安堵するに至った。開墾は進み、貸付地の大半は開墾が進んだ。土地の一部に小作人を入れ、耕作を行う者がいた。

農作物の販売は、全て共同販売を試みたが、いろいろな事情で、現在は、自由にすることとなった。香川県奨励会の団結移民は、当初、移住に際して、ほとんど絶望の悲境に陥ったが、よく辛苦精励した結果、現在、一戸当たり五町歩（㌶）から七、八町歩（㌶）の開墾地を所有し、相当の生活を営むことになった。香川県奨励会の団結移民は、現在、十勝川の両岸の原野に居住している。

止若《ヤムワツオ》原野・新津繁松の貸付地

明治三〇（一八九七）年。十勝川の分流から生じる一つの中島で、面積約一〇〇、〇〇〇余坪（約三三・三㌶）、貸付を受けた。小作一三戸を募集して開墾を行った。その方法は、ただ、鍬下年期三年と着手の初年、米、味噌の仕入をするだけで、別に、開墾料を支給せず、現在、半分の土地を開墾した。小作人は富山県人、徳島県人の両県人である。

止若原野・単独農民

十勝川の南岸には、一二〇戸から一三〇戸の単独農民が居住する。また、大津から帯広の間の道路付近にも、所々に土地を選定して開墾を行う者がいる。

武山土平、永井三次、橋本多雲などは、各四〇〇、〇〇〇坪（一三三・三ヘクタル）から五〇〇、〇〇〇坪（一六六・七ヘクタル）の貸付地ある。自作の外、小作を入れて開墾を行った。

普通の農民は開墾中の者もいるが、すでに、付与を受けた者もいる。また、開墾地を借りて、一時、小作を行う者もいる。一反歩（一〇アール）の小作料は大抵、大豆四斗（五一・六キログラム・大豆の一斗は一二・九キログラム）、地力のないところは、三斗（三八・七キログラム）から二斗五升（三二・二五キログラム）である。

利別太《トシベツブト》原野の西部・単独農民

明治二六（一八九三）年。山梨県人の今福数平は、貸付地内に居住して、三〇〇、〇〇〇坪（一〇〇ヘクタル）を開墾した。プラオ、ハローで耕作を行った。

その他の単独農民、数一〇戸も、ほとんど開墾を行い、相応の生活を営んでいる。

利別太原野の西部・アイヌの保護地

ライベツ川の西岸、及び、十勝川の南岸に設けた両地域とも土地が肥沃で、樹林、草原が混在する。農業の指導を受けたが、以後、引き続き農業に従事する者は少ない。

一時、土地は荒廃したが、近年、和人が盛んに開墾、耕作するのを見て、アイヌも耕作に励む者がいる。現在、平均一町歩（ヘクタル）内外の土地を耕作し、その内、数名は、三、四町歩（ヘクタル）の土地耕作している。農作物は、和人と同じで大豆を主として、黍、小豆、玉蜀黍、馬鈴薯、その他、蔬菜類である。

利別太原野の西部・斉藤兵太郎の貸付地

明治二九（一八九六）年。大津村の斎藤兵太郎は、止若《ヤムワツオ》村の南方、猿別市街の東部の高台地に二〇〇、〇〇〇坪（約六六・七㌶）の貸付を受けた。

初め、農業目的で数戸の小作を移住させたが、その土地は、槲《かしわ》の疎林で乾燥し過ぎ、農耕は難しいと判断して、三戸の小作人が退去した。

牧場地の返還の許可を得て、現在、数一〇間（一間は一・八㍍）の木柵と粗末な柾屋を一軒を建築した。猿別、帯広などの馬持ちの共同追い込み場として、土産馬が三五頭いる。その馬の多くは、運搬用として使われる馬である。

利別太原野の西部・猪俣由太郎の貸付地

明治二九（一八九六）年。大津村の猪俣由太郎は、牧場の目的で利別太原野に於いて、二〇〇、〇〇〇余坪（約六六・七㌶）の貸付を受けた。その土地の北は、山麓に接し、蘆《あし》、葦《よし》が密生して湿地が多い。内、一六〇、〇〇〇余坪（約五三・三㌶）を牧場とし、四〇、〇〇〇余坪（約一三・三㌶）を耕地とした。

明治三〇（一八九七）年。小作三戸を入れ、排水溝を開削し、事務所を建築した。現在、牛はアイシヤ（エアシャ）雑種、南部種、合計八〇頭、馬は、土産馬、南部種、合計四〇余頭を飼う。

種牛としてアイシヤ一頭、種馬として、農用、雑種一頭を道庁から借受け、交尾させて、自ら繁殖を行う。種畜は舎飼いにする。その他は、大半、牧場内に置かず、山林原野に放牧している。

牧畜

当地方は、十勝川両岸、概ね、耕作適地である。牧場にする土地は少ない。現在、牧場と称する規模は、小さく、ほとんど見るべきものがない。

商業

商店が二戸ある。大津から貨物を購入して、酒、菓子、その他、僅かに雑貨を置く。

風俗・人情・生活

明治二九（一八九六）年。この年以前から移住していた団体移民や無願開墾者の多くは、木造家屋に住んでいる。食料は、雑穀を主として、販売作物は、大豆、小豆などである。まだ、豊かとはいえないが、皆、相応の生活を営んでいる。

この年以後の移住民は、茅屋に住み、自ら開墾に従事し、冬期には橇《そり》引き(日雇)をする者がいる。アイヌは、農業を営む者が数戸だけで、飲酒や賭博をする者がいるという。

幕別村《マクンベツ》（幕別）・咾別村《イカンベツ》（幕別）・白人村《チロツト》（幕別）・別奴村《ベツチヤロ》（幕別）

地理

幕別村、咾別村、白人村、別奴村は、全部、十勝川の南方に位置し、東は止若村に隣接し、南方は猿別川《サルベツ》、トベツ川の水源地に連なり、西は幸震《サツナイ》村に接し、北は、十勝川が境である。各村の境界は不明である。

猿別川は、源を南西の当縁郡境の山脈の中に発し、イタラタラキ川、ネシコポップ川、サッチャルペツ川、ヌカナイ川、その他、数多くの小川が集まり、北流して、幕別《マクンベツ》川に注ぐ。

トベツ川は、猿別川と高原を隔てて、その西にある。源をイタラタラキ原野の中に発し、北流し、さらに、東に曲がり、幕別川に入る。

幕別川は、十勝川の支流である。札内原野の中から流れる各小川が合流、東に流れて猿別市街地の北西に至り、咾別《イカンベツ》川と合流する。猿別川を合わせ、下流でライベツ川となり、北東に流れて、十勝川に注ぐ。

咾別川は、十勝川の支流で南東に流れて、幕別川に入る。十勝川は、河西郡下帯広村から流れて来る。別奴《ヘツチヤロ》村に流れて分流し、中部一島を造り、北方の丘麓を流れ、東流して屈曲し数派に分かれ止若《ヤムワツオ》村に入る。

地域の北は平野で、河水が縦横にあり、土地は肥沃である。南は広く、低丘が続き、イタラタラキ原野に連なり、高原となっている。丘陵の間に猿別川、トベツ川の沿岸、原野がある。

樹木の種類、原野の肥沃な土地には、楡《にれ》、梻《しきみ》、槭《しゆく》（モミジ、カエデなど）、桂《かつら》、槐《えんじゆ》、桑《くわ》、白楊《はくよう》（ポフラの一種、ドロノキ）、赤楊《あかやなぎ》（ハンノキ）などが繁茂する。

樹の下には劉寄奴《りゆうきど》、蕁麻《いらくさ》、虎杖《いたどり》、艾《よもぎ》、木賊《とくさ》、笹《ささ》などが混生している。

高原には、槲《かしわ》が疎生し、樹の下には、萱《かや》、萩《はぎ》、艾《よもぎ》、蕨《わらび》、桔梗《ききよう》、女郎花《おみなえし》、唐松草《からまつそう》、草藤《くさふじ》などが生えている。

各村の位置、幕別《マクンベツ》村は止若《ヤムワツオ》村の南西に位置し、南方に広く伸び面積は最も広い。咾別村、白人村、別奴村の三つの村は、幕別村の北に位置し、東から西に並ぶ。

原　野

止若原野の一部分は、幕別村に属する。その土地は、幕別川の南にあり、南方の猿別原野に接する。咾別原野は、北が十勝川、西南は咾別川、東南はライベツ川で囲まれている。その面積は二、七九〇、〇〇〇余坪（約九三〇㌶）である。

白人原野は、咾別原野の南西に位置し、南は、丘陵で途別《トベツ》原野、猿別原野の両原野に連なり、西は札内原野に接している。面積は一、八五〇、〇〇〇余坪（約六一六・七㌶）である。

明治二五（一八九二）年。右記の三つの原野の区画を測量した。

明治二九（一八九六）年。この年から貸付した。土地は肥えている。既に貸付が済んでいる。

少し貸付地が残っている途別原野は、白人《チロツト》原野の南西にあり、途別川にまたがり、東西に低い丘陵が横たわり、細長い原野である。南は下イタラタラキ原野に連なり、草原地、樹林地が交わり、地力は僅かに良い。

猿別原野は、猿別川下流の両岸にまたがり、北は止若原野に接し、南はヌカナイ原野に接し、東西に低丘がある。草原地が多く樹林地が少ない。河岸は肥沃な土地であるが、高台は乾燥するので嫌われる。その区画面積は、五、一一〇、〇〇〇余坪（約一、七〇三・三㌶）である。

ヌカナイ原野、上ヌカナイ原野は、ともにヌカナイ川に沿い、猿別原野の南西に連続し、細長い原野で草原地が多く湿地を交える。ヌカナイ原野の区画面積は、三、三六〇、〇〇〇余坪（約一、一二〇㌶）。上ヌカナイ原野の区画面積は、九三〇、〇〇〇余坪（約三一〇㌶）である。

下イタラタラキ原野は、途別原野、札内原野の南方に位置し、猿別川、及び、その支流にまたがり、南は、遠く開けて当縁《タウブチ》郡に連なる。土地は一般に高原性に属し、草原多く、また、槲《かしわ》の疎林をなし、蕨《わらび》、萩《はぎ》、萱《かや》、唐松草《からまつそう》、艾《よもぎ》などが混生している。黒色腐植土に火山灰が混じり、土地は概して痩せているので、牧場にするのに良い。

明治三〇（一八九七）年。区画を測量する。

明治三一（一八九八）年。貸付を始める。その面積、二四、〇九〇、〇〇〇余坪（約八、〇三〇ヘクタール）である。

運輸・交通

大津《オホツ》から帯広の間の道路は、山麓を通り、猿別市街を通る。猿別市街から帯広市街まで一里（約三・九キロメートル）から三里（約一一・八キロメートル）である。大津港まで約一〇里（約三九・三キロメートル）である。

明治三一（一八九八）年。白人《チロット》原野から止若《ヤムワツオ》村の概設道路に至るまで、区画地の東西線に、道路の開削《かいさく》を行い、交通が大いに便利になる。

明治三一（一八九八）年。帯広から茂寄《モヨロ》（広尾）の間の道路が開通する。イタラタラキ原野を貫通し、同所に駅逓を設け、人馬を替えて荷物や人を送り継いだ。幕別川を利用した人や荷物の運送は、猿別市街まで、二五石（二・五トン）積みの舟が出入りし、貨物の運送の多くは舟による。

沿　革

昔から、各村にアイヌ集落がある。

明治一八（一八八五）年～明治二二（一八八九）年。札幌県（明治一九年まで）、道庁（明治一九年以降）はアイヌの生活のため、農具、種子を支給して、農業の指導を行ったことは、他の各村と同じである。

明治二五（一八九二）年。大津《オホツ》から帯広の間の道路の開削を着手する。徳島県南海社の移民一六戸が入植する。熊本県人の岩永右八、渡島国の人、富永才太郎などが来住する。

明治二六（一八九三）年。南海社の移民二二戸、香川県奨励会の移民一二戸が来住する。前年に着手した大津から帯広までの道路が竣工し、交通は便利になった。その後、徳島県人、香川県人、富山県人の各県人の先着移民の誘導により、来住する移民が多くなる。

明治二九（一八九六）年。土地整理処分に際して無願開拓者の数は、咾別《イカンベツ》村で五六戸、一九三人。白人《チロット》村は、一四戸、五八人。その開墾した土地も少なくはない。同年、土地の貸付を許される。単独移民や団結移民が多く移住した。

明治三〇（一八九七）年。幕別村に市街地を設け、その貸付を許す。同年六月、従来、大津《オホツ》村の所管であった幕別《マクンベツ》村、咾別《イカンベツ》村、白人《チロット》村、別奴《ベッチャロ》村、止若《ヤムワッオ》村、蝶多《テフタ》村、凋寒《セイオロサム》村の七ヵ村を、幕別村、外、六ヵ村戸長役場に置く。また、巡査駐在所を設ける。

（注）開拓使は、明治二（一八六九）年七月八日（新暦八月一五日）に設置、明治一五（一八八二）年二月八日に開拓使を廃止。それ以降、札幌県、根室県、函館県、北海道事業管理局の三県一局を設置。明治一九（一八八六）年一月二六日に廃止。同年一月二六日、北海道庁が設置される（『新北海道史年表』から引用）。

戸数・人口

明治三一（一八九八）年。年末現在、幕別村二〇七戸、八一〇人。咾別《イカンベツ》村九四戸、三四八人。白人《チロット》村一四六戸、五三五人。別奴《ベッチャロ》村四八戸、一七四人である。内、アイヌは幕別村七戸、三六人。白人村二三戸、八五人。咾別村一四戸、六七人である。

和人は、徳島県人、香川県人、富山県人、福井県人の各県人が多く、三重県人、岡山県人の県人がこれに次ぐ。その他、各県人が混在する。

集　落

猿別市街地は、咾別川、猿別川の合流するところに設け、大津《オホツ》から帯広の間の道路は、この地を通過し、舟の交通、運輸もある。現在、道路の両側には、二〇数戸の柾屋を建築し、戸長役場、巡査駐在所、旅館二戸、小売商一〇余戸がある。また、農家が混在する。将来、発達する状況である。

猿別原野には、単独農民が所々に散在し、また、南勢開拓合資社の小作四二戸がある。ヌカナイ原野には、富山県五位団体の移民二三戸がある。途別原野には、約四〇余戸の単独農民が居住している。

アイヌは、猿別市街地の北方にある保護地に七戸、白人《チロツト》原野の保護地に三〇余戸、ポンサツナイに五戸、どれも密集集落である。農業を営んでいる。

農　業

明治二五（一八九二）年。幕別《マクンベツ》村、外、各村の農業の始まりは、徳島県南海社の団体移民が移住し、開墾に従事したことによる。

明治二六（一八九三）年。香川県奨励会の団結移民がこれに次ぎ、その他、両団体の移民の誘導によって、移住した単独農民が盛んに開墾を行った。

明治二九（一八九六）年。岡山県の団体移民が移住する。その他、大面積には、南勢開拓合資会社、晩成社、藤原二男などの貸付がある。

明治三〇（一八九七）年。この年から、各自、小作人を移して、開墾を行う。

明治三一（一八九八）年。富山県の五位団体が移住した。

止若《ヤムワツオ》原野の西部・香川県奨励会移民

猿別川の西岸は肥沃な草原地が多く、その東岸は、高台で地力が劣る。

明治二五（一八九二）年。蝶多《テフタ》村に、香川奨励会が移住。

明治二六（一八九三）年。一二戸到着し、猿別川の西岸に居住し、開墾に着手した。

明治二七（一八九四）年。香川県から五七戸が来住して各予定地に入植した。先に述べたように、県の地方費で移住民を奨励保護することができなくなり、保護が途絶え困難を極めた。八月に解散して、各戸、任意で開墾に従事することとなった。

明治二九（一八九六）年。土地整理処分に際して、各戸の貸付地は、大抵、一五、〇〇〇坪（五㌶）で、三〇、〇〇〇坪（一〇㌶）以上の者は、ほとんどいない。

元、香川県奨励会監督員の福家某は、現在、七町余歩（㌶）を開墾し、プラオ、ハロー、除草機などを使用して耕作している。付近には元、会員が九戸在住している。大抵、開墾地は、五町歩（㌶）内外である。

香川県奨励会移民・単独農民

香川県奨励会移民の付近には、岡山県、徳島県、山口県、その他各県の単独農民が数戸と、一時、小作の農民一〇戸が居住している。大抵、既墾地で、その小作料は、黒大豆四斗（五一・六キログラム・一斗は一二・九キログラム）から六斗（七七・四キログラム）である。

明治三〇（一八九七）年。この年以後の移住で、猿別川の東岸、高台地に単独農民が二〇数戸いる。その貸付面積は、大抵、一戸当たり一五、〇〇〇坪（五ヘクタール）である。

香川県人が最も多く、栃木県人がこれに次ぐ。現在、一戸当たりの既墾地は、二町歩（ヘクタール）以上である。皆、大豆、黍《きび》、粟《あわ》、蕎麦《そば》、馬鈴薯《ばれいしょ》、その他、蔬菜《そさい》などを作付けしている。

咾別《イカンベツ》原野・南海社移民

明治二四（一八九一）年。徳島県三好郡の農民は、その郷里の土地が狭く、人口も多く、生活に困難なため海南社を組織して、北海道に移住を計画した。国安仁七郎が北海道に来て、土地を選定した。一旦、帰郷した。

明治二五（一八九二）年。国安仁七郎は、団体移民一五戸と共に、咾別原野に移住して開墾に着手した。蝶多《テフタ》村に移住した香川県奨励会の移民と共に、南海社は徳島県の団体移民の始まりである。

明治二六（一八九三）年。徳島県から二二戸が移住した。

明治二七、二八（一八九四、五）年。両年に五四戸が移住した。

明治二九（一八九六）年。二二戸移住。前後、一〇三戸が移住して、各、肥沃な土地を選んで開墾に従事した。

当時、まだ、各原野は公然と貸付を許可せず、特に、団体移民に限り貸付をしたので、先着移民の例にならい、皆、単に団体移民と称して、開墾に従事した。その実際は、更に出願の手続きをしないで、移住する者が多く、同年、土地整理処分に際し、その処分に遇《あ》う者が少なからずいた。

その後、団体の規約を守らず除名者などがあり、現在、団体の者は、七五名である。既に、全土地を開墾して、付与を受けた者は四名。

明治三一(一八九八)年。全土地を開墾した者は、その半数に達した。樹林地に入植した者は木の根が、まだ、腐らないので十分に馬耕を行えず、草原地に入植した者は、盛んに馬耕を行った。現在、一戸当たり、大抵、五町歩(ヘクタル)内外を作付し、あるいは、一〇余町歩(ヘクタル)を耕作する者がいる。農作物の種類は、前記の各村と同じである。

普通、家屋を建築し、あるいは、柾屋《まさや》を建てる者がいる。また、一頭から二、三頭の馬を飼い、皆、相応の生活をしている。

咾別《イカンベツ》原野・単独農民

南海社の団体移民の外、咾別原野の単独農民は、一二〇余戸ある。その貸付面積は、大抵、一戸当たり、一五、〇〇〇坪(五ヘクタル)である。全土地を開墾した者が大半である。農業に勤勉で、生活の状態は、南海社の移民と同じである。

白人《チロット》原野・単独農民

明治二六年（一八九三）年。岩手県人の鈴木某が白人原野に入り、開墾を行った。その後、単独農民の移住する者が多く、現在、六〇数戸の単独農民があり、大抵、全地の半分を開墾している。一時、小作を入れて開墾をする者がいる。

白人原野・岡山県団体移民

明治二九(一八九六)年。岡山団体は二つある。一つ目は、備中国哲多郡の千種策太郎、外、三〇名が組織し、面積三三六、〇〇〇余坪（約一一二㌶）の貸付を受けた。

二つ目は、備中国阿賀郡の田井秦、外、三三名が、面積三一七、〇〇〇余坪（約一〇五・七㌶）の貸付を受けた。その土地は、咾別《イカンベツ》川の下流と途別川の下流との間にある。樹林地が多く、地力は肥沃である。

千種団体は一七戸移住し、田井団体は二一戸移住した。各自、貸付地に入り、開墾に着手した。

明治三〇(一八九七)年。残りの農民の移住が見込みなく、千種団体は、一九九、〇〇〇余坪(約六六・三㌶)、田井団体は、一九八、〇〇〇余坪（六六㌶）を返還した。その後、両団体が合併して岡山団体と称する。

団体移民の中で、相応の資金を携帯している者は、少数である。僅かに、四、五名にすぎない。その他は、資金が乏しく団体移民の中、初めは互いに融通をして開墾を行ったが、その金額が少ないので、現在は、外から仕入を受け開墾を行っている。プラオ、ハローは、まだ、所有する者はいない。現在、各戸平均一町歩（㌶）内外の既墾地がある。その成績は良くない。

白人《チロツト》原野・荒井久二の貸付地

明治三一（一八九八）年。一月、貸付地は、白人原野から札内原野にまたがり、元、風防林地として予定存置したのを解除して貸付した。そのため、貸付地は帯のように長く、幅一五〇間（約二七〇メートル）、長さ二、七〇〇余間（約四・九キロメートル）である。

土地は、晩成合資会社の貸付地に接し、藤原農場の貸付地を通り、西は札内川におよぶ。東南はアイヌの保護地に接する。土地は肥沃で、楡《にれ》、梻《しきみ》、槲《かしわ》、ドスナラなどが密生している。樹木の下は、笹《ささ》、木賊《とくさ》などが多い。未だ、開墾に着手していない。

白人《チロツト》原野・アイヌの保護地

イカンベツ川の西、途別《トベツ》川の北に、アイヌの保護地、三一五、五〇〇余坪（約一〇五・二ヘクタール）を設けている。草原地が多く、樹林地が混じる。地力は肥沃である。

白人村、幕別《マクンベツ》村のアイヌは、約三〇余戸の集落で、皆、農業に従事している。一戸平均、一町歩余（ヘクタール）を開墾し、アイヌの幸太郎、アマイタキの両人は、プラオ、ハローを使用して、既に、五町歩（ヘクタール）内外の土地を開墾した。その他、二、三町歩（ヘクタール）を開墾する者は、少なくない。

農作物は、大豆、小豆を主とする。和人は、アイヌの保護地を借りて、小作をする者が一〇戸ある。一反歩（一〇アール）の小作料は一円である。

トベツ原野・単独農民

明治二九（一八九六）年。この年から単独農民が移住する。現在、約五〇余戸ある。一戸当たり、一町（ヘクタール）から二町歩余（ヘクタール）の既墾地がある。自ら開墾に従事して、馬を所有する者が数戸ある。草原地は馬で開墾する。岐阜県人、富山県人の両県人が最も多い。

猿別原野・単独農民

猿別原野は、止若《ヤムワツオ》原野の南猿別川の沿岸で、少し低地である。地力は中程度である。単独農民二〇余戸が散在し、各自農業を営んでいる。草原地が多いので、開墾は馬耕が行われている。

猿別原野・南勢開拓合資会社農場

明治二九（一八九六）年。三重県山田郡の宇仁田宗馨、外、数名が出願する。

明治三〇（一八九七）年。この年、面積八一〇、〇〇〇余坪（約二七〇ヘクタール）の貸付を受けた。その土地は猿別市街の南方、約二里（約七・九キロメートル）にあり、猿別川の東岸に位置する。草原地が多く、樹林地が少ない。少し湿地もある。土地の状況は、高低があるが、地力は良い方である。

明治三〇（一八九七）年。小作人が二五戸移住した。その内、一戸が帰国した。

明治三一（一八九八）年。一八戸が移住して、現在、四二戸となった。小作人との契約は、渡航費、及び、移住後の米、味噌の貸付を行い、一戸当たり一五、〇〇〇坪（五ヘクタール）を配当する。

小屋掛け料を五円支給し、五ヶ年間で開墾する。その開墾料は、土地の難易により、一反歩（一〇アール）一円から二円までの間として、これを支給する。全土地を開墾した後は、土地の半分を支給する契約である。

小作人の貸付品は現金に換算して、年一割（一〇パーセント）の利子を支払う。馬は、当社に一二頭あり、プラオ三台、ハロー二台を備え、無償で小作人に貸している。

明治三〇（一八九七）年。この年の開墾反別は、二〇町歩（ヘクタール）である。

明治三一（一八九八）年。この年には、約五〇町歩（ヘクタール）を開墾する予定である。創業以来、投入した資金は約七、〇〇〇円であり、小作人一戸当たりの貸付金は、少ない人で三〇円から、多い人で二〇〇円である。

明治三一（一八九八）年。この年の移住者には、一〇〇円以上の資金がある者が数戸ある。小作人の中で、馬を飼う者が九名いる。これは要するに、当社の規模が大きいといえども、管理人も、小作人も、皆、同県人にして、開墾後は、土地の半分を支給する約束があるので、皆、安心、親和の情がある。

猿別原野・岩永彦蔵の貸付地

明治三〇（一八九七）年。ヌカナイ原野で、二九〇、〇〇〇余坪（九六・七ヘクタール）の貸付を受けた。

明治三一（一八九八）年。小作人、四戸を入れ、約一〇町歩を開墾した。その土地は、草原で開墾が容易である。

小作人は仕入を受け、鍬下年期三ヶ年を与え、排水は地主が行う。開墾料を支給しないが、土地が肥沃なため、小作に応ずる者がいる。

猿別原野・五位団体移民

明治三一（一八九八）年。富山県西砺波郡西五位村の吉田平一郎、外、一七名の団体が七二〇、〇〇〇坪（二四〇

ヘクタル）の貸付を受けた。その土地は、上ヌカナイ、下ヌカナイの両原野にまたがり、ヌカナイ川が、その中央を流れ、地力は中程度である。

二四戸が移住した。草原地が多く、馬耕者を雇い、開墾に着手した。その賃金は土地の難易により、一反歩（一〇アール）一円四〇銭から一円六〇銭である。

団体移民の中に、多い者で三〇〇円、少ない者で四、五〇円の資金を持参している者がいる。また、全く資金のない者、三戸は、猿別市街付近で、一時、小作を行いながら、「通い作」をしている。

団体長、吉田平一郎は、誠実、熱心な人柄という。

商　業

猿別市街地には、商店が一〇余戸ある。米、穀物、その他、日用品の雑貨を置く。商品の多くは、函館から移入し、一部は、大津、あるいは、帯広から購入して、販売している。また、道路沿いには、数ヵ所に商店がある。

馬

幕別村、外、三村の馬は、合計一三五頭である。皆、農業に使用している。普通、河岸の堤防地、あるいは、未開地に放牧する。付近は一般的に農民が居住しているので、農作物の被害の心配がある。このため、現在、共同牧場地の貸付出願の相談をしている。

木材・薪炭《しんたん》

猿別市街で、薪《まき》、一敷七〇銭、炭《すみ》、一貫目（三・七五㌔《キログラム》）二銭五厘、椴松《とどまつ》角材、一〇〇石、一四、五〇円である。

村の経済

明治三一（一八九八）年。年度の各村連合村費、支出予算は、三、六五三円で、その内、教育費は、三分の二強を占める。村医費、会議費などは、これに次ぐ。収入は、国庫補助金一、六八四円、村賦課金額は一、六六九円である。これを一〇等分して幕別《マクンベツ》村、外、六ヵ村、一、三一七戸に賦課する。

風俗・人情

明治二九（一八九六）年。この年以前の移住民は、大抵、普通の家屋に住み、または、柾屋を建てる者もいる。それ以後に移住した者は、茅屋に住む者がいる。

各村、皆、各県人が混在して、当時、自ら開墾中であり、公共事業に力を尽くす者が少ないが、基本財産として公共用地の貸付を得ようとすることは、皆、熱望している。

生　活

農民は開墾に従事し、農業を主として、また、冬期は伐木、橇《そり》引きなどをする者がいる。一般に自家の収穫物を食料として、祝日、あるいは、冠婚葬祭以外は、米食をする者は稀である。新しく来た移民は、雑穀に慣れず、主に米麦を主食とし、その割合は、米四分、麦六分ぐらいの程度である。

アイヌは、漁場に出稼に行く者は少なく、農業に従事、あるいは、雇われて生活に困る者は少ない。

教　育

明治一九（一八八六）年。幕別《マクンベツ》村、白人《チロット》村のアイヌ保護地には、耶蘇教《やそきょう》（キリスト教）聖公会派の設置に係わる私立小学校がある。アイヌの子弟を教育する。現在、教員一名、アイヌの就学児童は一六名、和人の児童二名である。

明治二八（一八九五）年。地方の有志者が奔走、寄付金を募集して、東本願寺派の僧侶を雇い、今の猿別市街地で授業を開始した。

明治三〇（一八九七）年。公立猿別尋常小学校の許可があり、現在、教員一名、就学児童一九名である。咾別《イカンベツ》村では南海社の移民、その他、単独移民などが協議の上、私立咾別《イカンベツ》小学校を設けた。現在、教員一名、児童三八名である。白人《チロット》村でも私立小学校を創設した。現在、教員一名、児童八名である。

説教所

大谷派の説教所が猿別市街にある。

河西郡

地理

北方には十勝川があり、河東郡に接している。東南は札内川、右は高原丘陵があり、中川郡、当縁郡に接している。西は日高山脈で日高国の静内、新冠、沙流の三郡に隣り合わせている。札内川の右側を除き、東西一一里二一町(約四五・五キロメートル)、南北一二里一二町(約四八・四キロメートル)、面積約九〇方里(約一、三八八平方キロメートル)である。

河西郡の西部はポロシリ岳、トッタベツ岳、ピパイロ岳、メムオロ岳など南北に横たわり、日高国境に連なっている。特に、ピパイロ岳は、高さ六、六五六尺（約二、〇一七メートル）に達し、日高山脈の中の最高峰である。右の主な山脈から、更に、数ヵ所の支脈が分かれ、東に延び丘陵となり、高原となる。その支脈の中の名のある山岳は、札内岳、幌尻岳、北に久山岳、エエンネエンヌプリ岳である。

河川は、全部、西部の山脈から発し、東北に流れて、十勝川に注ぐ。河西郡の南部にある河川は、長大で北部に至るに従い、小流となる。その主な河川は、札内川、帯広川、ピパイロ川、メムオロ川、ヌプチミプ川である。札内川は最も長大で、その長さは二三里一三町（約九一・七キロメートル）ある。河西郡の河川は、南西風により増水して、札内川などは、下流で雨が降らないのにもかかわらず、突然、水量を増すことがある。

西部の山地を除くと、外は、ことごとく原野であり、十勝大平原の一部を形成している。既に、殖民地として選定した面積は、一七〇、〇〇〇、〇〇〇余坪（約五六、六六七ヘクタール）である。その内、半数は、既に区画を

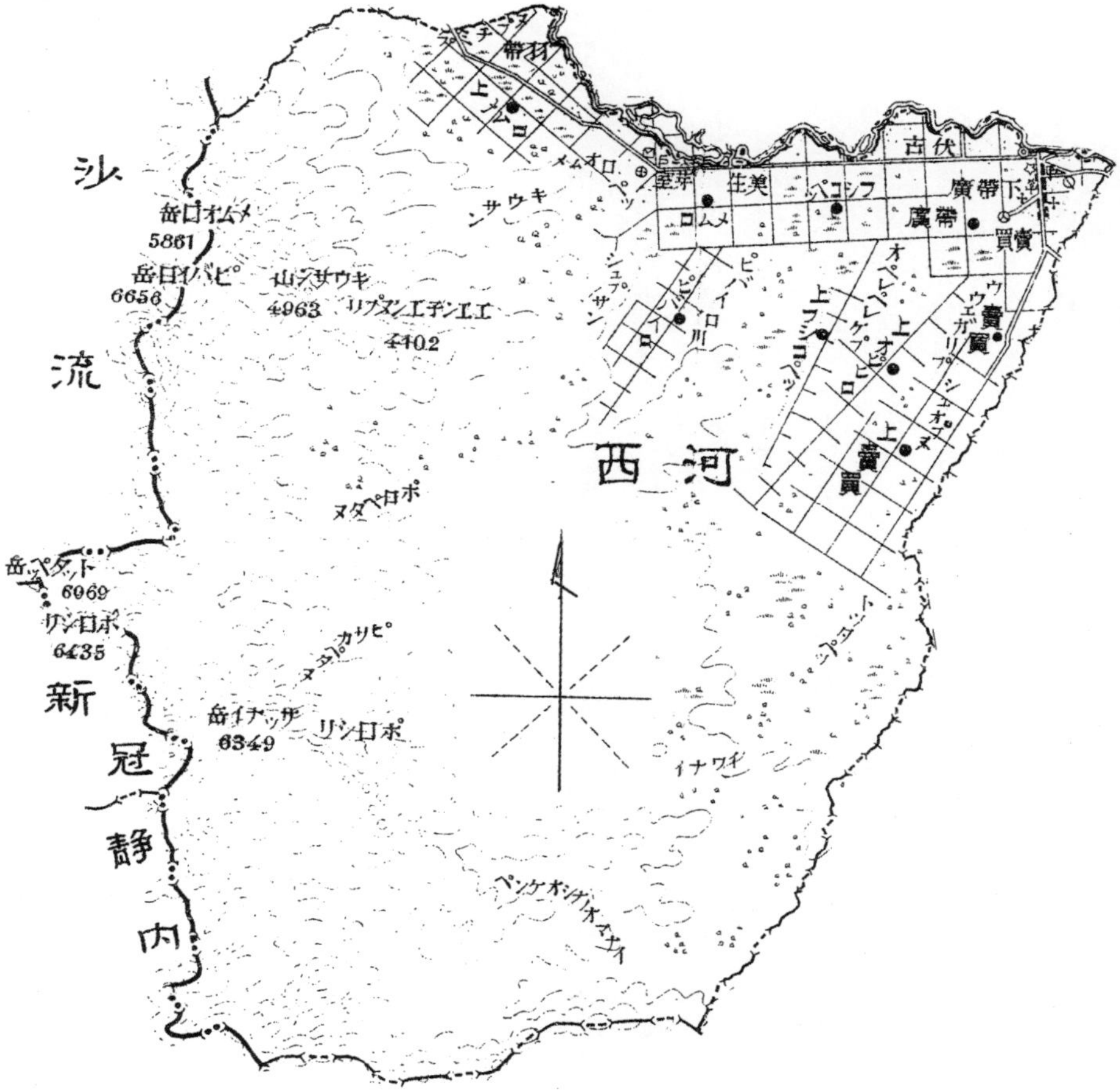

図10　河西郡

測量して分け、札内、帯広、売買《ウレカリプ》、上売買、上帯広、伏古別、上伏古、芽室、美生《ビバイロ》、上芽室《メムオロ》の一〇区画原野である。

札内原野は、札内川の右岸にある長大な土地で、河畔の低地は肥沃であるが、高原は痩せている。売買《ウレカリプ》、上売買の二つの原野は、札内川と売買川との間に位置し、地力は痩せ地、肥沃な土地が混ざっている。帯広原野は、帯広川の下流にあり、帯広市街を包み、東は札内川、北は十勝川に臨む。河畔は土地が肥えている。伏古別原野は、帯広原野の西に連なり、十勝川沿岸の沃土に富み、河西郡の一番の農地である。

上帯広原野は、売買川と帯広川との間に位置し、上伏古別原野は帯広川を隔てて上帯広原野に隣接し、両原野とも、地力は劣る。芽室原野、上芽室原野は、伏古別原野の西、十勝川の南岸に並び、地力は痩せ地、肥沃な土地がある。

美蔓《ビバウシ》原野は、芽室原野の南、ピパイロ川の左岸にあり、土地はあまり良くない。河西郡は原野の広大な割合に、肥沃な土地が少ない感じがする。

樹木は、河岸には、楡《にれ》、梻《しきみ》、黄蘗《きはだ》、桂《かつら》、槭《しゆく》、白楊《はくよう》、赤楊《あかやなぎ》、桑《くわ》、癩楢《どすなら》などが繁っている。

高原の乾燥地には、槲《かしわ》が最も多く、楢《なら》が混ざる。

下草は、河畔には、蘆《あし》、艾《よもぎ》、夜衾草《よぶすまそう》、ナナツバ、山蘇鉄《やまそてつ》、刺草《いらくさ》などがあり、笹《ささ》、木賊《とくさ》などが混じる。

高原の乾燥地は、茅《かや》、萩《はぎ》、蕨《わらび》、唐松草《からまつそう》、女郎花《おみなえし》、昼顔《ひるがお》、ナナツバ、桔梗《ききょう》など混生する。湿地には、蘆《あし》が多い。

気候は、帯広にある十勝測候所の観測によれば、全年の平均気温は、摂氏四度八分である。石狩国上川に比べて、同じぐらいであるが、夏冬、昼夜の温度の差が大きい。

夏期の昼間の温度は、札幌と同じぐらいである。冬期夜間の温度は、石狩国上川に勝る。霜は、例年、九月二三日に始まり、翌年、五月二八日に終わる。降雪は少ない。冬期は晴天が多い。なお、前編の気象の章（三五～三九ページ）を参考にすること。

道路は二つある。一つは、大津から帯広を経て、十勝川沿岸の原野を過ぎて、石狩国に通る。もう一つは、茂寄《モヨロ》（広尾）から札内川を渡り、帯広に至る。共に、重要な路線である。

しかしながら、その他の道路は、まだ、完全でなく、交通が不便である。帯広から大津の間に、舟の交通があることは、すでに、前編で述べた通りである（五七～五八ページ）。

河西郡を分けると、幸震《サツナイ》（帯広）、鵺抜《ヌエヌンケ》（帯広）、戸蔦《トツタ》（帯広）、売買《ウレカリプ》（帯広）、上帯広、下帯広、荊苞《バラト》（帯広）、伏古《フシコ》（帯広・芽室）、迫別《セマリベツ》（帯広）、美生《ピパイロ》（芽室）、芽室《メムオロ》、羽帯《ポネオプ》（清水・芽室）の一二ヵ村である。

幸震《サツナイ》村、鵺抜《ヌエヌンケ》村の二つの村は、札内川の右岸に位置し、売買《ウレカリプ》村、戸蔦《トヨツ》村の二つの村は、札内川の左岸にある。上帯広、下帯広の二つの村は、帯広川の沿岸に並び、荊包《バラトー》村は、十勝川、札内川の合流する所に位置する。伏古村は、下帯広村の北西の十勝川の旧流のある付近である。その北西に美生《ピパイロ》村、芽室《メムオロ》村、羽帯《ポネオプ》村の三つの村が、同名の美生《ビバイロ》川、芽室《メムオロ》川の各川に沿って、十勝川の傍に並列している。

各村の境界は、明瞭でない。特に、迫別村は、今日、ほとんど、その位置が不明で、自然に消滅したものとしてよい。

沿革

昔、所々に、アイヌの小集落があった。アイヌの中で雇用に耐える者は、春、海岸に出て、漁業に従事した。秋になると集落に帰り、食料にする鮭を捕り、獣猟を行う。他の郡のアイヌと同じである。

明治二（一八六九）年。九月、鹿児島藩の支配となる。

明治三（一八七〇）年。一月、一橋従二位、田安従二位の支配となり、帯広川とピパイロ川との間を、一橋家と田安家で所領の境界にしたという。

明治四（一八七一）年。八月、一橋家と田安家の支配を廃止して、開拓使の管轄となる。

明治一三、一四（一八八〇、一）年。鹿猟が盛んになると、二、三の和人が、一時、帯広付近に寄寓《きぐう》（仮に住む）した。

明治一五（一八八二）年。晩成社が帯広の土地で試作（鈴木銃太郎）を行い、翌年、一三戸が移住した。

明治一八（一八八五）年～明治二二（一八八九）年。この期間、明治一八（一八八五）年は札幌県、明治一九（一八八六）年から北海道庁が官吏を派遣して、伏古別に救済事務所を置き、アイヌの生活のため農業の指導を行った。当時、各地のアイヌは、住居を移したので、概ね、集落は空村となった。

明治二四（一八九一）年。河西郡の戸数、一二四戸。

明治二五（一八九二）年。大津から河西郡に至る道路を開削する。この年、伏古別に富山県人が一二戸移住し、無願開墾を行った。その後、年々、移住者があった。

明治二六（一八九三）年。帯広に十勝分監を設ける。

明治二七（一八九四）年。戸長役場を帯広に置く。

明治二九（一八九六）年。この年以後、各区画原野を開放し貸付を行う。富山県、兵庫県、岐阜県、福井県など、各県から移住して開拓を盛んに行う。

明治三〇（一八九七）年。郡役所を帯広に置く。

明治三一（一八九八）年。河西支庁となる。戸数九六七戸、人口三、六五六人。

重要産物

移住後、三年を経過した農民は、概ね、一戸に付き、三町歩（ヘクタール）から五町歩（ヘクタール）を耕作し、自家の食料を除いて、その余りを販売する。その販売品は大豆を主として、小豆、菜豆などである。

移住後、まだ、三年に達しない者は、概ね、自家の食料を作るに過ぎないとしても、年を追うごとに生産物が増している。製造は、亜麻製線所が一ヵ所あるが、まだ、操業を行っていない。

概　況

下帯広は、十勝国の中心に位置し、河西支庁、警察分署、十勝監獄、郵便電信局、下帯広、外、一八ヵ村戸長役場などがあり、市街地を形成して、今後、益々、発展する。その他の各村は、純然たる農村である。伏古村は、十勝川沿岸の肥沃な土地で、概ね、開墾が終了して、盛んに農耕を行っている。

明治二九（一八九六）年。この年以後、徐々に、農民の移住があり、現在、自ら開墾中である。僅かな、河岸の肥沃な土地を選んで、入植するため、各村とも人口が少ない。今後、開拓が進み、高台地に開墾が着手するようになれば、大いに発展する。

河西郡は、特に、記すことはないが、農民は、富山県から移住した者が最も多く、これに次ぐのは、伏古別原野の但馬団体、売買《ウレカリプ》原野の岐阜県団体、札内原野の福井県団体、石川県団体などである。

移住が、既に、数年を経た農民は、その生活に多少余裕がある。新しく移住した農民は、その基礎が、まだ、固まっていない。資金に乏しい者も、少なからずいるが、概して、農業に良く従事している。

戸長役場、村医、寺社などは、ただ、帯広市街にあるのみで、各村は、多少不便である。小学校は帯広市街に本校を置き、本年、伏古村に分校を設けたが、農家の児童は、まだ、就学しない者が多くいる。

鵺抜村《ヌエヌンケ》（帯広）・幸震村《サツナイ》（帯広）

地理

鵺抜村《ヌエヌンケ》は、昔、札内川下流の右側、ムイネウンケプにあり、アイヌの小集落の名を付ける。幸震村《サツナイ》は、札内川の上流にあり、アイヌの小集落の名を付けた。札内川の東側一帯の土地、この二つの村の地域を説明する。

北は十勝川に接し、東は、一〇号で中川郡の白人《チロット》原野が境である。また、高台地を隔てて中川郡のトベツ原野と接している。西は、札内川であり、南は、札内川の水源に至る。

地形は、南北に長く、東西に短い。その北部は、鵺抜村《ヌエヌンケ》であり、南部は、幸震村《サツナイ》である。住民は、大抵、幸震村の名を称し、鵺抜村はあるが、その村名を呼称することがなく、無いのと同じ状況である。

札内川は源を日高山脈に発し、概ね、北に流れ、二条になり、三条になって流れ、再び合流して十勝川に注ぐ。その支流に、ヌプウンオマプ川、ムイネウンケプ川がある。

札内川の源《みなもと》は、当縁《タウブチ》郡の歴舟《ペルフネ》川の水源と同じく、日高山脈を源《みなもと》として、増水の原因も同じである。夏秋、南西風の吹く時には、下流で雨が降らなくても水量が増え、急流となり、河床には玉石があり、舟の交通はない。

原野

明治二五（一八九二）年、および、明治二九（一八九六）年。十勝川沿岸から南方、約一〇里（約三九・三キロメートル）の間は原野であり、その内、八里（約三一・四キロメートル）弱の間は、区画をして札内原野と称する。

明治二五（一八九二）年。この年に区画した土地は、札内川の下流に位置し、北は十勝川に臨み、東は白人原野に連なり、面積二、〇〇〇、〇〇〇余坪（約六六六・七ヘクタール）である。平低で土地は肥えている。

明治二九（一八九六）年。右の土地より隔てた札内川上流に、区画した土地がある。その土地は、札内川とトベツ川との間で、南北五里余（約一九・六キロメートル）、東西約一里（約三・九キロメートル）にわたり、地形は、南に上り高原となり、その大部分を占める。平低の土地は札内川に沿い、その幅が広い所は、五〇〇間（約九〇〇メートル）に過ぎない。高原は槲《かしわ》が疎生し土地は痩せているが、平低の土地は、樹林、草原が混じり、地力は普通である。

運輸・交通

明治二五（一八九二）年。大津から帯広の間の道路は、区画地を通過して、その区画地から帯広に至る。平均一里（約三・九キロメートル）である。

明治二九（一八九六）年。茂寄《モヨロ》（広尾）から帯広の間の道路は、区画地を通過して、その区画地から帯広に至る。約五里（約一九・六キロメートル）である。

沿革

古来、アイヌは、数ヵ所に居住し、札幌県の農業の指導の時、移転した。

明治二七（一八九四）年。和人が一戸移住。

明治二八（一八九五）年。和人が二戸移住して、開墾に従事した。

明治二九（一八九六）年。数戸の移住があった。

明治三〇（一八九七）年。この年以後、石川県、富山県、福井県の各県の農民が来住し、現在、原野の中の肥沃な土地は、概ね、貸付となり、開墾が盛んである。

戸数・人口

明治三一（一八九八）年。年末現在、戸長役場の調査によれば、幸震《サツナイ》村、鵺抜《ヌエヌンケ》村の二つの村の戸数は、九五戸、人口、四三二人である。この数字は、明治二五（一八九二）年に、区画した札内原野の農民を除いたものである。そのため、これを合わせれば、その戸数は一七〇戸～一八〇戸になる。富山県の移民が最も多く、石川県、福井県の県人がこれに次ぐ。

農業

当村の農業は、無願開墾者による。

明治二九（一八九六）年。この年以降、区画地の貸付があったことにより、盛んに開拓が行われた。

明治二五（一八九二）年区画

この区画地は土地が肥沃で、交通が便利なため、開墾の成績が良い。

札内原野・藤原農場

明治二九（一八九六）年。大津村の藤原二男治の出願により、面積は、六〇二、〇〇〇余坪（約二〇〇・七㌶）ある。その土地は、該区画地の北東部に位置し、元防風林、及び、アイヌの保護地を隔てて、三ヵ所に分かれている。土地は肥沃である。小作人を五戸入れて、開墾に着手した。

明治三〇（一八九七）年。小作人を二五戸入れる。

明治三一（一八九八）年。小作人を二戸入れる。全部、大津港に上陸した移民の中から募集した。

契約は、一戸に付き一五、〇〇〇坪（五㌶）を配当して、これを五年間で開墾する。一反歩（一〇㌃）に付き、開墾料は一円を支給する。

移住の初年目は、米、味噌などを貸付して、返済の義務が終わった者は、その開墾地の半分を支給する。

また、小作料は鍬下四年のあと、地主の指定に応じて納める。現在、開墾地六〇町歩（㌶）に達し、小作人の中には、既に、馬を所有する者が数戸ある。

札内原野・晩成合資会社農場

明治二九（一八九六）年。この年の出願で、その土地は、藤原農場の南西に接し、南は、トベツ原野に連なる。

面積は、七五〇、〇〇〇坪（二五〇㌶）である。小作人を七戸入れた。

農場の北部は樹林が多く、南部は草原が多い。土地は肥沃である。

明治三〇（一八九七）年。小作人を二四戸入れる。

明治三一（一八九八）年。六戸を入れた。現在、小作人は三七戸である。その多くは、単独移民の資金が乏しい者を募集した。小作人の出身は、福井県一二戸、富山県一一戸、岐阜県七戸、その他、各県である。

小作の契約は、一戸に付き、未開地一五、〇〇〇坪（五ヘクタール）を配当する。その開墾の期限は、明治三〇（一八九七）年以前の移民は五年、明治三〇（一八九七）年の移民は、四年とした。

小屋掛け料は、五円を付与し、開墾料は、一反歩（一〇アール）に付き、二円以内として、開墾の難易により、開墾料が異なる。米、味噌の支給は、別に社員がこれを行う。小作料は、鍬下三年の後、一反歩（一〇アール）に付き、五〇銭を徴収し、全土地の開墾の後は、その土地の半分を与える。

配当地内の樹木は、桑《くわ》、槐《えんじゅ》、胡桃《くるみ》の三種類であり、合資会社の許可を受ければ、伐採してもよい。現在、小作人の中で、馬を所有する者は七人いる。プラオ、ハローを会社から借りて、馬耕をする者がいる。また、農閑期に炭を焼いて、販売する者が四戸ある。当農場は、他日、土地の半分を支給する約束があるので、小作人は良く農耕に励んでいる。

札内原野・長谷川敬助の貸付地

明治三〇（一八九七）年。埼玉県人の長谷川敬助の貸付は、区画地の西部、札内川の岸にある。面積は一七八、〇〇〇余坪（五九・三ヘクタール）。

小作人五戸を募集した。各戸に一五、〇〇〇坪（五ヘクタール）を配当した。開墾料は一反歩（一〇アール）に付き二円を与え、鍬下四年の後、小作料を定める約束である。その土地は、樹林で開墾が容易でないが、地力がある。現在、一戸平均一町二反歩（一・二㌶）を開墾した。

札内原野・アイヌの保護地

北は十勝川に臨み、その三方は、藤原牧場に包まれ、面積は、九一、九〇〇余坪（約三〇・六㌶）である。アイヌ五戸が居住し、各戸、五反歩（五〇㌃）から八反歩（八〇㌃）を耕作している。

明治二九（一八九六）年区画

移民は札内川沿岸の低地に入植し、開墾に従事している。高台地は地力が不良なので、まだ、移住する者がいない。

札内原野・単独農民

明治三〇（一八九七）年。富山県の単独移民など三三戸が、当区画地の北部、札内川河岸の土地に入植して、一つの団体となっている。各戸の貸付面積は、一五、〇〇〇坪（五㌶）から三〇、〇〇〇坪（一〇㌶）である。各自、携帯した資金は五〇円以上ある。粗食弊衣《そしょくへいい》（そまつな食べもの、ボロボロの服）、熱心に開墾を行い、現在、一戸平均、一町歩（㌶）余の作付けを行っている。馬、プラオを所有する者が数戸ある。

札内原野・岐阜県民貸付地

明治三〇（一八九七）年。岐阜県民の小川民治、外、数名は、各自の名義で、合計三〇〇、〇〇〇坪（一〇〇㌶）の貸付を受けた。合同で、農業を行っている。その土地は、前記の単独農民の貸付地の上流に接続して、概ね、樹林で土地は肥えている。同年、雇人を使って数反歩（一反は一〇㌃）を開墾し、試作を行った。

明治三一（一八九八）年。岐阜県、福井県、富山県などの各県民が、一九戸入植して開墾に着手した。小作の契約は、一戸に付き、一五、〇〇〇坪（五㌶）を配当する。一年間、米、味噌を貸付し、全土地を開墾した後、返済が終わった者には、土地の半分を与える。開墾料、その他は、すべて支払わない。

札内原野・石川県団体移民

明治三〇（一八九七）年。石川県能美郡の久保清治、外、四〇名が、団体を組織して、面積六〇九、〇〇〇余坪（二〇三㌶）の貸付を受けた。その土地は、岐阜県人の貸付地の上流に連続して、樹林地である。二八戸が移住した。

明治三一（一八九八）年。二戸が移住して、現在、合計三〇戸である。その団体の組織は結束し、一二〇円以上の資金がある者でなければ、加入できないという。互いに協力して事に当たる風習がある。

開墾の成績は良く、全土地を開墾した者が一戸。全土地の七、八分(七、八〇㌫)を開墾した者、一〇余戸ある。少ない者でも、二町歩（㌶）以上である。樹林の笹地で、開墾が容易でないところも、勤勉に開墾を行った。

札内原野・福井県団体移民

明治三〇（一八九七）年。福井県大野郡の小森清太郎、外、四〇戸が、札内原野で面積、四八五、〇〇〇余坪（一六一・七㌶）。この他、伏古別原野に一三〇、〇〇〇坪（四三・三㌶）の貸付を受ける。この年、五戸が移住して入植する。

明治三一（一八九八）年。二二戸が移住し、その内、四戸が伏古別原野に入植し、札内原野には、現在、二二戸が居住している。

その土地は、石川県団体の移住地の上流に位置し、土地は痩せている。移住して、まだ、その日が浅く、その成績は判断できないが、共同、調和して開墾に従事している。

作物は、蕎麦《そば》、黍《きび》、粟《あわ》、馬鈴薯《ばれいしょ》など、自家用の食料を栽培している。団体移民は、一戸平均二五〇円を携帯しているという。馬を所有する者四戸。プラオ、ハローを所有する者三戸である。

札内原野・十勝開墾合資会社の貸付地

明治三〇(一八九七)年。札内原野で、面積一一、八六〇、〇〇〇坪(約三、九五三・三㌶)の予定存置を受ける。

明治三一（一八九八）年。貸付地を許可される。その土地は、福井県団体の移住地の上流に位置し、札内原野の区画地の半分を占める。札内川沿岸の低地は肥えているが、その他は、高台地で土地が痩せている。

事業の目的は、五、八八〇、〇〇〇余坪（約一、九六〇㌶）を畑に開墾し、四、六三〇、〇〇〇余坪（約一、五四三・三㌶）を牧場にすることである。現在、まだ、開墾に着手していない。なお、その計画は、上川郡に於ける十勝開墾合資会社の貸付地と共に、上川郡のところで記す。

馬

農民の移住地は、概ね、樹林で、まだ、馬耕ができないため、馬を使用することが少ない。馬の所有者は、四〇戸である。

商　業

鵺抜《ヌエヌンケ》村、幸震《サツナイ》村に、まだ、商店がない。日用品は、帯広市内で購入する。

製造業

明治三〇(一八九七)年。十勝川岸ポンサツナイに、燐寸《まっち》軸木製造所が一ヵ所あり操業する。製品の製造は、三〇〇俵。現在、機械を二台備え、職工、男女二〇名を使用する。原料は、白人《チロツト》村、売買《ウレカリプ》村、幸震《サツナイ》村、伏古《フシコ》村の各村の原野から運ぶという。

売買《ウレカリプ》村（帯広）・戸蔦《トツタ》村（帯広）

地　理

売買村と戸蔦村の二つの村は、札内川と売買川の間の川岸にあり、アイヌ集落の名を付けたものである。札内川と売買川との間に、二つの村があり、東は幸震《サツナイ》（帯広）村、鵺抜《ヌエヌンケ》（帯広・愛国）村の二つの村が境界で、北東は上帯広、下帯広の両村が隣接している。南西は日高山脈に至る。南は戸蔦村で北は売買村である。

村の東境の札内川は、流れが速い。トツタベツ川はトツタベツ岳が源で、東に流れてイワナイ川と合流し、さらに、北北東に曲がり札内川の中流と合流する。売買川は、村の北西境を流れ、札内川の下流に入る。札内川、売買川の二つの川の間にシユオプヌ川があり、札内川に注ぐ。

原野は広く、高原に属し、その内、中部以北は区画して、売買《ウレカプリ》原野、上売買原野の二つの原野となり、売買原野の北は帯広原野に接し、南は上売買原野に隣接、その大部分は高原で、河岸は低く地力は良い。

上売買原野は村の中部に位置し、北は、売買原野に接する。高原で河畔は狭く長い低地があり。樹木は、楡《にれ》、梻《しきみ》、桂《かつら》、楓《かえで》などである。高原は、主に槲《かしわ》であり、所々に草原がある。

運輸・交通

明治三一（一八九八）年。茂寄《モヨロ》（広尾）から帯広の道路を開削した。道路は、売買《ウレカリプ》原野の北東部を貫通し、帯広市街に至る一里余（約三・九キロメートル）に過ぎず。その他の土地は、僅かに草分け道路があるだけで、往来が不便である。

戸数・人口

明治三一（一八九八）年。年末現在、売買村の戸数九六戸、人口四〇一人。岐阜県人、富山県人の二つの県人が多い。戸蔦《トツタ》村には、未だ、移住者がいない。

農業

売買原野の北の端に、晩成合資会社の貸付地があり、帯広原野の貸付地と接続するので、晩成合資会社の農業は、下帯広村のところで説明する。他の農民について、左に概説する。

売買《ウレカリプ》原野・中村善左衛門の貸付地

明治二五（一八九二）年。福井県人の中村善左衛門が、売買原野に移住して、開墾に着手した。

明治三〇（一八九七）年。九〇、〇〇〇坪（三〇㌶）の貸付を受ける。現在、自ら馬耕を行い、小作人五戸を入れて、開墾する。ただし、小作人の内、三戸は一年間の契約である。いずれも開墾料は支払わず、既墾地を無料で貸し、これを耕作しながら、未墾地を開墾する。

売買《ウレカリプ》原野・岐阜県団体

明治二九（一八九六）年。六月、美濃国池田郡の豊田一雄、外、五五名が団結して、伏古《フシコ》村伏古別原野に貸付地の予定存置を受け、初年に三〇余戸が移住した。

その土地は、高台で農業が困難なため、団体の農民の一部が分かれて、売買原野に予定地を出願して移転した。その土地は、中村善左衛門の貸付地の南であり、札内川に接するところは、樹木が繁茂して、土地は肥沃であるが、槲《かしわ》の疎林、または、草原で土地は痩せている。

現在、団体移民の移住は、二七戸である。資金は乏しく、数戸の資金のある者から借りて、開墾に従事している。また、草原に移住した者は、組合からプラオ、ハロー数台を買い入れて使用している。

売買原野《ウレカリプ》・単独農民

シユムオプヌ川、札内川の沿岸、その他、合わせて数一〇戸ある。多くは富山県人である。移住してから日が浅く、資金が少なく、中には貸付地を売却して去る者がいる。また、馬、プラオなどを所有して、盛んに開墾に従事する者がいる。

上売買原野《カミウレカリプ》・三重県団体

明治三一（一八九八）年。二月、伊勢国桑名郡の山口卯之吉、外、六七名の団体が、面積一、〇六〇、〇〇〇余坪（約三五三・三ヘクタール）の貸付地予定存置を受け、一〇数戸が移住した。

その土地は、帯広市街から約四里（約一五・七キロメートル）、まだ、道路もなく運搬が不便であり、それに加えて、地力がない土地のため離散した。残った者は、僅かに三戸だけである。

馬

売買村、戸蔦《トツタ》村の馬の数は、五〇余頭である。運搬、耕作に使用する。また、帯広市街の者から、馬を預かり飼育する者がいる。

商　業

商店はない。日用品は、帯広市街で購入する。

迫別村《セマリベツ》（帯広）

明治二（一八六九）年～明治三五（一九〇二）年まで、戸蔦別川《トツタベツ》の上流、現在の拓成に存続した村。

明治六（一八七三）年。アイヌ一戸、六人（男四人、女二人）が住む（『日本歴史地名体系・十勝国地誌提要』による）。

明治一四（一八八一）年。アイヌ一戸、五人（男四人、女一人）が住む（『帯広市史』から引用）。

（注）「北海道殖民状況報文　十勝国」の原本に、迫別村《セマリベツ》が欠落していたため、編者が書き加えた。

下帯広村《シモオビルピルプ》（帯広）・莉包村《パラトー》（帯広）・上帯広村《カミオビルピルプ》（帯広）

地　理

十勝川の南、札内川、売買川《ウレカリプ》の西、帯広川、帯広原野の西、四号線の東を下帯広、莉包村《パラトー》、上帯広村の三つの村の土地と定め説明する。

東は売買村に接し、北は音更村に隣接し、西は伏古村に連なる。地形は、北北東から南南西に延び、帯広川上流の土地を上帯広村とし、下流の土地を下帯広村とする。

莉包村は、最下流に位置し、現在、その村名を称する人は稀で、ほとんど下帯広村に合併しているのと同じである。

十勝川は、北の境を流れ、水量が多い。ここから下流に、五〇石（五トン・和船の一〇石は一トン）積みの船が通る。帯広川は、日高山脈の支脈が源である。北北東に流れ、曲がって東に向かい、ウツベツ川と合流して、帯広市街を通り、十勝川に注ぐ。

帯広原野の区画地は、北部に位置し、伏古村にまたがり、東西南北の距離は二里（約七・九キロメートル）。地形は平低で、河岸の土地は肥沃である。南の方は槲《かしわ》が疎生《そせい》し、土地は痩せている。

十勝分監用地は、帯広原野の南西に位置し、土地の面積は、五、六八〇、〇〇〇余坪（約一、八九三・三ヘクタール）、概ね、高台で土地は痩せている。上帯広原野の区画地は、十勝分監用地の南にあり、高台で土地は痩せている。

運輸・交通

帯広市街は、十勝国の中央に位置し、南東は大津《オホツ》に、南は茂寄《モヨロ》（広尾）に、北は音更《オトフケ》に、西は伏古《フシコ》、芽室《メムオロ》を経て石狩国の旭川に通ずる。どれも道路があり、交通は便利である。また、郵便電信局がある。ただ、上帯広原野は、まだ、道路の開削《かいさく》（工事）がなく、交通が不便である。

十勝川は、冬期を除く外、帯広から大津まで、常に、船便があり、貨物を運送している。その運賃は、大津から上りは、米一俵（六〇キログラム）に付き、普通、三三銭である。移民は、特に、二割（二〇パーセント）安い。下りの運賃は、一定しないが上りよりも安い。

沿　革

荊包《パラトー》、下帯広、上帯広は、共に、昔、アイヌの集落があり、村の名を付けた。

明治一四、一五（一八八一、二）年。鹿猟が盛んであった後、国分某が一時、帯広に留まる。

明治一五（一八八二）年。七月、晩成社員の依田勉三、鈴木銃太郎の二名が来て、土地を帯広に定め、鈴木銃太郎が留まって、農作物の試作を行う。

明治一六（一八八三）年。五月、晩成社の移民、一三戸が入植して開墾に従事する。この年、干ばつ、蝗虫の害があり、移民が三戸撤退した。その後、また、去る者があり、数年後、僅かに、七戸となる。アイヌも次第に去り、転居した。

明治二一（一八八八）年。大津から帯広の間の道路を開削するため、測量員が来て、しばらく、滞在する。

明治二五（一八九二）年。外役囚徒が来る。道路を開く。十勝測候所を設ける。

明治二六（一八九三）年。帯広市街地を区画する。また、郵便局を設ける。

明治二七（一八九四）年。市街区画地を貸付する。戸長役場、駅逓を置く。点々と人家の建築が始まる。

明治二八（一八九五）年。四月、十勝分監の建築工事が完了し開監する。その後、各種の職業が集まり、市街地を形成する。十勝農事試作場を設ける。

明治二九（一八九六）年。付近の原野を解放して貸付する。移民が増加して、帯広市街が繁栄する。

明治三〇（一八九七）年。七月、河西郡、外、六郡役所を帯広市街に置く。一一月、郡役所を廃止、河西支庁を置く。

明治三一（一八九八）年。上帯広原野の貸付の告示がある。次第に移民が入植する。

戸数・人口

明治三一（一八九八）年。年末現在、下帯広村の戸数三九五戸、人口一、〇四〇人。上帯広村の戸数一二戸、

人口六二人。各県の県人が混在、官吏、商人、農民、職人などである。

市街・集落

帯広市街は、十勝川の岸から南方に延長し、南北、約八町（約八七二メートル）、東西一〇町余（約一・一キロメートル）ある。区画が整然としている。六〇間（一〇八メートル）四方を大区画として、大区画を二〇画に小分割とした。各区画の間口を六間（一〇・八メートル）、奥行二七間（四八・六メートル）とし、区画総数一、九〇〇ある。

明治二七（一八九四）年。この年以降、貸付し、現在、既に、付与する者一一三区画。貸付中の者三五八区画である。現在、家屋の数は、二〇〇余戸であり、大通の内、帯広川以南は、商人、その他、雑業者で、東一条、西一条も、次第に家屋が増える。河西支庁、警察署、戸長役場は帯広川の北にある。郵便電報局、小学校は、帯広川の南にある。

明治三一（一八九八）年。八月現在、十勝分監は、帯広市街をへだて、南西に約半里（約二キロメートル）にある。官吏、一五六人、囚徒、六九一名。晩成合資会社、十勝測候所、十勝農事試作場は、市街の東、数町の土地にある。

右の外、帯広から大津に通る道路に沿って、農民、雑業者が住む。帯広原野の区画地、特に、晩成社の土地に農民が散在する。上帯広原野は、まだ、未開地である。

農　業

当地の農業は、晩成社に始まり、現在、主な農業地は、晩成社、十勝分監に属す。

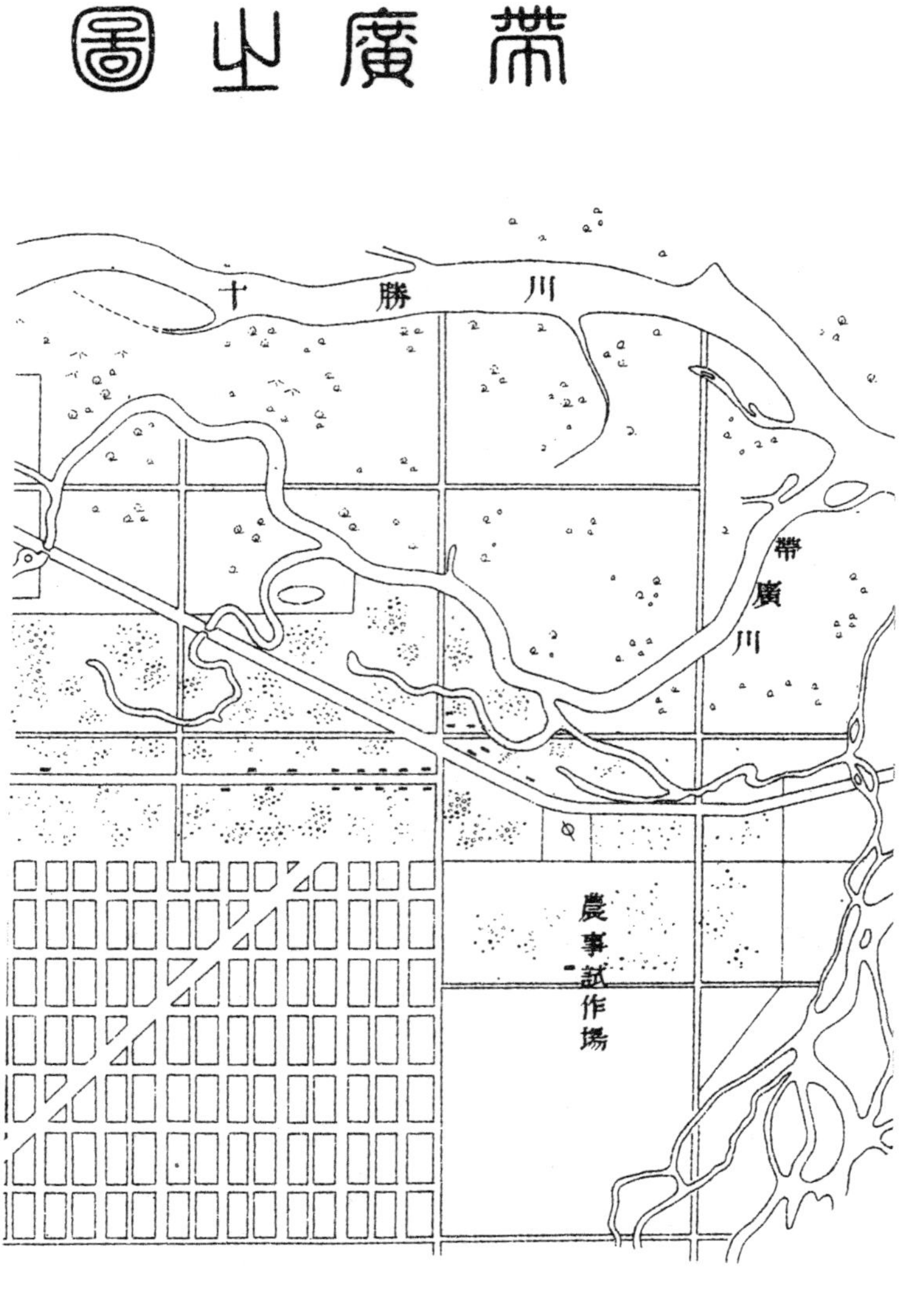

図11　帯広の図

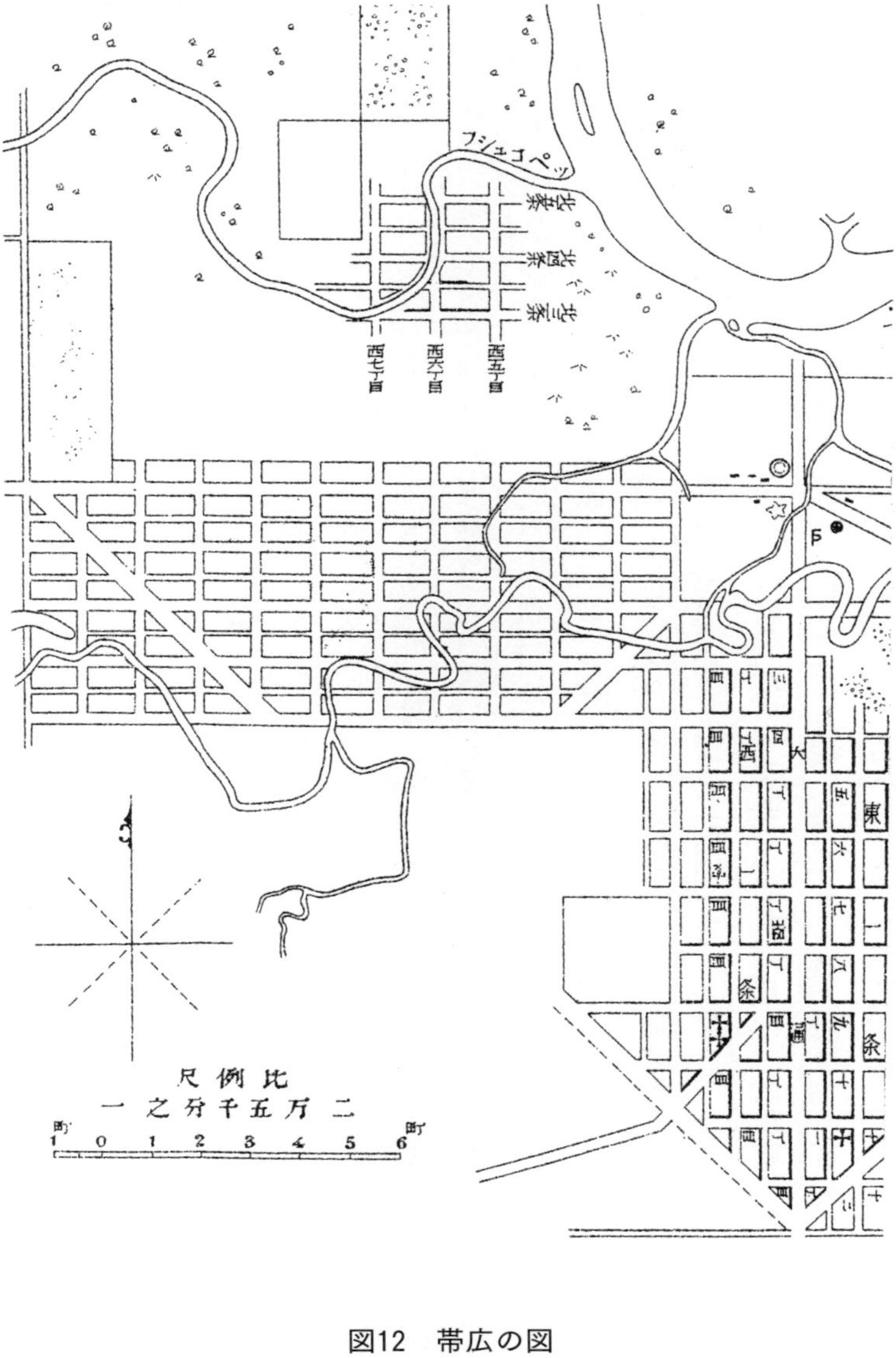
フシユコペツ
北五条
北四条
北三条
西七丁目
西六丁目
西五丁目
東一条
比例尺
二万五千分之一
町 1 0 1 2 3 4 5 6 町

図12　帯広の図

晩成合資会社の所有地、及び、貸付地

晩成社は、帯広市街の東の道路に沿って、私有地、二三〇、〇〇〇坪（約七六・七㌶）、売買川に沿って貸付地、四九七、〇〇〇坪（約一六五・七㌶）がある。

私有地は帯広市街に接続し、便利である。現在、借地人四八戸あり、農業を専業とする者は少なく、多くは大工、その他、いろいろな職業に従事している。

貸付地の地力は、肥沃であり、既に、開墾し、小作者の数は三五戸である。富山県人が最も多く、皆、帯広で募集した者である。

その小作契約は、札内原野の晩成合資会社の貸付地と同じなので、省略する。米、味噌、農具の類は、小作人の望みにより、社員、依田善吾が貸し付ける。現在、一戸平均一五〇円から一六〇円の負債があるという。既墾地一反歩（一〇㌃）の小作料は、三五銭から八〇銭である。

十勝分監の付属地

明治三〇（一八九七）年。総面積、五、六八〇、〇〇〇余坪（約一、八九三・三㌶）の内、既墾地は、一五五町三反歩（一五五・三㌶）である。その他、概ね、乾燥し痩せ地である。

囚徒が開墾に従事し、普通の農民に比べて開墾、耕作が丁寧である。開墾初年は、無肥料で馬鈴薯《ばれいしょ》、大豆《だいず》、小豆《あずき》などを栽培し、二年目から、痩せている土地には、人糞を施し、その他の穀類を栽培し、特に、蔬菜類には、堆肥を施用した。また、農耕馬は、四〇余頭あり、熟畑《じゅくばた》では馬耕を行う。

作物は、自ら囚徒の食料に供する目的である。秋蒔小麦《あきまきこむぎ》、秋蒔雷麦《あきまきらいむぎ》、春蒔大麦《はるまきおおむぎ》、裸麦《はだかむぎ》、燕麦《えんばく》、粟《あわ》、大豆《だいず》、

小豆《あずき》、菜豆《さいとう》、蘿匐《らふく》（大根）、馬鈴薯《ばれいしょ》、その他、蔬菜《そさい》である。麦類の秋蒔《あきまき》は春蒔《はるまき》に比べて収穫が劣るが、注意して播種の時期を早くすれば、それなりの収穫があるという。

十勝農事試作場

明治三〇（一八九七）年。面積一三五、〇〇〇坪（四五ヘクタル）である。この年の栽培の種類、及び、その反別は、採種用作物栽培、桑苗栽培、作物種類試験、肥料試験、季節試験、地力試験、消耗試験の合計、二町八反歩弱（約二・八ヘクタル）である。

商　業

商店は約五〇戸ある。その内、主な商店は七、八戸で、多くは函館から移った者か、函館商人の支店である。商品は、全部、函館から仕入、呉服、太物（綿織物、麻織物）、小間物は直接、東京から取り寄せている者が、三、四戸ある。

当地商人の十勝国内に於ける商業地域は、利別太以北の各郡村で、購買力は農民七分（七〇パーセント）、その他の者は三分（三〇パーセント）の割合である。例年、商業の繁忙期は、四月、五月と一〇月から一二月である。春に移民が到着すると、米、麦、その他の需要が多くなり、農家が秋の収穫を終了すると、購買力が盛んになることによる。一月から三月までは購買力が劣る。

商品の中で、米が最も売れ、次は、麦、穀類、豆類、太物（綿織物、麻織物）、酒などである。穀類は、四月から一〇月の間で、太物類は一〇月下旬から翌年の一月の間が需要が多いという。

金利は、一ヶ月三分（三パーセント）が普通である。高利と称するものには、一ヶ月六分（六パーセント）、七分（七ヘクタル）に達することがある。金融機関は、まだ、整わず、遠隔地への送金は、郵便為替、船為替によるので多少不便である。

製造業

明治二八（一八九五）年。亜麻の原料の作付反別は、六町歩（ヘクタル）。明治二九（一八九六）年。亜麻の原料の作付反別は、二五町五反歩（二五・五ヘクタル）。晩成合資会社で、亜麻製線所を設け、蒸気機関を備え、亜麻の繊維を製造した。

明治三〇（一八九七）年。亜麻の原料の作付反別は、三六町六反歩（三六・六ヘクタル）である。一反歩（一〇アール）に付き五〇〇斤（三〇〇キログラム）から九〇〇斤（五四〇キログラム）の収穫がある。一斤（六〇〇グラム）の買入代金は、中程度で一銭二厘である。農家は、まだ、その栽培に慣れていないので、良い茎を得ることが難しいという。

馬鈴薯の澱粉は、晩成合資会社で製造したが、明治二九（一八九六）年以降、製造を廃止した。

木材・薪炭《しんたん》

椴松《とどまつ》材は、音更川の上流から出し、運搬が不便なため高価である。その他の木材、薪炭は、付近の開墾地から供給する。本年の価格は、木材一〇〇石に付き、椴松は一五〇円から一八〇円。桂《かつら》、黄蘗《きはだ》は、一〇〇円内外、樒《しきみ》は八、九〇円。薪《まき》は、一敷《いちしき》に付き一円一〇銭から一円七〇銭。炭《すみ》は八貫匁（三〇キログラム）に付き三、四〇銭である。

賃　金

現在、一人一日に付き、大工の平均八〇銭、木挽《こびき》（大鋸《のこぎり》を引き、木材から柱や板を作る仕事する人）は九〇銭、鍛冶屋は八〇銭、日雇人夫は六〇銭、農作業日雇は男四五銭から五五銭、女二〇銭から三〇銭である。農作業年雇は、男四五円から六〇円、女二五円から三〇円である。

村の経済

明治三一（一八九八）年。今年度の支出は、河西郡、河東郡、上川郡の三郡の各村が共同して、教育費一、三一三円余、村医費三六三円余、その他会議費、衛生費など、合計二、一五〇円六八銭である。

これに対する収入は、各村民賦課一、六九二円余、これを戸数八七六戸に課し、その等級を一二等に分けて、一戸に付き、最高一一〇円、最低七〇銭を徴収する。その他、小学校の授業料は、一三八円、国庫補助三二〇円、前年の繰越一〇円である。

教　育

明治二九（一八九六）年。帯広尋常小学校が創立する。現在、就学児童七〇余名。授業料は、一名に付き一ヶ月、二銭五厘から二〇銭である。

村医

河西郡、河東郡、上川郡の各村の村医を一名、帯広に置く。月報二五円を支給する。

説教所

大谷派本願寺の説教所が一ヵ所。耶蘇《やそ》（キリスト）教会が一ヵ所ある。

伏古《フシコ》村（帯広・芽室）

地理

南東は上帯広、下帯広の二つの村に隣接し、北は十勝川を隔てて、河東郡音更村、然別《シカリベツ》村の二つの村に対し、北西はピパイロ川で美生《ビバイロ》村が境である。

帯広川は、村の南東境を流れ下帯広村に入る。ピパイロ川は、ピパイロ岳を源とし、村の北西境を流れて十勝川に注ぐ。十勝川は、村の北境を環流し、旧河道が多い。村名は、伏古の原名「フシコペッ」で、「旧河」の意味である。

地形は日高山脈から下って広い高原となり、十勝川の付近で低い原野となる。原野の内、既に、区画したところは、伏古別原野、上伏古別原野、帯広原野の一部である。

帯広原野の内、伏古村に属する部分は、面積が少ないが、土地は肥沃である。伏古別原野の区画地は帯広原野の西に接続し、十勝川に沿い、ピパイロ川に至る。東西約二里半（約九・八㌖）、南北約二里半（約九・

八キロメートル）、十勝川沿岸は広い低地があり、土地は肥沃である。高原は槲《かしわ》の疎林で、湿地も混じる。

上伏古別原野は、帯広川の左岸に沿って区画し、長さ三里（約一一・八キロメートル）、幅一〇町（約一・一キロメートル）である。河畔の低地は肥沃であるが、高台は痩せている。

運輸・交通

伏古別原野の基線は、帯広から石狩国に通ずる道路にあたり、帯広市街から半里（約二キロメートル）から二里半（九・八キロメートル）である。現在、居住する村民は、道を設けて、この道路に接続し、交通が便利になる。上伏古原野は、まだ、道路がなく不便である。

沿　革

伏古《フシコ》村には、昔からアイヌが居住した。

明治一八（一八八五）年。アイヌの農業の指導のため、札幌県から、富山県人の宮崎獨卑が世話係を命じられて来た。付近のアイヌを集めて、一〇戸に開墾、農耕を教える。数年後、増加してアイヌの数、三〇余戸となる。一戸当たり一町歩（ヘクタール）から二町歩（ヘクタール）を耕作するようになった。

明治二二（一八八九）年。アイヌの保護が廃止になる。以来、アイヌは、鋤《すき》（手で畑を耕す農具）、犂《すき》（馬に引かせ、畑を耕起する農具、プラオ）を捨て、農耕が衰退した。宮崎獨卑は、伏古村に定着して農業に従事した。

明治二四（一八九一）年。富山県人の尾山久兵衛が移住した。

明治二五（一八九二）年。富山県人の田守弥三郎、外、一一戸が移住した。

明治二六（一八九三）年。富山県人など、四〇余戸が移住。

明治二七、二八（一八九四、五）年。多少、移住者がある。全部、無願開墾である。

明治二九（一八九六）年。区画地の貸付がある。但馬（兵庫）団体、岐阜県団体、その他の農民が入植する。

十勝国は屈指の農村となる。

戸数・人口

明治三〇（一八九七）年。戸数、二二五戸、人口、一、九一一人である。富山県人が大部分を占め、兵庫県人（但馬国）、岐阜県人がこれに次ぐ。

アイヌは、戸籍の上では、四二戸となっているが、実際に現住するのは、三〇戸内外である。

農　業

十勝川沿岸の低地は肥沃である。最も早く開墾して開けた。帯広川、ピパイロ川の沿岸も開拓者が入植した。高台地は、多少、開拓者が移住したが、ほとんど未開の原野である。

アイヌの給与地

伏古別原野の南端、十勝川と帯広川との間にある。面積は七八五、〇〇〇余坪（二六一・七㌶）。土地は肥沃である。

明治一八（一八八五）年～二一（一八八八）年。札幌県（明治一八年は、札幌県、明治一九年からは、北海道庁）は、アイヌの生活を救済するため、農業を指導した。一戸当たり一町歩（ヘクタール）から二町歩（ヘクタール）を開墾し、農耕に従事したが、その後、漁夫や測量人夫など出稼をするようになり、現在は、各戸、一反歩（一〇アール）から五反歩（五〇アール）を耕作するだけとなった。その外の土地は、和人に貸し、一反歩（一〇アール）当たりの貸賃は、一年間で一円であるという。

単独農民

富山県人が最も多い。大抵、一戸当たり一五、〇〇〇坪（五ヘクタール）の貸付地である。中には三〇、〇〇〇坪（一〇ヘクタール）の者もいる。

明治二八（一八九五）年。それ以前に入植した無願開墾の者は、現在、概ね、全部の土地を開墾して、馬を飼い、プラオ、ハローを所持している。盛んに耕作を行い、一戸当たりの反別は、平均四町五反歩（四・五ヘクタール）で、その内、一町五反歩（一・五ヘクタール）は、自家用の食料を栽培する。麦《むぎ》、黍《きび》、粟《あわ》、玉蜀黍《とうもろこし》、馬鈴薯《ばれいしょ》、蔬菜《そさい》を作り、三町歩（ヘクタール）は、販売用の作物、大豆《だいず》、小豆《あずき》を作る。生活は余裕がある。

明治二九（一八九六）年。それ以後の移民は、開墾中で、一戸当たり一町歩（ヘクタール）から三町歩（ヘクタール）を耕作している。ピパイロ川沿岸に入植した富山県人の多くは、資金が乏しいため、先に、伏古に入植した同県人の既墾地を借りて、食料を作り、或いは、農作業の雇人、土木工事などに出稼しながら、開墾作業を行っている。本年は出稼者も少なく、安堵している。

但馬《タジマ》（兵庫県北部）団体

明治二九（一八九六）年。五月、兵庫県但馬国養父郡の民田村竹治郎、外、三四名が団結して、伏古別原野、然別原野で、五二五、〇〇〇坪（一七五㌶）の貸付地予定存置を得て、九戸が移住する。

明治三〇（一八九七）年。一五戸が移住する。

明治三一（一八九八）年。三一戸が移住する。更に、同盟者を増やし、七四戸の団体となり、芽室原野《メムオロ》、その他に予定地を出願した。

現在、伏古別原野には、二六戸が入植。その土地は、十勝川の旧流と本流との間にある。樹木が繁り、開墾が困難であるが、土地は肥沃である。

団体移民の中には、七、八割が資金に乏しく、余裕がある者から借り、その利子は一ヶ月に付き、四分（四㌫）であるという。勤勉に開墾に従事し、既に、全部、開墾した者が一〇戸ある。

作物は、大豆《だいず》、黍《きび》、菜豆《さいとう》、玉蜀黍《とうもろこし》などを主として、杞柳《きりゅう》（籠や行李を編む落葉低木の柳の木）を試験的に植える者もいる。

岐阜県団体

明治二九（一八九六）年。美濃国の農民が数一〇人団結して、伏古別原野に移住する。既に、肥沃な土地が乏しく、大半は分かれて、売買原野《ウレカリプ》に予定地を受けて移転した。

伏古別原野に残った者は、一五戸であり、その内、一三戸は、十勝川の旧流ライベツ川と本流との間に入植し、他の二戸は高台に入植した。初年目に高台に小屋掛して居住した。

各自の貸付地に入り開墾した。樹林の伐採が容易でなく、移民は勤勉に開墾したが、自家用の食料を作るに過ぎない。

資金は乏しく、余裕のある者から融通してもらい、その利子は、明治二九、三〇（一八九六、七）年の両年は、一年間で一割五分（一五パーセント）である。本年は高くなり、一ヶ月三分（三パーセント）であるという。

副業は、木材から板や柱を製材する木挽《こびき》で、冬期間、板や柱を挽《ひ》き、帯広市街に搬出して売却する。

福井県団体

この福井団体の移民は、札内原野に移住した団体の一部である（幸震《サツナイ》村を参考）。帯広、旭川の間の道路に沿って、一〇戸分、一五〇、〇〇〇坪（五〇ヘクタール）ある。その土地は、高台で農耕に適しない。河岸の低地に比べて地力が劣る。現在、小屋掛をしただけで、他の既墾地などを借りて耕作している。

大笹小三郎の貸付地

帯広川の北岸にあり、面積一三六、七〇〇坪（約四五・六ヘクタール）である。河岸は少し肥えているが、その他は、湿地と乾燥する土地で地力が劣る。

明治三〇（一八九七）年。石川県人の大笹小三郎は、当県民一一戸、富山県人一戸を募集した。その契約は、旅費、小屋掛料、及び、初年の収穫までの米、味噌を貸付、一反歩（一〇アール）に付き、一円から三円の開墾料を支給し、四年間で開墾して、鍬下三年の後、三年間は、一反歩（一〇アール）に付き小作料五〇銭から一円を徴収する。

移住の初年目は、収穫が少なく、米、味噌などの貸付が厳しく、このため、小作人は、非常な困難を伴い、退去する者が五戸、その他は農場の外に出て、日雇などを行い、糊口《ここう》（ようやく生活する）を凌《しの》いだ。

このような有様のため、開墾も遅れ、現在、作付けの多い者が一戸で一町歩（ヘクタール）に過ぎない。少ない者は、三、四反歩（三、四〇アール）である。中には農場の外に出て、既墾地を借りて、耕作する者もいる。

小竹トメの貸付地

明治三〇（一八九七）年。貸付地は帯広川の両岸にまたがり、大笹小三郎の貸付地の上流にある。面積は、八一一、〇〇〇余坪（約二七〇・三ヘクタール）である。その土地の河岸は、肥えているが、高台は痩せて収穫が少ない。この年、小作人を札幌方面や当地で募集した。秋の収穫までの食料を貸付し、開墾に着手した。ところが、秋の収穫が少なくて、ほとんど生活することができず、退去する者がいた。

明治三一（一八九八）年。再び、当地で小作人を募集した。現在、小作人二六、七戸である。富山県、福井県、徳島県、岐阜県からの移民である。概ね、一時の小作人で永住の心なく、道路、排水などの工事に出稼して、糊口《ここう》を凌ぐ者がある。開墾料は、一反歩（一〇アール）に付き、一円五〇銭から三円を支給するという。

忠谷久五郎の貸付地

明治三〇（一八九七）年。九月、上伏古別原野、面積五一五、〇〇〇坪（一七一・七ヘクタール）貸付になる。まだ、開墾に着手していない。

東海林七助の貸付地

明治三一（一八九八）年。七月、上伏古別原野、面積四五九、〇〇〇坪（一五三㌶）、貸付になる。

馬

明治二九(一八九六)年。この年以前の移住者は、大抵、一頭から数頭の馬を所有し、農耕や運搬に使用する。明治三〇（一八九七）年。この年以後の移住者は、馬を所有する者が少ない。アイヌは、以前、馬を所有している者がいたが、今は、ほとんどの者が、売却している。

材木・薪炭

貸付地の中にある雑木は、材木や薪炭に使用する。冬期間の仕事として帯広に搬出して、販売する者がいる。

生　活

明治二九（一八九六）年。この年以前に入植した単独移民は、既に、大豆、小豆、その他雑穀を売り、一年間で一〇〇円から二〇〇円の収入がある。農地を拡張し、家屋を改築するなどの費用とし、生活は余裕がある。新しい移民は、概ね、資金が乏しく、特に、小作人は生活に苦しい者がいる。食料は、一般に自給し、米を食べることは稀で、倹約している。

アイヌは、生活の程度が低く、漁師、測量人夫など出稼を行い、集落に残っている者は、和人に雇われ、少しの畑を耕し生活している。

風俗・人情

村民の大部分は、越中国（富山県）から移住したので、越中の風習で生活している。但馬《タジマ》（兵庫）団体は、その故郷の風俗を保ち、村民は、概ね、勤勉に農業に従事している。団体移民の外で、時々、賭博などが行われることがある。

アイヌは最近の二年間で、馬を盗む者が一〇数名あり。伏古村のアイヌは、十勝国の中で最も不良である。

教育

まだ、小学校がない。少数の児童が、帯広小学校に通学している。本年、分校を伏古村に設けることがない。校舎の新築のため、寄付金を募集している。

寺

明治三〇（一八九七）年。伏古に創立した真宗大谷派説教所が一ヵ所ある。

美生村《ピパイロ》（芽室）・芽室村《メムオロ》（芽室）・羽帯村《ポネオブ》（芽室・清水）

地理

南東は、ピパイロ川で伏古別に接し、北東は、十勝川を隔てた河東郡に隣接、北は、ヌプミチプ川で上川郡人舞村《ニトマプ》が境になる。西は日高山脈の分水嶺に至る。

ピパイロ岳は、日高山脈の最高峰で、海抜六、六五六尺（二、〇一六・八メートル・現在一、九一七メートル）である。北にメムオロ岳がある。これから、一つの支脈を分け、東南東に延びキウサン岳、エエンネエンヌプリ岳がある。ピパイロ川は、ピパイロ岳を源とし、南東に流れ、また、北東に曲がり伏古別村との間を流れ、十勝川に注ぐ。

メムオロ川は、メムオロ岳に発し、東に流れ、南東に曲がりキウサン川、シュプサン川と合流して十勝川に注ぐ。

ヌプチミプ川は、メムオロ川の水源の少し北に発し、概ね、東に向かい上川郡との間を流れて十勝川に入る。右の他、ピウカ川、サネンコロ川、ポニオプの小流がある。

地形は、西から東に下り高原となり、十勝川の岸に至る。河岸の低地は広くない。原野の大部分は、既に、区画が終了した。芽室《メムオロ》原野、美生《ピパイロ》原野、上芽室原野の三原野がある。

芽室原野は、北に十勝川、東はピパイロ川。南は美生原野が境である。西は西三一号線に至る。十勝川、メムオロ川、ピパイロ川の三つの川の沿岸は、土地が肥えている。その他は、高台で土地が痩せている。

美生《ピパイロ》原野は、ピパイロ川の左岸に位置し、北は芽室《メムオロ》原野に接する。南北二里余（約七・九キロメートル）、東西二〇町（二・二キロメートル）である。川に沿って多少肥えている土地がある。

上芽室原野は、芽室原野の西に接続して、東北は十勝川に接し、北はヌプチミプ川に至る。一般に、高原で川岸に、僅かに平地がある。樹木は、主に槲《かしわ》である。河岸は樒《しきみ》、楡《にれ》、槭《しゆく》、桂《かつら》などである。

運輸・交通

帯広から石狩国旭川に至る道路は、芽室、上芽室の二原野を通る。帯広市街までは、四里（約一五・七キロメートル）から八里（約三一・四キロメートル）である。

沿　革

芽室川河口、即ち、芽室太には、昔からアイヌが居住した。その後、アイヌは、十勝川の北岸、河東郡に移ったので、芽室太の名も、その土地に移った。

明治二九（一八九六）年。この年以後、芽室原野を貸付し、移住者がある。

明治三〇（一八九七）年。美生《ピパイロ》原野を貸付ける。

明治三一（一八九八）年。上芽室原野を貸付ける。今後、移民が増加する見込みである。

戸数・人口

明治三一（一八九八）年。今年の末現在、美生村四〇戸、九九人。芽室村一〇四戸、五三一人。但し、芽室村には、十勝川の北岸、河東郡芽室太原野の住民を加えたので、これを除けば、実際の住民は、三分の一に過ぎない。その住民は、富山県、長野県、兵庫県の三県の者が多い。

農　業

大面積の貸付を受けた農民はいない。芽室原野に移住者がいる。美生《ピパイロ》原野、上芽室原野の二つの原野にはいない。多少の出願者がいるが、まだ、移住がない。

芽室原野《メムオロ》

ピパイロ川の西岸に、土地の貸付を受けた者が一〇数名いる。その多くは、十勝分監に奉職する者、その他、実際は農業に従事しない者が、譲渡するためである。現在、七戸が居住し、開墾に従事している。明治三〇（一八九七）年。この年以後の移住で、ピウカ川の下流の十勝川沿岸に、長野県諏訪郡の移民、七戸が開墾に従事している。

　メムオロ川の右岸に、富山県、その他の移民が一二戸ある。概ね、明治三〇（一八九七）年に移住し、本年は、一戸当たり平均、約二町歩（ヘクタール）を耕作している。

そのメムオロ川上流に、但馬団体移民の予定地がある。この移民は、伏古村に入った団体の一部で、本年、移住した。現在、芽室原野にある者は、数戸。

　その他は、伏古村で、先に移住した団体移民の土地を借りて、食料を栽培する。穀類と豆類を栽培し、秋の収穫の後、芽室原野に入るという。

河東郡

地理

南は、十勝川を隔てた河西郡と相対している。東は、士幌川、及び、その水源の山脈で中川郡に接している。北は、音更川の水源となる千島火山帯の山脈で、石狩国上川郡と北見国常呂郡が境となっている。西は十勝川に沿って延び、丘陵、及び、ニペソツ山の山脈で十勝国上川郡に隣接する。東西八里四町（約三一・九キロメートル）、南北一九里一六町（約七六・四キロメートル）、面積一〇三方里弱（約一、五八八・四平方キロメートル）である。地形は、北部が狭く、山岳からなり、南部は広く高原からなる。

石狩岳は、石狩国にまたがる高峰で、支脈は南に延びてニペソツ山の山脈となり、南に走り、また、その途中から東に分かれ、ウペペサンケヌプリとなり、更に、二つに分かれて、南に然別湖があり、南に東ヌプカウシヌプリ、西ヌプカウシヌプリがある。音更川の右岸にも、また、千島火山帯の山脈から分かれ中川郡との境を南走する一帯の山脈があり、カムイニセイに至る。

士幌川は、中川郡の境の山脈から発し、郡界を南に流れ、延長一六里三一町（約六六・二キロメートル）で、十勝川に入る。

音更川は、千島火山帯から発し、郡の東部を南走する。延長二七里三〇町（約一〇九・三キロメートル）で、十勝川に合流する。

然別川は、ウペペサンケヌプリ岳に発し、中流で西に迂回し、更に、南に流れて十勝川に入る。その長さ

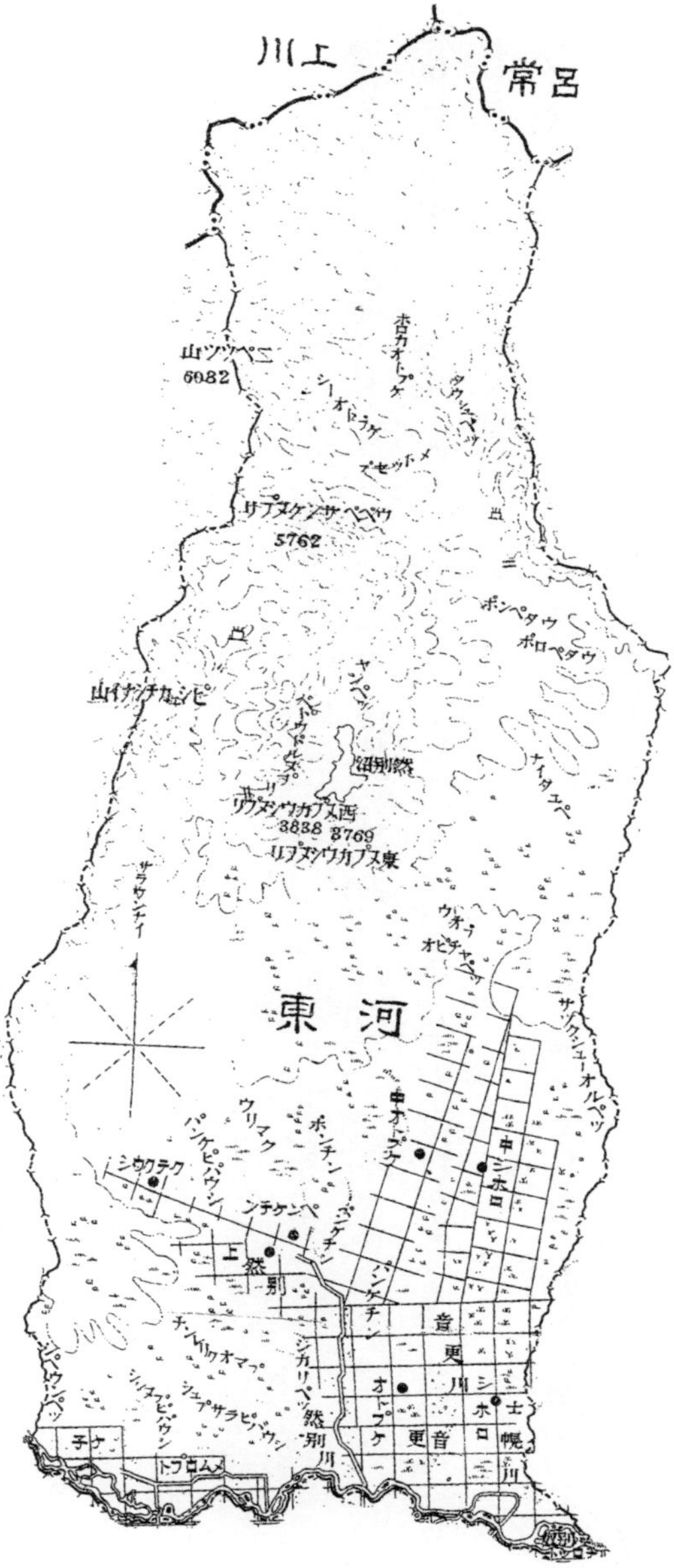

図13　河東郡

二〇里一三町（約八〇キロメートル）である。その支流にウリマク川、ペンケチン川、パンケチン川などがある。

シプサルピバウシ川、ピバウシ川は共に、上川郡の境の丘陵から発している。南東に流れて十勝川に注ぐ。

然別湖は、河東郡の中部の山間にある。ヤンベツ川、その他、数ヵ所の渓流を集めて然別湖に注ぐ。周囲四里二町（約一五・九キロメートル）の湖である。その水は、西に流れトーマベツ川となり、然別川に入る。

河東郡の南部は、広い原野で、北西に向かい開けている。その内、既に、区画した所は、士幌原野、中士幌原野、音更原野、中音更原野、然別原野、上然別原野、ペンケチン原野、クテクワン原野、芽室太原野、ケネ原野の一〇原野である（その面積は、前編の地理の部を見ること）。一般に高原に属するが、河岸には低地があり、土地は肥沃である。特に、芽室太原野は肥沃である。

樹木は、河岸に楡《にれ》、樒《しきみ》、黄蘗《きはだ》、赤楊《あかやなぎ》（ハンノキ）、白楊《はくよう》（ポプラの一種、ドロノキ）、シナ、ドスナラ、桑《くわ》などが繁茂し、高台には、槲《かしわ》が最も多い。北部の山地では、椴松《とどまつ》が混生する。

気候は、帯広と大同小異である。霜は九月下旬に始まり、翌年五月下旬に終わる。時として、六月に至ることもある。冬期は、晴天が多く、降雪は少ない。

道路は、音更原野、芽室太原野の一部に開削した道路がある。その他、未だ、完全な道路がなく、人の往来により、自然にできた道、また、移民などが造った道がある。河川の橋がないため、交通が不便である。

沿　革

昔から、所々に、アイヌの集落がある。夏期には海浜に出て、漁業を行い、冬期は集落に戻り、狩猟を営む。鹿猟が盛んになると、和人がやって来るようになり、大川宇八郎などが、定住した。

明治一八（一八八五）年。この年以降、札幌県は、散在するアイヌを、音更、芽室太、毛根の三ヵ所に集め、農業の指導を行った。

明治二一（一八八八）年。この年以来、渡辺勝、鈴木銃太郎、高橋利吉など三名が土地の出願をして、農業、牧畜に着手した。

明治二九（一八九六）年。この年以後、区画地の貸付があり、富山県、岐阜県、愛知県、石川県、福井県などの各県人が来住する。岐阜開墾会社、木ノ村、仁礼などに大面積貸付があり、開墾が盛んである。

産　物

開拓の日が浅く、産物は少ない。販売農作物は、大豆を主として、小豆がこれに次ぐ。その他の穀類、豆類は自家用の食料とし、旧移民は、その残りを販売する。牧畜は、まだ、盛んに営む者がいない。製造は、音更にある燐寸《まっち》軸木製造所が一ヵ所だけである。木材は、音更川上流の官林の椴松《とどまつ》を払い下げ受け、その他は、僅かで、ほとんど記すことはない。

アイヌは冬期間、狩猟を行う。川獺《かわうそ》、貂《てん》、狐《きつね》などは、一年間に二、〇〇〇円から三、〇〇〇円の値段になる。

概　況

各村とも純然たる農村で、農民は、全部、十勝川、士幌川、音更川、然別川の沿岸の肥沃な土地を選んで入り、土地の痩せている高台地は、まだ、一人も移住者がいない。今後、開墾する可能性がある。

移民は各村をとおして、富山県人が最も多い。音更川沿岸の岐阜県人、芽室太原野の愛知団体がこれに次ぐ。アイヌは、音更、芽室太、毛根の三つの原野に居住する。

戸長役場、村医などは、帯広市街にあり、不便である。小学校は本校を帯広に置き、分校を然別原野に置くが、就学児童は少ない。

音更村《オトフケ》

地　理

十勝川の北、士幌川の西、然別川の東と、士幌川東岸一帯の低地、即ち、士幌原野の区画地に属する部分を加えて、音更村の地域として概説する。

音更村の地域は広大で、北部は山岳が重なり、南部は高原が連なる。河畔が少なく低地がある。士幌川、然別川の二つの川は、音更村の東西をはさみ、音更川は中部を流れる。全部、その源を北方に発し、南に流れて十勝川に注ぐ。各川、急流で、舟の交通がない。その他の地理について、既に、河東郡のところに記したので、ここに記入しない。

原　野

原野は広く、その内の中部以南は、既に、区画を測量した。区画地を分けると、下士幌、中士幌、下音更、中音更、ペンケチン、クテクウシの六原野である。

下士幌原野の東は、士幌川の東方の丘陵、南は十勝川、西は音更川、北は一二号線で、中士幌原野が境になる。士幌川沿岸、十勝川沿岸は、土地が肥えている。音更川東岸は沃地が少ない。その他は、全部、高原で数条の細流がある。土地は痩せている。

下音更原野の東は音更川、南は十勝川、西は然別川に接し、北は一二号線で中音更原野に接し、音更川、然別川の沿岸は共に、一帯が低地である。その土地は肥えている。二つの低地の間は、全部、高原で、土地は痩せている。その南端は、直ちに十勝川に臨む。

中士幌原野は、下士幌原野の北、音更川の左岸にある。中音更原野は、下音更原野の北、音更川の右岸にある。この二つの原野は、共に、その地形が下流の原野に似て、土地は痩せている。

ペンケチン原野は、中音更原野の西、然別川の北岸に沿って、細く延長する。クテクウシ原野は、その西にあり然別川に沿う。

運輸・交通

まだ、完全な道路がない。帯広市街に行くためには、渡船で十勝川を渡る。現在、移民の住む土地から、帯広市街まで、近い所で半里（約二キロメートル）、遠くは五里（約一九・六キロメートル）である。

沿　革

音更川沿岸には、昔から、アイヌの集落が数ヵ所ある。札幌県による農業の指導の時、全戸、現在の給与地に移住した。

明治一三（一八八〇）年。初めての和人、大川宇八郎が、日高国から山を越えて来た。鹿皮の買収を目的として、サッテキヲトフケに住んだ。

明治二五（一八九二）年。この年以降、士幌川下流の土地に入り、無願開墾をする者が数名いる。

明治二九（一八九六）年。士幌原野、下音更原野の二つの原野の既区画地を貸付ける。その後、その他の区画地を貸付ける。富山県、岐阜県、福井県の各県の農民が移住する。また、木ノ村、仁礼などに大面積の貸付がある。今後、大いに発展する状況である。

農　業

現在、農民が居住するのは、区画地に属する河岸の低地で、高原には、まだ、一戸の住民もいない。自然土地条件により、士幌川沿岸、音更川沿岸、然別川沿岸の三つの地域に分けて、農民の概況を記す。

士幌川沿岸

十勝川の北、士幌川下流の土地、下士幌原野の一部である。概ね、小面積の農民で、中面積の貸付者も混じる。

士幌川沿岸・単独農民

十勝川沿岸の肥沃な土地に住む。また、士幌川沿岸に散在し、戸数は三〇戸である。

明治二九（一八九六）年。この年以前に、入植した数戸は、相応の開墾を行った。特に、大川宇三郎は、一四、五町歩（ヘクタール）を開墾した。アイヌを雇い、盛んに耕作を行っている。

その他の者は、移住して日が浅く、福井県民などは、資金が乏しいため、まだ、成果を上げていない。

士幌川沿岸・福井県人

明治三〇（一八九七）年。一三戸が移住した。北三線以北に各自、土地の貸付を受け、開墾に着手した。一戸当たり、一町歩（㌶）から二町歩（㌶）を耕作、不幸にして収穫が少なく、数戸は、糊口《ここう》を凌《しの》ぐため、燐寸《まっち》製軸所、その他に出稼に行きながら、貸付地の開墾を行っている。

右の外、大津蔵之助は、士幌川口の東、十勝川沿岸で、面積二二五、〇〇〇余坪（約七五㌶）の貸付を受け、小作人を入れて、開墾に着手した。

明治三一（一八九八）年。吉田宗親は、士幌川沿岸の単独農民の奥で、一二八、〇〇〇余坪（約四二・七㌶）の貸付を受けた。その他、四五〇、〇〇〇坪（一五〇㌶）以下の貸付地を所有して、小作人を入れて、開墾する者が数名いる。

音更川沿岸

音更川両岸一帯の土地で、下音更、下士幌、中音更、中士幌の四つの原野にまたがる大面積の貸付が多い。

音更川沿岸・千野儀正の貸付地

明治三一(一八九八)年。二月、この貸付地は、音更川口の左右にまたがり、最も便利な所にある。この土地は、元帯広市街予定地の一部分を解除して、栃木県人の久保三八郎に貸付した。その面積は、音更村、及び、河西郡帯広原野の一部を合わせ、五七一、六九〇坪（約一九〇・六㌶）である。

久保三八郎は、開墾に着手しないで、同年五月に、許可を得て、東京の人、千野儀正に譲渡した。

音更川沿岸・木野村甚太郎、外、二名の貸付地

千野儀正の貸付地の北に接し、音更川の左右にまたがり、面積四九〇、六九〇坪（約一六三・六㌶）である。

明治二九（一八九六）年に出願し、明治三一（一八九八）年に貸付を許可される。小作人は、貸付人の故郷である岐阜県で募集した。

明治二九（一八九六）年に三戸。明治三〇（一八九七）年に八戸。明治三一（一八九八）年に一〇戸を移住させた。その内、一戸が退去し、現在、合計二〇戸である。

小作契約は、旅費は小作人が支払う。食料は、農場主の貸付である。一戸当たり、一五、〇〇〇坪（五㌶）を配当して、五ヶ年間で開墾する。小作料は、開墾三年目から徴収し、開墾料は与えない。

全土地を開墾した後は、農場主の指定により、その土地の二割（二〇㌫）を小作人に与える。現在、小作人と農場主との折合いは、良くない。作物の収穫は少ない。米、味噌の貸付は厳しい。各戸の作付け反別は、最も多い者で、一町七、八反歩（一・七、八㌶）に過ぎない。

音更川沿岸・アイヌの給与地

木野村貸付地の北、音更川の西岸にある。その面積、三八八、七八〇坪（約一二九・六㌶）である。札幌県による農業の指導を受けた頃は、耕作に励んだが、その後、放棄して、今は、一町歩（㌶）を耕作する者が

一戸、その他、各戸当たり、一反歩（一〇アール）から五反歩（五〇アール）を耕作する者に過ぎない。

音更川沿岸・仁礼景範の貸付地

明治三〇（一八九七）年。この年九月に、貸付を受けた。アイヌ給与地の北、音更川の両岸にまたがり、面積一、四八六、九五八坪（約四九五・七ヘクタール）ある。その土地は、樹林、草原が混じる。河岸は肥沃である。川から離れるに従い、地力は衰える。

明治三一（一八九八）年。春、富山県人が六戸、石川県人が三戸を募集して、開墾に着手した。小作契約は、各戸、一五、〇〇〇坪（五ヘクタール）を配当し、五ヶ年以内に開墾し、一反歩（一〇アール）に付き、開墾料として、草原は一円、樹林は二円以内を支給する。

食料、種子、小屋掛料などとして、一戸に付き、五〇円まで無利子、五ヶ年で返済することとし、貸付金が五〇円を越えるときは、年利一割二分（一二パーセント）とした。現在、小作人への資金は、一戸に付き、五〇円から一五〇円であるという。

音更川沿岸・美濃開墾合資会社の貸付地

明治三〇（一八九七）年。八月、岐阜県人の堀口庸五郎、外、一五名の美濃開墾合資会社が、音更川東岸、士幌原野で、二、五〇〇、〇〇〇坪（約八三三・三ヘクタール）、その他、ケネ原野に五〇〇、〇〇〇坪（約一六六・七ヘクタール）の貸付予定地を受けた。

明治三一（一八九八）年。春、約七〇戸の小作人を岐阜県で募集し、三回に分けて渡航。移住者は、大津で、その土地が不便で、開墾が困難なことを聞き、辞退する者、または、移着後、その土地の実際の状況と、募集との条件との差があることを訴え、退去する者があり、現在、三〇戸となる。

小作契約は、移住の初年目は、秋の収穫までの間、米、味噌、種子、農具を貸付、二ヶ年目までに返却する。各戸一五、〇〇〇坪（五ヘクタール）を配当し、五ヶ年間で開墾して、その他の二割（二〇パーセント）を小作人の所有、八割（八〇パーセント）を合資会社の所有とする。合資会社の所有する土地の開墾は、一反歩（一〇アール）に付き、二円を支給する。小作人は本年の移住で、自家の食料である、黍《きび》、馬鈴薯《ばれいしょ》などを栽培した。

音更川沿岸・岐阜県団体の貸付地

明治三〇（一八九七）年。一二月、美濃国武儀郡《ムギグン》の中田宮五郎、外、六二人からなる団体は、貸付予定地として、面積九四七、六〇〇余坪（約三一五・九ヘクタール）を存置した。美濃開墾合資会社の貸付地の北、音更川の東岸、中士幌原野に属し、交通が最も不便で、土地は痩せている。

明治三一（一八九八）年。前年から二三戸が移住。予算よりも多くの旅費、その他、経費がかかり、やむを得ず雇うことになる。あるいは、便利な土地に出て、一時、他の畑を借りて、勤勉に耕作する者がいる。

然別川沿岸

下音更原野の内、然別川に沿える一帯の土地、その上流のパンケチン原野は、土地が肥えている。

然別川沿岸・単独農民

明治二二（一八八九）年。渡辺勝は、然別川下流の土地、六〇、〇〇〇坪（二〇㌶）を出願し、その後、農耕、牧畜を営む。

明治二九（一八九六）年。新潟県、富山県の県人が数戸移住した。

明治三〇（一八九七）年。富山県の農民、団体と同じようにして、約三〇戸が移住した。その移民は、大抵、一戸当たり、一〇〇円以上の資金があるが、経費が多く、冬期は伐木、その他、日雇として、出稼する者がある。

明治三一（一八九八）年。一戸平均、二町歩（㌶）を開墾し、稀に全部の土地、五町歩（㌶）を開墾した者もいる。成績は優良で、既墾地の少ない人の農作物は、黍《きび》、玉蜀黍《とうもろこし》、馬鈴薯《ばれいしょ》など、自家用の食料を主としている。既墾地の多い人は、食料の外、主に大豆を栽培する。

然別川沿岸・富山県団体

明治三〇（一八九七）年。この団体は、越中国の農民、西島要次郎、外、五名からなり、右に記した富山県人の北に接し、許可貸付予定地は、下音更、中音更の二つの原野、五九八、〇〇〇余坪（約一九九・三㌶）である。二三戸が移住。

明治三一（一八九八）年。ペンケチン原野、二一、〇〇〇余坪（約七㌶）許可。下音更原野に四戸が移住。一戸当たり、一〇〇円以上の資金があり、勤勉に開拓に従事する。

明治三〇（一八九七）年の移住者は、現在（明治三一年）、一戸当たり二町歩（㌶）から三町歩（㌶）を開墾し、稀に五町歩（㌶）を開墾した者がいる。その成績は良好である。農作物の栽培は、前記の単独農民と同じである。

然別川沿岸・大江和助の貸付地

明治三一（一八九八）年。七月、山形県人の大江和助は、ペンケチン原野、及び、上然別原野に四八六、〇〇〇余坪（約一六二㌶）の貸付を受けた。小作人を募集して開墾を行う予定である。

牧　畜

明治二二（一八八九）年。渡辺勝は、然別太で牧場を創業。面積六〇、〇〇〇坪（二〇㌶）。現在（明治三一年）、牛の雑種一四頭、馬の雑種一八頭、和種一二頭を飼う。

明治三一（一八九八）年。大川宇八郎の牧場は、下士幌原野にある。その土地の面積は、二八二、三〇〇坪（九四・一㌶）。この年の貸付である。

一〇余年前から、馬を繁殖し、現在(明治三一年)、七〇余頭を飼う。牛は、二三頭を飼う。本年(明治三一年)、二〇頭を五〇〇円で売却したという。

右の外、農民が既に馬を購入して、所有する者がいる。アイヌにも、一、二頭を飼養する者が数名いる。

製　造

明治三〇（一八九七）年。七月、上野製軸所が創業する。音更河岸、木野農場の敷地内を借りて、建築する。白楊《はくよう》（ポプラの一種、ドロノキ）で燐寸《まっち》の軸木を製造し、同年、白軸四〇〇梱包《こんぽう》、黒軸三八〇梱包を生産した。この原価一、一八〇円で、販売は神戸、または、大坂である。

然別村《シカリベツ》（音更）・東士狩村《ヒガシシカリ》（音更）・西士狩村《ニシシカリ》（芽室）・美蔓村《ビハウシ》（芽室）

地　理

この四つの村は連続している。各村の位置は不明のため、一括してここに記す。そのため、四つの村の境界を、仮に、東は然別川、南は十勝川、西は十勝川シペウンペツ、及び、その北に連なる丘陵、山脈とする。十勝川沿岸の一帯に低原がある。その他は、概ね、丘陵で、北西に十勝川の東側に至り、急降して、上川郡となる。北方に至り、山嶺となる。然別太にあるオツルシ山（国見山・約一二八㍍）は、高くないが、十勝川と然別川の合流するところにあり、上から眺めると見晴らしが良く、有名である。

十勝川は、北方から南東に流れ、東に曲がって、河西郡との間を流れて、南に流れる。その支流に然別川がある。その他、シブサルピバウシ川、ウハルビナイ川、ピバウシ川、ケネ川、シベンペツ川などの細流がある。

原　野

原野の内、平低の土地は、概ね、区画を測量して分け、然別原野、芽室太原野、ケネ原野、上然別原野の四つの原野である。

然別原野の南は十勝川。東は然別川で、河岸は平地。西は西一九号線で、芽室太原野に接している。北は第一二号線で上然別原野に接している。オツルシ山で二ヵ所に分かれ、十勝川沿岸の方をシブサラと称し、土地は肥えている。然別川沿岸の方は、概ね、高台で土地は痩せている。

芽室太原野の東は、然別原野、西はケネ原野に連なる。南は十勝川を臨む。北は丘陵で土地は痩せている。ケネ原野の東西は、二八号線で芽室太原野に連なり、南西は十勝川で、北は丘陵である。低地と高台が半々であり、土地は肥沃と痩地が半々である。

上然別原野は、然別原野の北にあり、然別川の南西岸に沿って延び、高台地が多く、平低の肥えている土地が少ない。

運輸・交通

明治三一（一八九八）年。帯広から旭川の間の道路は、西一五号線、及び、北四線を開削して、シプサラから芽室太原野に至る道路がある。これにより、十勝川沿岸の土地は、交通の便が良くなった。

然別川沿岸の原野には、まだ、道路がなく、不便である。現在、農家の居住する土地から、帯広市街まで、二里八町（約八・七キロメートル）から六里（二三・六キロメートル）である。

沿　革

昔から、数ヵ所にアイヌの小集落があり、その後、移転して、現在の芽室太原野、及び、ケネ原野の二ヵ所に集まった。

芽室太の名は、元は対岸の河西郡にあった地名で、その土地（芽室川河口の芽室太）のアイヌが移転したので、今は、現在の地域に芽室太の地名が移動した。

明治二一（一八八八）年。竹沢嘉一郎がアイヌと交易の目的で、今の芽室太原野に居住して、農牧を営む。

渡辺勝、鈴木銃太郎、高橋利八の三名は、シプサラに、各自、数万坪の貸付を出願し、次いで、鈴木銃太郎、高橋利吉の二名が、既に、この土地に移り、農耕、牧畜に従事する。

明治二九（一八九六）年。この年以来、区画地の貸付がある。愛知県団体、石川県団体、その他、多数の移住者があり、発展する。

戸数・人口

明治三〇（一八九七）年。この年末現在、戸数、四ヵ村の合計、一〇九戸、四七七人である。その他、戸籍は河西郡芽室村に属しているが、実際、芽室太、ケネの両原野に現住するアイヌの戸数、人口は、六二戸、二九二人である。和人は愛知県人が最も多く、次は石川県、香川県、兵庫県、富山県の各県人である。

農　業

現在、農地は十勝川沿岸の原野で、左の通りである。

然別原野

農民は、シプサラに多く居住する。概ね、自作農民で、富山県、香川県、兵庫県、石川県の各県人が混在する。シプサラは土地が肥沃で、開墾の成績が良い。ただ、丘麓は湿地で排水の必要がある。

兵庫県人（但馬団体）は、伏古別原野に入り、然別原野に但馬団体の一部、七戸がある。その概況は、河西郡伏古村のところで記したので、略する。

石川県人は、ケネ原野に入った団体の一部で、その来歴は、ケネ原野のところに記す。

明治三〇（一八九七）年。シプサラの予定地は、一五戸分である。現在、移住者は七戸である。その土地は、湿地で排水の後でなければ、開墾は難しい。そのため、入植者は、付近の既墾地を借りて耕作している。鈴木銃太郎、高橋利八、渡辺勝の三名は、私有地、貸付地を合わせ、各自、六〇、〇〇〇坪（二〇ヘクタール）から九〇、〇〇〇坪（三〇ヘクタール）を所有し、その大部分は、成功した人に貸し、小作をさせている。

小作料は、一反歩に付き大豆、または、小豆を二斗（大豆は二五・八キログラム、小豆は二八・八キログラム）から四斗（大豆は五一・六キログラム、小豆は五七・六キログラム）で、平均三斗（大豆は三八・七キログラム、小豆は四三・二キログラム）である。収穫は、一反歩（一〇アール）に付き、大豆、小豆は、平均一石四斗（大豆は一八〇・六キログラム、小豆は二〇一・六キログラム）という（大豆の一斗は、一二・九キログラム。小豆の一斗は、一四・四キログラム）。

芽室太原野・愛知県団体

明治二九（一八九六）年。七月、尾張国春日井郡の農民、森下鍵次郎、外、三三名の団体が入植する。芽室太原野に五一〇、〇〇〇坪（一七〇ヘクタール）の貸付予定地を受け、同年に一六戸が移住した。

明治三〇（一八九七）年。更に、団体移民三四戸が移住した。

明治三二（一八九九）年。三戸が移住する。合計五三戸、その内、三戸は帰国し、一〇戸は、ケネ原野に各自名義の土地の貸付を受けた。芽室太原野には四〇戸となる。この団体の七割は相応の資金があり、三割は団体の中の資金のある者から、融通してもらう。

現在（明治三二年）、各戸当たり、八反歩（八〇アール）から三町歩（ヘクタール）を開墾し、平均一町五反歩（一・五ヘクタール）

に、黍《きび》、麦《むぎ》、菜豆《さいとう》、大豆《だいず》、玉蜀黍《とうもろこし》、馬鈴薯《ばれいしょ》などを栽培している。また、開墾が遅れた者は、他の既墾地を借り、耕作する者がいる。馬は、戸数の半数が所有している。故郷を出発して以来、現在までの支出は、一戸平均一五〇円であるという。

芽室太原野・アイヌの給与地

愛知県団体移民の西にある。その面積は、六六七、〇〇〇余坪（約二二二・三ヘクタール）で、土地は肥沃である。札幌県による農業の指導の時は、一時、農業に従事したが、その後、衰退して、二町歩（ヘクタール）を耕作する者が二戸、その他、一戸に付き、二反歩（二〇アール）から五反歩（五〇アール）を耕作するに過ぎない。

また、給与地の一部を愛知団体の移民などに貸し、和人が小作する者一〇戸ある。その貸地料は、一反歩（一〇アール）に付き、三〇銭から五〇銭という。

芽室太原野・単独農民

約一〇戸ある。その内、竹沢嘉一郎は、自己の土地、一〇町歩（ヘクタール）、及び、アイヌの給与地を一町歩（ヘクタール）、合計一一町歩（ヘクタール）を耕作している。その雇人はアイヌである。

ケネ原野・石川県団体

明治二九（一八九六）年。六月、石川県能美郡の農民、川尻輿三松、外、三〇名の団結で、ケネ原野、及び、然別原野に合計四五〇、〇〇〇坪（一五〇ヘクタール）の貸付予定存置を受けた。

明治三〇（一八九七）年。ケネ原野に移住した者一二戸。四月から小屋掛をして、五月初旬から開墾に着手した。秋の収穫は十分でなく、十勝開墾合資会社などに出稼ぎして、糊口《ここう》（やっと食べて生きてゆくこと）を凌《しの》いだ。

本年（明治三一年）は、麦の収穫以後、安堵した。この団体民は、互いに協和せず、団体としての組織となっていない。

ケネ原野・愛知県団体

芽室太原野に入った団体移民の一部が、各自、貸付を得て、現在、ケネ原野に一〇戸ある。その状況は、芽室太原野に入った団体移民と同じである。

ケネ原野・アイヌの給与地

面積二六六、九二三坪（約八八九㌃）あり、一〇戸のアイヌが居住している。農業の状況は、芽室太原野のアイヌと大同小異《だいどうしょうい》（少し異なるが、だいたい同じ）である。

牛・馬

鈴木銃太郎は、馬七頭、牛五頭を飼う。

明治三一（一八九八）年。竹沢嘉一郎は、馬一八頭、牛二二頭を所有している。貸付を得た牧場が、二九八、〇〇〇余坪（約九九・三㌃）ある。

この他、馬を所有する者は、比較的多い。アイヌの中にも、馬を所有する者が七、八戸ある。

生　活

移民は、自ら開墾、耕作に従事している。その中の資金のない者は、一時的に出稼ぎをする者がいる。アイヌの多くは、夏期に海岸に出て雇われ漁夫になり、または、測量人夫に雇われ、冬期は狩猟を行う。集落に残る者は、自己の畑を耕し、あるいは、和人の日雇となり、または、川で魚を捕る。お金を得れば、酒を飲むため生活は貧しい。

風俗・人情

愛知県人の団体移民は、良く協力して、開墾に従事している。石川県人の団体は協力せず。アイヌは、伏古村のアイヌに比べて、やや良いが、純朴さを失い、時々、馬を盗む者がいるという。

教　育

移民の一人が、シブサラで子弟を集め、読書、算術、習字などを教えている。今年（明治三一年）、帯広小学校の分校となる。

衛　生

医師なし。帯広市街に出て診療を受ける。間歇熱《かんけつねつ》（マラリア）が多く、新移民はこれに罹りやすい。

上川郡

上川郡は、人舞、屈足の二村があるだけである。その村界は明らかではない。二村を合わせて、次に記載する。

人舞《ニトマプ》村（清水）・屈足《クッタラシ》村（新得）

地　理

上川郡は、十勝国の北西隅《すみ》に位置し、ヌプチミプ川で河西郡に接し、西は日高山脈で日高国沙流郡、石狩国空知郡を境界とする。北は千島火山帯の山脈で石狩国上川郡に連なり、東は十勝川、東側の山脈により河東郡に隣接する。

地形は、東西に狭く、南北に長い。横七里三四町（約三一・二キロメートル）、縦一七里二六町（約六九・六キロメートル）、面積七七方里（約一、一八七・四平方キロメートル）である。

上川郡の南西境は、日高山脈が高さ五、〇〇〇尺（約一、五一五メートル）に達するが、その山脈の北は低く、パンケシットクナイの水源で、帯広、旭川の間の道路が開通している。

その北に、ペンケシットクヌプリ、高さ二、九九三尺（約九〇六・九メートル）、サオロ岳、高さ三、七七二尺（約一、一四二・九メートル）がある。更に降りて、高さ一、六〇〇余尺（約四八四・八メートル）となる。ここは、十勝線鉄道の通過する予定地であったが、遠く迂回することになるので、その後、通過点をパンケシットクヌプリの方に変更したという。

北は、再び高くなり、パナクシホロカメトクヌプリ、ペナクシホロカメトクヌプリとなり、千島火山帯に接続する。

十勝岳、オプタテシケ岳、トムラウシ岳は、千島火山帯の山脈に属する休火山で、上川郡の北境にある。その高さは六、七〇〇余尺（約二、〇三〇・一メートル）に達する。

上川郡の東境は、石狩岳から南に分かれる山脈でニペソツ山、ピシカンナイ山などがあり、その北部は高いが、南部は低くなり、河東郡から次第に上がる高原の十勝川の東側に急降して郡界になる。上川郡の中部以北は、全部、山地で、その南端に高さ一、七五六尺（約五三二・一メートル）のモイワ山がある。

十勝川は、十勝岳を源として、トムラウシ川を合わせ、上川郡の東部を南に流れ、ペンケナイ川、ペンケニコロベツ川、パンケニコロペツ川、ビバウシ川、サホロ川などの各川を集め、河東郡、河西郡の二郡の境に流れる。その流れは急で、舟の利用はない。

サホロ川は、サホロ岳に発し、ペンケシットク川、パンケシットク川、ペケレベツ川、ヌプチミプ川などの各川を合わせて、南南東に流れて十勝川に注ぐ。ビバウシ川は、十勝川とサホロ川との中間にあり、原野を通り、十勝川に注ぐ。

上川郡の南部は、原野が広大で、南北五里余（約一九・六キロメートル）、東西二里余（約七・九キロメートル）に至る。西北東の三方は、山嶺、丘陵に囲まれ、南方は遠くに開けている。河西郡、河東郡の二つの郡の原野に接している。その面積は概算して、七〇、〇〇〇、〇〇〇坪（約二三、三三三・三ヘクタール）である。

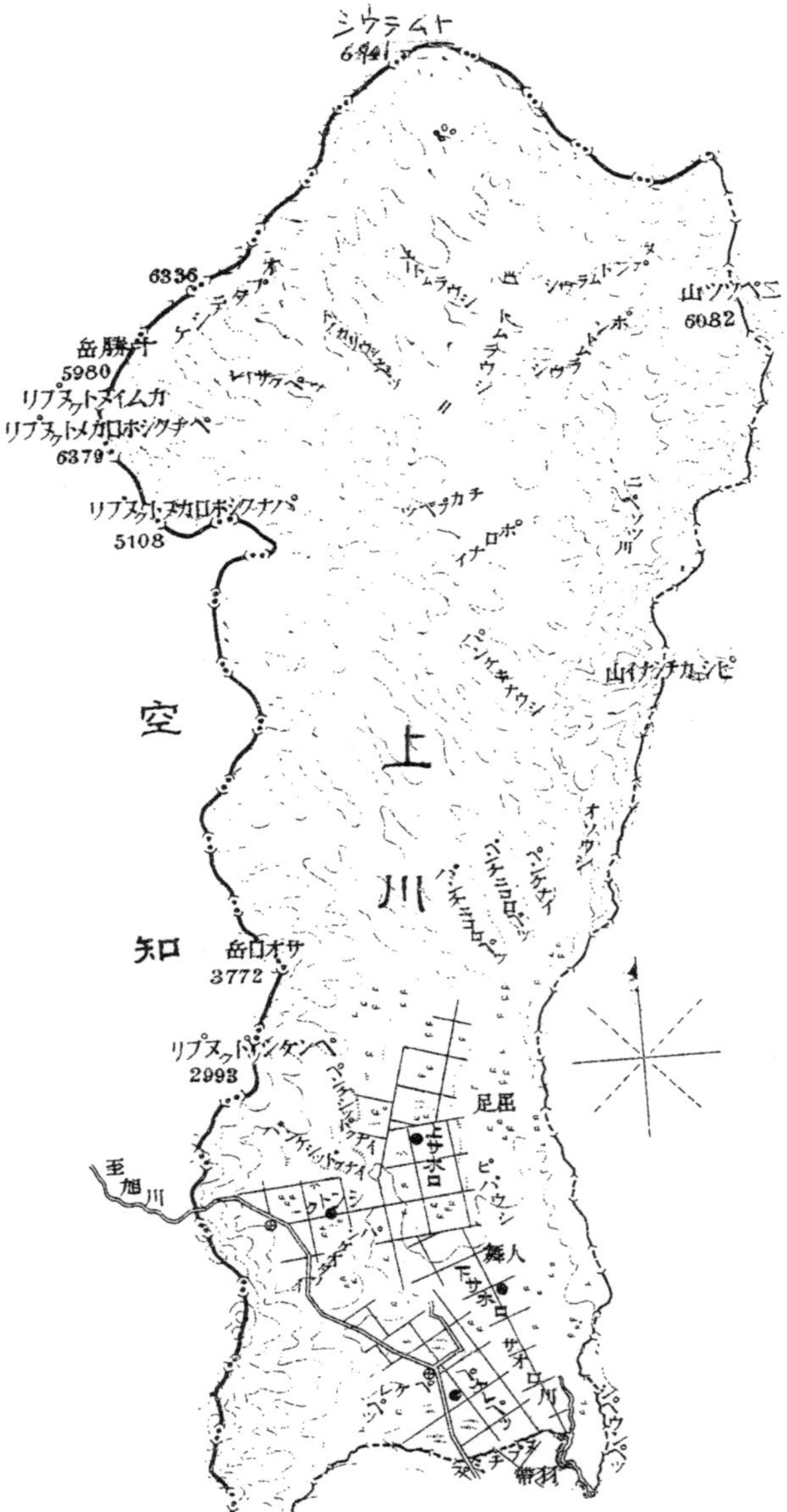

図14　上川郡

その面積を分けて、左に六つの原野を記す。

ペケレベツ原野（区画地）

ヌプチミプ川で、河西郡上芽室原野の境となり、西北は山丘で、東北は芽室川に臨み、面積は一一、八〇〇、〇〇〇余坪（約三、九三三・三㌶）である。

原野の中央にペケレベツ川がある。それ以南の土地は、凸凹起状伏が多い。土地は乾燥し、牧畜に適している。それ以北の土地は、概ね、平坦で乾燥地、湿地があり、農耕を営むことができる。サホロ川沿岸が最も肥沃である。

シントク原野（区画地）

南は丘陵を隔ててペケレベツ川原野に隣接して、東はサホロ川で、西は山脈に至る。面積は一一、六〇〇、〇〇〇余（約三、八六六・七㌶）坪あり、その中に、一〇余の谷川がある。原野の半分は高原に属し、河岸は、概ね、平坦で土地は肥えている。

下サホロ原野（区画地）

南西はサホロ川を隔てて、ペケレベツ原野に隣接し、東は十勝川、及び、十勝開墾合資会社の貸付地に接する。北は上サホロ原野に連なる。その地形は二段の河岸段丘から成り、乾燥地、湿地が混じり、土地は肥えているが灌水や排水工事で、土地を改良することが必要である。

上サホロ原野（区画地）

南は下サホロ原野、西はシントク原野、東は十勝開墾合資会社の貸付地に接し、北はモイワ山麓に至る。面積は一〇、〇〇〇、〇〇〇余坪（約三、三三三・三ヘクタール）である。地形は高原で、数本の細い川があり、灌漑《かんがい》（水路を造り、水を引く）が必要で、土地は痩せていない。

十勝川の西岸原野（十勝開墾合資会社の貸付地）

十勝川からビバウシ川沿岸に至る土地で、南はケネ原野、第九線を隔て、三、〇〇〇間（約五・四キロメートル）の土地を基点とし、北はパンケニコロ川に至る。

その地形は、南北に長く、面積は九、三二〇、〇〇〇余坪（約三、一〇六・七ヘクタール）である。その土地は、痩せ地で、肥沃な土地が混ざっている。十勝開墾合資会社は、その大半を畑とし、残りを牧場にする計画である。

十勝川の東岸原野（十勝開墾合資会社の貸付地）

河東郡ケネ原野の北九線から十勝川の東岸に沿い、山麓に至る。細長い土地で、その面積は一五、〇九〇、〇〇〇余坪（約五、〇三〇ヘクタール）である。河岸には肥沃な土地が多い。十勝開墾合資会社では、全部、開墾して畑にする計画である。

上川郡には、人舞《ニトマプ》村、屈足《クッタラシ》村の二つの村がある。人舞は蝦夷語の「ニトオマプ」で、「十勝川に注ぐ場所の小流」の名である。屈足は蝦夷語の「クッタラウシ」、即ち、「虎杖《いたどり》のある場所」の意味で、十勝川の岸にあり、人舞から北方に約二里（約七・九キロメートル）である。この二つの村は、共に、アイヌ集落があり、開拓使の初めの村名となる。

樹木は、河岸に、楡《にれ》、樒《しきみ》、槭《しゆく》（モミジ、カエデなど）、黄蘗《きはだ》、刺楸《はりぎり》、赤楊《あかやなぎ》（ハンノキ）など繁茂し、高原、丘陵には、槲《かしわ》、楢《なら》の二種類が最も多く、山嶺には種々の広葉樹が混生し、奥に入ると針葉樹が混じる。十勝川沿岸には、オソウシから北に椴松《とどまつ》の森林がある。日高山脈の、帯広から旭川の間の道路の付近は、針葉樹が少ない。嶺を越え石狩国に入れば、針葉樹が多い。

気候は、河西郡に比べ、特別の差はないが、海から遠いため、夏冬や昼夜の温度の変化は、少し大きい。

運輸・交通

明治三一（一八九八）年。帯広から石狩国の旭川に行く道路を開削する。その道路は、サホロ川の西方を通り、パンケシントクから嶺を越えて、石狩国に入る。ペケレベツ、パンケシントクの二ヵ所に、人馬継立所を設ける予定（明治三二年設置）である。

帯広からペケレベツまで七里三〇町（約三〇・八キロメートル）、パンケシントクまで一〇里三町（約三九・六キロメートル）である。この道路は、区画地の開拓に大いに便利になる。この他には、まだ、道路がないが、十勝開墾合資会社で、その貸付地内に道路を開削、延長する計画がある。

沿　革

安政年間（一八五四〜一八六〇年）の調査によれば、ニトマップ、クッタルシ、その他数ヵ所に、アイヌが一戸から三戸の居住があり、札幌県の時、農業の指導のため、全部、河東郡に移転させた。その後、無人となった。

明治三〇（一八九七）年。十勝開墾合資会社が、上川郡に大面積の貸付予定存置を得た。

明治三一（一八九八）年。十勝開墾合資会社は、農民二〇戸を移住させた。北海道庁は、ペケレベツ外、三つの原野を区画し、その土地を山形県人の橘井多蔵など数名に、それぞれ、数一〇〇、〇〇〇坪（数三三・三ヘクタール）の貸付地を予定存置した。

明治三二（一八九九）年。全年の余りの区画地は、今後、貸付するので、遠からず農民が増えることになる。

戸数・人口

明治三一（一八九八）年。年末現在、戸数二九戸、人口一〇五人。人舞《ニトマプ》村の十勝開墾合資会社の小作人、及び、役員やその小作者は、概ね、福井県人である。

農業・牧畜

現在、十勝開墾合資会社の事業が進行中である。その他の農民については、まだ、記録する者がいない。十勝開墾合資会社は、渋沢栄一、渋沢喜作、大倉喜八郎など二八名の合資会社である。資本金は一、〇〇〇、〇〇〇円である。

明治三〇（一八九七）年。二月、十勝開墾合資会社は、上川郡、及び、河西郡、サツナイ原野に、面積三六、三〇四、二六一坪（約一二、一〇一・四ヘクタール）の貸付予定存置を得た。

明治三一（一八九八）年。四月、十勝開墾合資会社は貸付を受け、事務所を十勝川の東岸、クマウシに設けた。

小作二五戸を募集して、開墾に着手した。その事業は、まだ、評価することはできないので、この大会社の事業設計を略記するのに止める。

畑の土地は、上川郡一三、〇九〇、〇〇〇余坪（約四、三六三・三㌶）、河西郡、サツナイ原野五、八八〇、〇〇〇余坪（約一、九六〇㌶）、合計一八、九七〇、〇〇〇坪（約六、三二三・三㌶）である。小作人一、五八七戸を募集して一〇ヶ年間に、開墾するはずである。

小作人の手当は、一戸に付き、小屋掛料一〇円、農具料五円、種子料四円を支給する。渡航費、及び、移住の初年、七ヶ月間の食料を貸付する。

翌年から、二ヶ年の年賦で返済する。各戸、五町歩（㌶）を配当して、五ヶ年間に開墾を行う。開墾料として、土地開墾の難易により、一反歩（一〇㌃）に付き、一円五〇銭から三円を支給する。

十勝開墾合資会社の各年の事業計画は、左の通り。

年度	年内移住小作戸数	年内開墾面積
明治三一（一八九八）年	一〇〇戸	三一〇、〇〇〇坪（一〇三・三㌶）
三二（一八九九）年	一五〇	一、一〇五、九九四（三六八・七）
三三（一九〇〇）年	二五〇	二、八六六、三七二（九五五・五）
三四（一九〇一）年	三六〇	三、五二四、〇三六（一、一七四・七）
三五（一九〇二）年	三〇〇	三、一七三、四〇二（一、〇五七・八）
三六（一九〇三）年	四二五	二、四七三、七一三（八二四・六）

年度	戸数	面積
三七（一九〇四）年	—	二、九一八、一六六（九七二・七）
三八（一九〇五）年	—	二、四三一、一四八（八一〇・四）
三九（一九〇六）年	—	二、四二一、一一六（八〇七・〇）
四〇（一九〇七）年	—	二、五七三、九八〇（八五八・〇）
計	一、五八五戸	二三、七九七、九二七坪（七、九三二・六ヘクタール）

年度	年内開削道路	年内排水掘削
明治三一（一八九八）年	一二、〇〇〇間（二一・六キロメートル）	七、三五〇間（一三・二キロメートル）
三二（一八九九）年	一三、〇〇〇（二三・四）	七、三五〇（一三・二）
三三（一九〇〇）年	一九、〇〇〇（三四・二）	七、三五〇（一三・二）
三四（一九〇一）年	一九、〇〇〇（三四・二）	七、三五〇（一三・二）
三五（一九〇二）年	二八、〇〇〇（五〇・四）	五、四七一（九・八）
三六（一九〇三）年	三〇、〇〇〇（五四・〇）	—（—）
三七（一九〇四）年	三二、〇〇〇（五七・六）	—（—）
三八（一九〇五）年	三六、〇〇〇（六四・八）	—（—）
三九（一九〇六）年	—（—）	—（—）
四〇（一九〇七）年	—（—）	—（—）
計	一八九、〇〇〇間（三四〇・二キロメートル）	三四、八七一間（六二・八キロメートル）

小作料は、移住後、三年目から七年目までは、一反歩（一〇アール）に付き、五〇銭を徴収する。その後、三年ごとに改正を行う。

明治三一（一八九八）年。右の事業計画を完成することができなかった。小作人二五戸を募集して、二五町歩（ヘクタル）を開墾したに過ぎない。

牧場目的の土地は、上川郡の十勝川西岸、三、三六〇、〇〇〇余坪（一、一二〇ヘクタル）。河西郡の札内原野、四、六三〇、〇〇〇余坪（一、五四三・三ヘクタル）、合計七、九九〇、〇〇〇坪（二、六六三・三ヘクタル）である。

その計画の大略は、明治三一（一八九八）年から一〇ヶ年間に、牧柵、土塁《どるい》（土を盛り上げた柵）、九六、二八〇間（一七三・三キロメートル）を築く。牧草地、建物敷地、八四〇、〇〇〇坪（二八〇ヘクタル）を開墾する。道路八六、〇一六坪（二八・七ヘクタル）を開削する。その余りを放牧地として、種畜《しゅちく》（種牛《たねうし》や種馬《たねうま》）を買い入れ、及び、繁殖して、一〇ヶ年目には、牛三一〇頭、馬三九二頭とする。

計画終了時には、牛は増加して、二、〇六二頭になるはずで、その種牛《たねうし》や牝《めす》は、主にアイシャ（エアシャー）、ホルスタイン、ショルトホン（ショートホーン）の三品種を本道、米国で購入し、自ら、乳用、肉用を目的として繁殖を行う。

種馬《たねうま》の牡《おす》は、本道、及び、米国から購入する。牝《めす》は、本道、及び、南部地方から購入する。自ら農用、乗用を目的として、繁殖を行う計画である。

明治三十四年六月二十五日　印刷
明治三十四年六月二十六日　発行

北海道庁殖民部拓殖課

東京市神田区美土代町二丁目一番地
印刷者　島　蓮　太　郎

東京市神田区美土代町二丁目一番地
印刷所　三　秀　舎　活　版　所

おわりに

明治三〇（一八九七）年。私の曾祖父母に、祖母が三歳の時に連れられ、愛知団体の一員として、ケネ原野（芽室）に入植しました。私は、幼少の頃から、祖母から当時の未開の原野、開拓、生活の様子などの話を聞くことが好きでした。

「北海道殖民状況報文　十勝国」は、当時の人々の移民、入植、開拓、生活の様子を具体的に知る資料であり、曾祖父母、祖母が両親と共に入植したケネ原野、愛知団体についても記載されています。曾祖父母や祖母が、十勝にやって来た頃の様子を知ることができ、私は、目の前が、明るく開けたような気持ちになりました。

「北海道殖民状況報文」の文章は、現在の話し言葉にちかい口語体の文章と異なり、分かりにくい文語体の文章で、漢字は、当然、旧漢字であり、難解な漢字、修飾語などで表現され、記載されています。その文章を読みやすく、分かりやすいように、現在の口語体の文章にする挑戦を試みました。

漢字には、できるだけ分かりやすいように、「ふりがな」を付けました。面積、距離、長さ、重さなどの昔の尺貫法を、現在のメートル法に計算し直して、括弧内に記入しました。原文の文中、明らかに間違いと思われる数字などは訂正をしました。

現在、表現されている文章に書き換えるにあたり、原文の意味することと、相違がないように注意を図りました。しかし、必ずしも、そうとは言えないところもあるかと思います。あらかじめ、お断りとお詫びを申し上げます。

本書の出版にあたりまして、北海道出版企画センターの野澤緯三男様のお世話になりました。厚くお礼を申し上げます。

また、妻には校正など、多くのことで協力をして戴きました。

令和六年（二〇二四）年六月　加藤　公夫　記

■編者略歴
・加藤　公夫（かとう　きみお）
・昭和21（1946）年、北海道　芽室町生まれ
・帯広畜産大学別科（草地畜産専修）修了
・北海道職員退職（開拓営農指導員、農業改良普及員）

■主な著書

『北海道　砂金掘り』北海道新聞社	昭和55（1980）年
『写真版　北海道の砂金掘り』北海道新聞社	昭和61（1986）年
『韓国ひとり旅』連合出版	昭和63（1988）年
『農閑漫歩』北海道新聞社	平成19（2007）年
『タクラマカンの農村を行く』連合出版	平成20（2008）年
『西域のカザフ族を訪ねて』連合出版	平成22（2010）年
『十勝開拓の先駆者・依田勉三』北海道出版企画センター	平成24（2012）年
『中央アジアの旅』連合出版	平成28（2016）年
『日本列島　南の島々の風物誌』連合出版	平成29（2017）年
『シルクロードの農村観光（共著）』連合出版	平成30（2018）年
『松浦武四郎の十勝内陸探査記』北海道出版企画センター	平成30（2018）年
『松浦武四郎の釧路・根室・知床探査記』北海道出版企画センター	令和元（2019）年
『十勝開拓史　年表』　北海道企画出版センター	令和３（2021）年
『十勝のアイヌ民族』　北海道企画出版センター	令和４（2022）年
『十勝の戦時中・戦後の緊急開拓入植』北海道出版企画センター	令和５（2023）年

北海道殖民状況報文　十勝国

発　行　2024年９月20日
編　者　加 藤 公 夫
発行者　野 澤 緯 三 男
発行所　北海道出版企画センター
〒001-0018　札幌市北区北18条西６丁目２-47
電話　011-737-1755　FAX　011-737-4007
振替　02790-6-16677
URL　http://www.h-ppc.com/
印 刷 所　㈱北海道機関紙印刷所

ISBN 978-4-8328-2404-1